刑案里的中国史

锡一作 著

U0449601

图书在版编目（CIP）数据

刑案里的中国史 / 锡一作著. -- 北京：新世界出版社，2025. 6. -- ISBN 978-7-5104-8096-6

Ⅰ. D918-092

中国国家版本馆 CIP 数据核字第 2025MQ9077 号

刑案里的中国史

作　　者：	锡一作
责任编辑：	刘　颖
责任校对：	宣　慧　张杰楠
责任印制：	王宝根
出　　版：	新世界出版社
网　　址：	http://www.nwp.com.cn
社　　址：	北京西城区百万庄大街 24 号（100037）
发 行 部：	(010)6899 5968（电话）　(010)6899 0635（电话）
总 编 室：	(010)6899 5424（电话）　(010)6832 6679（传真）
版 权 部：	+8610 6899 6306（电话）　nwpcd@sina.com（电邮）
印　　刷：	嘉业印刷（天津）有限公司
经　　销：	新华书店
开　　本：	710mm×1000mm　1/16　尺寸：170mm×240mm
字　　数：	283 千字　　印张：18
版　　次：	2025 年 6 月第 1 版　2025 年 6 月第 1 次印刷
书　　号：	ISBN 978-7-5104-8096-6
定　　价：	62.00 元

版权所有，侵权必究
凡购本社图书，如有缺页、倒页、脱页等印装错误，可随时退换。
客服电话：(010)6899 8638

序

很多人会好奇，古代在没有监控、DNA检测这些先进技术的情况下，悬案会不会特别多？其实，古人自有其刑侦之道，非常擅长总结经验。早在秦朝，不少先进的办案方法就已被研究出来了。很多时候，古代破案往往涉及政治，许多案件往往会引来政治上的争议。比如，顺治皇帝在处理几场科举舞弊案时，其目的并不完全在于伸张正义，而是想借此奠定清朝的统治基础，同时拉拢人心。而他的儿子康熙皇帝在处理科举舞弊案时也是一样，在明知嫌疑人并未犯罪且遭诽谤的前提下，为了安定人心，不得不委屈那些早已被千夫所指的官员。

在古代刑案中，冤狱和酷刑是少不了的两个元素，属于无限权力制度下的产物。古代的法治是以维护君权为目的的，统治者在破案中的主要目的是维护自己的统治以及如何从这起案件中获得更多的政治收益，往往不注重维护受害者的人权。因此，古代的很多案件到了后期，审案结果已经和刑侦本身没有太多关系了，更多是和政治斗争挂钩。法治和政治也是挂钩的，一旦政治上出现腐败，法律就会产生毒素，就会变成贪官污吏迫害好人的工具，这样便会产生暴政，结果就是君臣异心，官逼民反。因此，本书介绍的案件中会经常出现冤狱和酷刑。

这本《刑案里的中国史》将向读者展现2000年以来古人是如何破案的，内容涉及法制史、法医学、侦查制度、历代的诉讼制度以及政治制度，等等。

笔者在写这本书的过程中遇到了很多困难。比如，很多相关书籍已经绝版，无法参考里面的资料。而且，年代久远且相关史书记载又不丰富的朝代，如汉朝，能找到的写作素材就比较少。有人曾经说过，宋朝以前的历史主要靠考古，宋朝以后的历史主要靠文字记载。因此，笔者在写唐朝之前的刑案故事时，会着重以当时的法律资料为主，引用的案例相对较少；而写唐朝之后尤其是明朝和清朝，引用的案例就比较丰富，提及的相关律法就比较少。当然，要百分百地还原刑侦的历史是很困难的，出于古代律法的局限性，往往律法条例规定的是一回事，具体的实施又是另外一回事。

笔者在选择案例时，以史书中有明确记载者为主，那些疑似出自野史或传闻中的案例均予舍弃。比如，狄仁杰和包公那些虚构的故事都没有提及，晚清四大案中的太原奇案也因其过于曲折离奇而有学者认为是文学虚构作品，未予提及。

"学历史，在于鉴往知来。"本书在描写制度和案件的时候，倾向于分析这些制度的合理性，并阐述其优点和局限性，以便读者从中有所获益。现在，就让我们穿越时空，一起领略古人破案的智慧吧。

目　录

第一章　从先秦到秦朝：文明伊始，法制萌芽初现

酷刑与神明并存，先秦时期的社会是什么样的？ / 002

荆轲刺秦王时，侍卫们为什么不冲上去？ / 009

秦朝竟然也有"朝阳群众" / 015

秦简里的悬案——最早的"验尸指南" / 019

赵高钻制度的空子，置李斯于死地 / 025

第二章　汉朝：德主刑辅，法制走向儒家化

从淮南王谋反一案看汉文帝的仁慈 / 032

司马迁之案暴露出汉武帝的严苛 / 037

牵连甚广的卫太子巫蛊案是如何发生的？ / 042

汉朝人在调查死因方面做了很多研究 / 046

从张汤审老鼠一案来看在汉朝如何诉讼 / 050

《春秋》决狱：用儒家经典来断案，行得通吗？ / 052

在东汉蒙冤怎么办？可请皇帝来救援 / 056

第三章　三国两晋南北朝：皇权日渐衰弱，法制弊端频现

从曹家到司马家，曹魏刑法一变再变 / 062

三国中最恐怖的刑法居然在孙吴 / 067

从诸葛亮挥泪斩马谡来看蜀汉刑法的公正 / 072

司马遹被黜案——西晋版的"指鹿为马" / 076

"王子犯法与庶民同罪"到魏晋怎么变成了"刑不上大夫"？ / 078

当法律遇上儒学，复仇案怎么判？很难断！ / 082

旧五刑太残酷，新五刑登场 / 085

皇权旁落，监察制度成为各方博弈的工具 / 089

直诉要谨慎，审讯很残酷 / 092

第四章　隋唐：局势多变，法制易受政治影响

隋文帝知法不遵法 / 096

通过《大业律》就能看清隋炀帝为何丢了天下 / 100

以隋为鉴，唐太宗宽仁施法 / 104

武则天兴起"酷吏政治"，冤案频发 / 111

中晚唐时期，法治和政治一同走向衰落 / 118

完成制度化的唐朝法医学 / 129

弹劾、监察、检举箱，唐朝成了全员间谍的时代 / 135

五代十国，武将掌权，多用重刑 / 137

第五章　宋朝：文官政治下的法制，利弊皆有

文人变成立法者的后果是腐败增多了 / 140

《洗冤集录》——宋朝法医学之绝唱 / 142

在宋朝，怎样当好一名验尸官？ / 148

阿云案、乌台诗案、卢公达遗产案是如何审判的？ / 152

冤假错案频发，皇权惹祸不少 / 159

便服密探和谲术 / 165

第六章　元朝：宽刑慎法，法制维护贵族

"元以宽仁失天下"，朱元璋的这句评语对吗？ / 170

在元朝，给犯人定罪成了难题 / 175

蒙古人带来了一股新风 / 179

第七章　明朝：皇权专制下的法制，乱象迭出

四起惊天大案 / 182

重典治国 / 187

直诉制度——明朝政治的缩影 / 193

仵作在明朝的地位更低了 / 200

壬寅宫变——宫女们愤怒的反击 / 202

李福达案引发的君臣博弈 / 205

明朝发生多起科举舞弊案，唐伯虎也牵涉其中 / 208

外国人是如何看明朝办案的？ / 211

明朝的"包青天"——袁可立 / 218

悬案频发，尽显亡国之相 / 222

大明山河破碎，南明奇案未止 / 227

第八章 清朝：封建社会末期，法制逐渐崩裂

贪污腐败案、谋杀案频发 / 232

《大清律》一颁布，仵作终于有存在感了 / 237

清朝的文字狱成了文人们的噩梦 / 241

科举舞弊案屡禁不止，连皇帝都头疼 / 244

天津教案——晚清百姓和传教士冲突的爆发 / 249

西方对清朝法制既有认可，又有批判 / 252

晚清大案背后的政治斗争 / 259

清朝冤假错案特别多，问题出在哪里？ / 267

从明朝到清朝，逐渐完善的会审制度 / 276

第一章 从先秦到秦朝：文明伊始，法制萌芽初现

酷刑与神明并存，先秦时期的社会是什么样的？

没有法律的原始社会如何维持秩序？

我国在原始社会时期，还没有出现阶级、国家、财产和官吏等观念。我是哪国人，我有多少钱，我能不能当官，这些在现代很基本的问题，在当时先民的心中并不存在。那么，缺乏国家和管理制度的约束，当时的社会如何维持秩序？比如说，我今天偷了别人一只羊，明天我揍了其他部落的小孩，在那个没有法律的社会，我是不是不用受任何惩罚？

答案当然是否定的。

在原始社会，生产力水平非常低下。无论是农耕还是狩猎，都处在萌芽阶段，所以收获非常不稳定。如果粮食收成不好或者没能打到猎物，人们就会饿肚子。因此，为了降低风险，同一氏族的人共同拥有生产资料，大家一起进行生产。然后，氏族为协调生产和管理内外事务，就产生了权力机关，选出了一位首领。氏族内部社会秩序的维持主要靠氏族首领的威望，如果首领能力出众，就会形成"刑政不用而治，甲兵不起而王"的美好景象。当然，如果这个首领做得不称职，人们也有权利将他赶下台。

但仅靠这种无形的权威来维持社会秩序是远远不够的，尤其是在氏族发展为部落之后。后来，人们通过战争等手段将几个小部落合并成一个大部落。部落合

第一章 | 从先秦到秦朝：文明伊始，法制萌芽初现

并后就出现了如何融合的问题，不同部落的人在文化、宗教、生活习惯等方面存在着巨大的差异，大家对于秩序没有一个统一的观念和标准。比如，同样一件事儿在我们之前的部落是重罪，在你们部落是轻罪，在他们部落都不算个事儿，难以形成一个公平公正的评判标准。如何让四面八方的人们都信服，就成了当时掌权者的难题，于是法治的萌芽就在原始社会晚期出现了。

《尚书·舜典》中记载："象以典刑，流宥五刑，鞭作官刑，扑作教刑，金作赎刑。"舜在接受尧的禅让之后，想依法治国，于是颁布了这些施刑方法。舜把五种常用的刑罚刻在器物上来警示世人，用流放的办法代替五刑（墨、劓、剕、宫、大辟）以示宽大饶恕，用鞭笞来惩罚怠慢、贻误公事的庶人、官吏。用荆条教育不服从教化的学生，还有用铜作为赎罪的刑罚。凡是过失犯罪，可以赦免；要是犯了罪又不知悔改，就要严加惩罚。后来，共工、驩兜、三苗、鲧等人因做了坏事而被惩罚，一时间天下诚服。舜所颁布的这些制度也是五刑的雏形，总体上还是非常人道的。

你不听我的，神明会惩罚你

夏朝建立后，统治者建立起了一系列制度和法律。但当时大部分人是第一次接触法律，觉得这东西又限制这儿又限制那儿，有时甚至还要惩罚我们，那我们为什么要承认法律，像以前那样生活不好吗？

这个时候，统治者想到了一个好办法。早在原始社会时期，许多部落就信奉神明。他们相信，如果做了坏事，就会受到神明的惩罚。夏朝的统治者承袭了这种办法，他们将自己的行为定为上天的旨意，一旦有人犯了错误，统治者就会代表上天对其实行惩罚。

这个时候，中国已经进入了奴隶制社会，夏朝已经产生了社会阶级。为了维护统治，夏朝的刑罚简单粗暴，非常残忍，设有很多肉刑。夏朝在中央和地方都设立了司法机关，有了专门处理案件的机构。不过，夏朝的司法制度还处于起步

阶段，虽然已经有了监狱和司法官，但到具体执行的时候，有的执行者往往会控制不住自己，使刑罚变得很严酷。毕竟，统治者是至高无上的存在，他们代表的是上天的旨意，法律无法约束他们，他们就会变得肆意妄为，遇到他们厌恶的罪犯，就会任意地加重刑罚。

后来商汤灭夏，建立了商朝。商朝沿用了夏朝的刑罚制度，利用神权约束百姓，并且将五刑设得更加严密。但是刑罚的执行受统治者的影响很大，如果受刑者遇到那种残暴的统治者，那就非常不幸了。当时的社会高度集权，其他人无法对统治者形成限制和制约。夏桀、商纣统治时期，经常有忠臣劝谏，但忠言都没有被采纳。

统治者借助神明的力量这种做法，总体上来说毁誉参半。当时，由于政治文化发展有限，统治者大多喜欢用这样的方法来统治百姓。古人比较迷信，这种方法很好地维护了当时的统治。但也不乏统治者残忍暴虐，肆无忌惮地剥削百姓、滥杀无辜，如夏桀、商纣。

神明不管用了，就该拉拢民心了

由于三番两次地改朝换代，神明在人们心目中就不那么靠谱了。夏朝的统治者声称有神明保佑，结果被商朝灭掉了；商朝的统治者声称有神明保佑，结果被周朝取代了。在武王伐纣的时候，甚至还出现了商人倒戈的现象，可见完全依靠神明去约束百姓已经不可行了。

于是，周朝统治者开始放宽刑罚以争取民心。对于罪犯，他们不再是一味地诛杀，而是注重证据和动机，并且根据犯罪情节的轻重来判刑。在刑罚上，周朝也增加了一些较人性化的举措，允许人们花钱赎罪。当时的统治者已经悟出了一个道理：刑新国用轻典，刑平国用中典，刑乱国用重典。(《周礼·秋官·司寇》) 其中，重典只针对那些谋反作乱的人。此外，周朝统治者还发明了诉讼制度，法官在审判中发挥着举足轻重的作用。周朝还有专门审讯犯人的手段，对刑

第一章 | 从先秦到秦朝：文明伊始，法制萌芽初现

罚的使用也开始规范化。

《史记·循吏列传》记载了这样一个故事。春秋时期，晋文公有个司法官叫李离，他不小心将一个人错判了死刑。然后，他把自己关了起来，要求晋文公判他死刑。晋文公没有答应，说："由于官位不同，相应的刑罚也不同。这件事是你属下的官员有过失，并不是你的错。"李离不同意，他说自己平时拿的俸禄比手下高，出了这种事，要是把责任全部推给属下，那自己就太卑鄙了。这时晋文公说，如果李离觉得自己有罪，那不就相当于晋文公也有罪了吗？李离回道，晋文公能任命他这个官职，是因为晋文公觉得自己明察秋毫，但现在自己出了重大失误。而按照规定，如果司法官员判错了案，受的刑罚和错判的刑罚相同。李离将人错判为死罪，他认为自己就应该被判处死刑。说完他便拔剑自刎而死。

和这起案件相似的还有一起，同样记载于《史记·循吏列传》。事件的主人公是楚昭王的国相石奢，他为人刚正不阿，两袖清风。有一次，他追捕罪犯，费了很大的劲儿才捉到，原本欢天喜地的石奢在看到犯人后大惊失色。原来，这个人正是石奢的父亲。石奢左右为难，他要是把自己的父亲捉拿归案，那就是不孝；他要是私自放走了父亲，那就是徇私舞弊，是不忠。最终，他把父亲放了，把自己关了起来，并请求楚昭王判自己死刑。楚昭王或许是被他的孝心打动了，觉得他只不过是没能成功抓住罪犯，罪不至死，想赦免他。石奢却拒绝了楚昭王的赦免，最后自杀。

在这两起案件中，李离和石奢都身居高位，他们的国君也都帮他们开脱了，如果他们想凭自己的地位把这两件事大事化小，小事化了，可谓轻而易举，实在不行，也可以接受一些象征性的惩罚。但受当时的思想影响，统治者要想拉拢民心，就不能随便破坏法律规则。正所谓"将欲治人，必先治己"，这和三国时期曹操割发代首、诸葛亮挥泪斩马谡有着异曲同工之处。

以上两个案件都是官员自己主动要求处置的，随着法制的发展，很多法律开始制约达官贵人。因为商鞅变法的影响力特别大，所以很多人以为，是商鞅变法开始打破"刑不上大夫"的传统观念，实际上并非如此，不少春秋及战国早期的

005

变法就早已开始打破这种观念了。《韩非子·外储说右上》记载，春秋时期的楚庄王立下过这样一条规定，所有人在入朝时，如果马踩到了屋檐下滴水处，驾车的人就要被处决，车子也会被拆掉。这让一些贵族出身的人很不适应，就相当于现在一个富家子弟开豪车时不小心违章，不仅仅司机要被处死，豪车也要被拆了。楚国太子在入朝时还真发生了这种情况，他的"豪车"和"司机"都受到了相应的处置。太子很不服气，就向父亲楚庄王告状，然而楚庄王告诉太子，这些依法办事的人没有错。

统治百姓不仅依靠神明和人心，还有酷刑

古代的统治者要想有效地统治百姓，只靠神明和人心的力量是远远不够的，毕竟世界那么大，肯定会有一些不信神的或有坏心思的人。要想镇住这些人，就需要靠酷刑了。前文提到过，先秦的刑法以五刑为主，那么五刑究竟是什么？

说得通俗一点，就是割鼻子、割耳朵、在脸上刺字、割生殖器、割颈。最后一个割颈属于死刑，另外四个虽然能保住一条命，但也让人生不如死。被割生殖器让人失去尊严，而割鼻子、割耳朵、在脸上刺字直接让人毁容。颜值跌落谷底不说，一个人走在大街上，人家一看他没了鼻子、耳朵或者脸上被刺字，就知道这个人是罪犯。若被人指指点点，受刑者估计恨不得找个地缝钻进去。

以上说的是五刑，但当时的酷刑还远不止于此。商纣王曾发明了炮烙、焚等火刑，到了周朝，还有腰斩、车裂、砍头等死刑。

在这个时期受过刑的人中，最著名的便是孙膑。《史记·孙子吴起列传》记载："膑至，庞涓恐其贤于己，疾之，则以法刑断其两足而黥之，欲隐勿见。"大意是说，庞涓出仕魏国后，嫉妒孙膑的才能，于是捏造罪名陷害孙膑，对他施以膑刑和黥刑，就是挖去他的膝盖骨和在脸上刺字。庞涓以为这样就可以让孙膑无法行动且没脸见人，从而被埋没。但让庞涓没想到的是，孙膑身残志坚，并且他的才华被人赏识。后来，孙膑逃到齐国，在桂陵之战和马陵之战中完成了

复仇。

　　这些酷刑一定程度上加重了百姓的苦难，阻碍了社会生产力的发展。毕竟，受重刑的人都成了残疾人，基本无法从事体力劳动，但是这也抑制了官吏的横行，还是有一定效果的。而且先秦时期，社会等级森严，君臣父子的伦理观念使上级对下级有着绝对的支配权，这些酷刑为维护当时的统治起到了很大的作用。

百家争鸣的时代，成文法诞生

　　西周灭亡后，周平王东迁建立东周。此时王权衰落，各地诸侯都不把周王室放在眼里，于是，持续500多年的春秋战国时期开始了。春秋战国时期不仅仅是诸侯间南征北战、群雄逐鹿的时代，也是各种学术思想百花齐放的时代。这个时期学术兴起、思想开明，在礼崩乐坏的背景下，贵族们想垄断法律是不可能了，在制度方面，统治者们需要"辞旧迎新"，于是就诞生了成文法。

　　在百家争鸣中，法家逐渐崛起，他们的思想更加符合时代潮流，于是立法成为统治者施政的重要手段。特别是到了战国时代，各大诸侯国都开始变法。其中，最早变法的是魏国的李悝，李悝变法很重要的一点是颁布了《法经》，这是中国第一部成文法。《法经》的施行不仅让魏国的国力强大起来，也促进了中国从奴隶社会到封建社会的逐步转变。而后来的商鞅变法更具成效，《韩非子·定法》提到："法者，宪令著于官府，刑罚必于民心，赏存乎慎法，而罚加乎奸令者也。"法家的几个重要代表人物，商鞅、李斯、韩非都效力于秦国，他们为秦灭六国做出了不可磨灭的贡献。

　　在春秋战国时期，中国的刑法制度发生了翻天覆地的变化，主要原因有两点。一是经济的发展促进了文明的进步，二是社会发展进入了不同的阶段。先秦的刑法可以说是中国古代法制的源头。

　　在立法过程中也发生过一些有意思的故事。据《吕氏春秋·审分览·离谓》记载，郑国颁布了新法令后，郑国大夫邓析对新法令不服，他在一些交通要道和人群聚集的地方张贴讽刺新法令的文字。当时的思想比较开放，而且法律也没有明确规定不允许讽刺法令，也没说不允许张贴文字。大臣子产见状，认为要制止这种行为，毕竟在当时读过书的人非常少，搞不好广大老百姓就真的被邓析鼓动了，觉得新法令不好，于是子产下令不允许张贴文字。邓析很聪明，他通过匿名书信将反对新法令的文字传播给大众。这个在当时也是合法的，子产得知后，立即下令不许投递匿名信。邓析就又想出了一招，他把这些文字附在物品上投递给别人，就和现在打广告一样，当时法令也没规定不允许在物品上打广告。正所谓"上有政策，下有对策"，子产的命令就改了一遍又一遍，邓析就这样乐此不疲地应对。

邓析这个人非常聪明，但这种聪明却用在了歪门邪道上。有一回，一个郑国人掉水里淹死了，他的遗体被别人捞了上来，他的家人想买回尸体，但捞尸体的人却提出了很高的价格。家属无可奈何，只好去找邓析求助。邓析很从容地告诉他们，你们不用担心，除了你们没人会去买尸体，你们不买他就赚不到钱了，所以你们不要去求他，否则价格会越涨越高，等尸体卖不出去他就只能低价再卖给你们了。这一招还真管用，捞尸体的人眼见自己赚不到钱了，也去向邓析请教。邓析就告诉他，你不用着急，死者家属除了在你这儿，也找不到别的地方买死者的尸体，你把价格一直定得这么高，他们又不能丢着家人的尸体不管，早晚还是要出高价来买的。邓析总是不把聪明才智用在正道上，子产起了杀心，判邓析死刑。这一做法让老百姓更加顺服，郑国颁布的新法令这才得以顺利施行。

先秦时期，中国的法治有很大的发展，为战国时秦国及后来秦朝立法打下了基础。

第一章 | 从先秦到秦朝：文明伊始，法制萌芽初现

荆轲刺秦王时，侍卫们为什么不冲上去？

把刑罚定得重一点，人们就不敢犯罪了

战国时期，成文法刚刚诞生，在人们心中的分量还不是很重。统治者如何让这些法律产生作用，让人们遵守它呢？

让我们穿越回去，来见识一下当时的统治者是怎么约束百姓的。

我们将穿越的地点设置为战国时期的秦国，穿过时空隧道后，你发现你置身于朝堂之上。你成了一个侍卫，身边还有许多穿着和你一样的其他侍卫，你们一起站在台下。这时，一个年轻人上台给秦王献上一份卷轴。看到这一幕，你感觉非常熟悉。突然，年轻人从卷轴中抽出一把匕首，另一只手抓住秦王的袖子。这时你才反应过来，台上的秦王正是后来平定六国的秦始皇嬴政，而那个年轻人正是荆轲。说时迟，那时快，秦王立刻撕破了衣袖逃跑，荆轲立即追赶秦王。这时，你准备冲上去救秦王，旁边的侍卫立刻拦住你，他们惊讶地对你说："你不要命了吗！就算你不要命，一家老小的命也不要了吗？"一时你感到云里雾里。突然，一个官员用荷包打中了荆轲，秦王趁机拔出宝剑砍伤荆轲的腿，一场危机就这样化解了。你无法理解周围人当时对你说的话，只能回去恶补当时的法律知识。

荆轲刺秦王的故事已经家喻户晓，但很多人对此心存疑惑。当时的秦法不允

许侍卫私自带武器上殿,所以行刺发生时,侍卫们只能在台下袖手旁观。大家可能会觉得这些侍卫真是顽固不化,毕竟如果他们救了秦王,那可是天大的功劳,说不定秦王一高兴就免除了他们的过错,他们从此便飞黄腾达,登上人生巅峰。但事实并非如此。这一切的缘由,都要从当时的法治思想说起。

从《秦律》中可以看到当时法律的特点,《秦律》奉行的是重刑主义,对那些微小的犯罪,秦国统治者也采取重罚。《秦律》惩罚的不仅仅是犯罪者,其亲朋好友以及和他关系密切的人也会被殃及。

举个例子,如果你偷了别人的桑叶,哪怕偷了不到一钱,你依然要服30天劳役。很多人觉得这仅仅是多劳动而已,至少没有伤害你的身体。一个人偷窃的惩罚确实如此,但如果是几个人组队偷窃,后果可是相当严重的。如果5个人偷窃的数量超过一钱,所有人会被砍去左脚的脚趾。如果偷窃者不到5人,根据赃物的价值,偷窃者也会受到相应的肉刑。

对于打架斗殴,秦国的刑罚也非常重。打架者会被绑起来,眉毛和胡子被全部拔光。要知道在古代,胡子对男人来说可是非常重要的。残酷的是不仅要承受这些身体伤害,犯罪者还会被拉去从事繁重的筑城工作。

看到这些,有些人一定会说,只有犯人才会受这些惩罚,那安分守己些不就行了吗?可惜想法很美好,现实很残酷。商鞅在变法时制定这些重刑,是为了杜绝犯罪,所以他规定,凡是准备犯罪的人也要受到刑罚,正所谓"刑用于将过"(《商君书·开塞》)。

看到这里你一定会大吃一惊,犯了罪的人叫罪犯,他们在犯罪之前就是普通人,和大街上的每个人都没有差别,那么秦国统治者如何辨别准备犯罪的人呢?因此,这个规定有很大的弊端,如果官吏真的想要伤及无辜,完全可以利用这一条规定。毕竟,你可以证明你没有犯罪,但是你无法证明你心里没有犯罪的想法。

而真正会犯罪的人,他们的行为又具有隐蔽性和突然性,人们无法在他们犯罪之前就发现。比如,想偷东西的贼在偷之前自然不会让你发现他的心思,这是犯罪的隐蔽性。又比如,两个人在聊天,一开始聊得好好的,突然发生口角,双方大打出手，由于事发突然，人们在之前根本无法预料，这是犯罪的突然性。"刑用于将过"对于这些犯罪行为自然起不到任何约束作用。

另外，连坐制度非常不人道，毕竟那些没有参与犯罪的亲朋好友都是无辜的，却也会受法律的严惩。秦朝统治者之所以这么规定，一是让罪犯的犯罪成本增加。一个人犯了罪想逃跑很容易，但一家人想逃跑就没那么轻松了。一人犯罪，全家受罪，这就让很多人不敢犯罪。二是能够鼓励人们相互揭发，因为揭发的人可以免除连坐，这也使罪犯更容易被抓住。

由于秦国变法较晚，秦国的刑罚又是建立在其他国家的基础上，可以推测其他国家的刑罚同样很重，甚至更重。在魏国的史料中就有"窥宫者膑，拾遗者刖"的记载。当时的刑罚很残酷，很大程度上是因为那时正值乱世，正好提倡"刑乱国用重典"。而且地主阶级刚刚兴起，为了稳固自己的地位，自然会把刑罚设得非常严酷。这些残酷的刑罚使各个诸侯国很快迎来了自己的末日，即使是笑到最后的秦国，在统一全国后也仅仅存在了14年。可以说，严刑峻法是无法换来长治久安的。

当时的刑法如此严峻，也和一种学说有关。

《三字经》是中国传统文化的经典，连小孩子也能背出："人之初，性本善。"可伟大的思想家荀子并不这么认为，他提出了性恶论，认为人性很容易转化为恶。性恶论立刻衍生出重刑主义，荀子的继承者韩非、商鞅等人将重刑主义贯彻得淋漓尽致。重刑主义很快形成了严密、完整的体系，成为维持统治者专制的理论依据。

主张变法的商鞅，最后却死在自己制定的刑法之下

由于年代比较久远，战国时期刑法的很多具体内容都不得而知，我们只能从当时发生的案件来观察当时的人们是怎么抓捕犯人的。

商鞅变法让秦国的国力变强，但也让他成了秦国贵族的眼中钉。秦孝公去世之后，商鞅失去了保护伞。贵族势力趁机进行报复，诬陷他谋反，新即位的秦惠文王立刻下令抓捕他。商鞅只能逃跑，好不容易逃到了边关，想找个旅店休整。然而在他进入旅店后，老板拒绝了他的留宿请求，并不是因为他没钱付账。原来，为了方便抓住逃犯，商鞅在变法时规定，旅客在住店时需要提供官府的凭证，店家若私自接待"无证"的客人，店老板就和犯人同罪。正如《史记·商君列传》中记载："商君之法，舍人无验者坐之。"

这个时候，秦国已经容不下商鞅了，他只能把希望寄托于别国。商鞅想去魏国，却被严词拒绝，因为他之前得罪过魏国，这条路被堵死了。于是，商鞅只能回到封地起兵反抗，最终兵败被杀，被施以车裂之刑。他们家也被满门抄斩。讽刺的是，店家不得私自留宿客人的规定和之后的车裂、族诛全部是商鞅在变法时制定的。

商鞅倒下了，死在自己制定的刑法之下。

法家逃不掉的宿命——变法越成功，下场越悲惨

荀子之后，法家出了很多厉害人物，比如商鞅、韩非、李斯，他们在立法变法上做出了不可磨灭的贡献，也为秦国一统天下奠定了坚实的基础。悲哀的是，尽管他们生前一言九鼎，他们的下场却非常凄惨。商鞅被秦国贵族陷害至死，韩非被李斯害死，李斯被赵高害死。其中，商鞅被车裂，李斯被腰斩，并且都被夷三族。

法家的代表人物最终都死于非命，不得不说这是一种必然性。他们的立法变法得罪了旧贵族势力，他们制定的残酷法律得罪了老百姓，这让他们成了所有政治势力的公敌。其中，商鞅和李斯被杀都是在前一任君主去世、新君主登基后不久。可见，当支持他们的君主在位时，他们能有所作为；当他们的保护伞倒下后，新君主为了稳定政权，就不得不让他们成为政治的牺牲品。

这样的事不仅发生在秦国的变法者身上，也发生在楚国的吴起身上。那时的

楚国可以说是内忧外患，在国内，旧贵族的权力过大，不干正事的官员太多；而对外，军队的战斗力不强，屡屡被敌国击败。就在此时，之前在魏国立下大功的吴起因遭人排挤而投奔了楚国。于是，楚国国君打算支持吴起在楚国变法，以扭转局势。吴起把楚国旧贵族赶到了偏远地区，一旦旧贵族远离了权力中心，他们就算再有钱有势，也很难干预朝政，无法对君权形成威胁。他还淘汰了一批不干正事的官员，并且举贤任能。一时间，楚国的国力强盛起来了。然而，吴起和旧贵族之间的矛盾也变得不可调和。

后来楚国国君去世，吴起从前线回来奔丧。他没料到的是，等待他的是死亡。那些旧贵族勾结在一起，想趁吴起奔丧时除掉他。在楚王的棺椁前，吴起被旧贵族用箭射杀。这些旧贵族派来的杀手估计平时没怎么上过战场，箭术非常糟糕，竟射中了楚王的遗体。在当时，射伤国君的遗体可是重罪，最后70多家贵族被满门抄斩。随着吴起去世，楚国的变法戛然而止，楚国很快就衰落下去了。

这些法家代表人物的下场特别悲惨，但毫无疑问他们是伟大的，他们用自己的生命换来了法治的进步，同时也换来了国家的进步。正是由于他们的努力，他们的国家变得越来越强大，天下离统一也越来越近。

商鞅之法不仅葬送了自己，还差点葬送了秦王

现在，我们可以回答开头的那个问题了。那些侍卫们之所以没有冲上去救秦王，并不是因为他们不懂变通，而是如果真的这样做了，后果非常严重。因为商鞅在变法时规定："刑无等级，自卿相将军以至大夫、庶人，有不从王令、犯国禁、乱上制者，罪死不赦。有功于前，有败于后，不为损刑；有善于前，有过于后，不为亏法。"（《商君书·赏刑》）大意是：首先，当时的法律规定，无论是王侯将相，还是平民百姓，在法律面前人人平等，谁都没有特权；其次，功过不能相抵，犯法的人立下的功劳再高，也不能用他的功劳去救免犯下的罪。所

013

以，在当时的情况下，只要有侍卫敢冲上去，不管他冲上去干了什么，等待他的只有可能是死刑，甚至是株连三族。就算秦王想保他，也一定保不住。

商鞅制定的法律，把自己送上了断头台，还差一点让后来的秦始皇死在荆轲的刀下。可见，当时的法律虽然让秦国变得富强，拥有了战斗力极强的虎狼之师，但它的弊端也非常明显。秦灭六国之后，这样的法律也将葬送掉秦朝。法家的法治是以君权为基础，而不是人权。因此久而久之，它变成了一种僵化的制度。贪官污吏利用这种僵化的制度迫害好人，便产生了暴政。

第一章 | 从先秦到秦朝：文明伊始，法制萌芽初现

秦朝竟然也有"朝阳群众"

在周朝，侦查制度有了很大的发展

在科学技术还非常落后的时代，有时候人们需要请教神明来断案。据《墨子·明鬼》记载，齐庄公手下有两个大臣打一起官司，这起官司扑朔迷离，连法官也无法决断。无奈之下，齐庄公只好让两个人牵着一只羊进入神祠发誓。其中一人发誓时，并没有出现什么异常，但当另一个人发誓时，这只羊突然冲过去用角顶他的腿。不知道这只羊是因为待的时间太长肚子饿了，还是太无聊了，才做出了这样的举动。不过，当时的人把这作为上天的裁决，最终断定被羊顶腿的人撒了谎，判处他死刑。

让神明来裁决显然是不合理的，这个案子现在来看非常荒唐，那个人被众人认定成凶手可以说是非常冤枉。不过，这也反映了当时的人们在侦查条件不发达的情况下追求真相的心愿。

随着生产力的发展以及思想的开放，人们意识到审案子需要交给人来做决断，于是侦查制度在周朝有了很大的发展。周朝时规定，审讯时所有当事人都要到齐，审案开始重视口供和证据。

《周礼·秋官·小司寇》记载："以五声听狱讼，求民情，一曰辞听，二曰色听，三曰气听，四曰耳听，五曰目听。"所谓"五听"，即观察当事人的语言

表达、面部表情、呼吸、反应和目光。由此可见，那时的人们已经初步将心理学运用到了侦查审讯中，这在那个技术有限的年代是个很大的进步。

秦始皇统一的不仅有文字、货币和度量衡，还有侦查制度

秦王政二十六年（前221年），秦王嬴政灭掉六国，一统天下。秦始皇建立了全新的封建官僚制度，统一度量衡，也统一了六国纷杂的刑事侦查制度。早在先秦时期，中国就已经产生了侦查制度，但一直没有一个统一的中央集权国家予以实施，到了春秋战国时期，列国纷争，各地的官吏设置并不统一，因此统一的刑事侦查制度自然无从谈起。

秦朝的刑事侦查制度分为中央和地方两个体系。在中央，皇帝是最高的侦查人员，拥有最高的司法裁判权以及制法权，也能安排任何人参与审判。皇帝之下，是丞相和御史大夫，能监察百官。而廷尉是中央最高司法审判机构的长官，负责审理重大案件和疑案。在地方，级别最高的侦查人员是县令（一县之长）。县令之下是县尉和县丞，县尉的工作是治安和捕盗，县丞辅佐县令审理案子。县丞下面有狱吏，协助抓捕犯人和办案。狱吏的下面是令史（县令的属吏），负责走访现场和勘察检验。而且，侦查机构还有更细致的划分，就像现代的派出所一样，在一定的范围内会设立亭长，负责当地的刑事案件。

这些职位中，皇帝是至高无上的存在，县令相当于地方长官，而亭长相当于当今的派出所所长。这三个职位的跨度如此之大，有没有人全都体验过？还真有。此人正是西汉开国皇帝刘邦。刘邦一开始的职位是亭长，他在押送徒役的过程中释放了刑徒，然后加入了农民起义的队伍。由于刘邦非常得人心，在起义军杀掉沛县的县令后，大家共同推举他担任县令。之后起义军推翻了秦朝的统治，刘邦也在楚汉之争中打败项羽，登基称帝。

当时大家都忙着打仗，刘邦在晋升为县令之后，恐怕没有机会体验司法审判

的权力。当上皇帝后，刘邦享受到皇帝对司法的绝对控制权。对于像韩信、彭越这些尾大不掉的异姓诸侯王，刘邦指控他们谋反，废了他们的王位，彻底铲除了他们的势力。

从丞相、太尉、御史大夫、廷尉、郡守、郡尉到县令、县丞、县尉和其他同级别的官员，都有职责和义务追捕罪犯。令史（县令属吏）是例外，但根据1975年12月湖北省云梦县睡虎地出土秦简的记载，县令或县丞指派的令史也可以参与追捕罪犯。此外，秦汉统治者还设立专职官员来追捕罪犯，例如亭长、亭校长和求盗等职。

在追捕罪犯的过程中，侦查人员也有相应的纪律。首先，追捕罪犯的官吏数量一定要足够，并且由县令统一指挥；其次，追捕人员必须尽快到达犯罪现场和嫌犯逃跑的地方；再者，官吏在追捕盗贼时必须成群结队，从而彼此照应，减少伤亡。

如果没捉住罪犯，官吏们要受到惩罚。如果因为有官员被罪犯击杀而没能捉住罪犯，官吏要被惩罚戍边两年。如果本来能捉拿罪犯，但因追捕人员的胆怯而让罪犯逃跑的，为首的官员会被削减爵位。如果该官员没有爵位，也要被罚戍边两年，他手下的官吏要被罚戍边一年。

秦朝的刑罚之所以规定得那么严格，就是为了让官员们有紧迫感，从而早日抓住罪犯。如果有官员一时没有控制住自己，杀死或打伤了罪行并没有那么重的罪犯，罪犯的权利能否得到保障？当然能。秦朝规定，如果官吏杀死了罪不至死的罪犯，会被罚去修长城；如果官吏打伤罪犯，就会被贬为奴仆。

为了更高效地抓住罪犯，官府也鼓励百姓抓捕罪犯。如果百姓能够捕获罪犯，官府会提供高额赏金，这些百姓相当于现在的"朝阳群众"。百姓捕获罪犯在当时也是屡见不鲜。睡虎地秦简《封诊式》中记载："某里士五甲、乙缚诣男子丙、丁及新钱百一十钱、容二合，告曰：丙盗铸此钱，丁佐铸。甲、乙捕其室而得此钱、容，来诣之。"简单点说，就是甲、乙二人把丙、丁二人与盗铸的新钱、铸钱工具都带到官府处告发。这个制度产生的影响主要是积极的，就像如今国家设立见义勇为奖，让老百姓对抓捕罪犯有了积极性，让广大群众参与到抓捕罪犯中，才能更高效地将罪犯绳之以法。

　　秦朝统治者建立的侦查制度也深深地影响着后世，其中的很多制度和思想都被后面的朝代沿用。

第一章 | 从先秦到秦朝：文明伊始，法制萌芽初现

秦简里的悬案——最早的"验尸指南"

早在秦朝，中国就出现了与法医学相关的文献

提到法医学，大家可能会觉得这是一个现代才出现的学科。毕竟在古代，无法知道血型，没有DNA检测，也没有指纹鉴定技术，更没有那么多先进的技术设备，只靠一些蹩脚的工具，如何从一具不起眼的尸体上获取信息呢？然而，我们的祖先虽然没有先进的科学理论支撑，却依然能够凭借经验解决一个又一个的难题。早在秦朝，中国已经有了和法医学相关的文献。

在湖北省云梦县睡虎地出土的秦简中，有一部《封诊式》，成书于战国时期。这是一部和司法鉴定有关的法律文献，同时也是现存最早的比较完整的法医学文献，比外国目前最早发现的验尸报告早了200多年。其中，在《贼死》一篇中，当时的人们已经能够写出一份相当完整的尸检报告。现在，就让我们穿越到那一天，来还原一下当时地方官府办事员制作尸检报告的过程。

一个官吏突然发了一个通告，说在辖区内发生了一起凶杀案，被害人是一个束发男性，身份不明。于是，地方官命令你前去检查尸体和现场状况，你迅速赶往现场。

在秦朝，为了抓住时机，办案人员必须快速赶往现场。如果办案人员去晚了，犯罪痕迹可能就会变得模糊，证据和赃物也可能会被凶手处理掉，群众的记

忆也会随着时间的推移而恍惚，说不定就让凶手逃之夭夭了。

赶到现场后，你发现房间里有一具男性的尸体，头朝南，仰卧着。你上前一看，死者的左额角有一处刀创伤，背部有两处创伤，都是纵向的，长度有四寸，宽有一寸。创口都是中间陷下，像是被斧头砍伤。死者的脑部、额角和眼眶下面都有流血，并且血流到了头部、背上和地上，难以测定长度和宽度。身体的其他部位完好无损。于是，你的同事取来毛笔、竹简，写道：

男子死（尸）在某室，南首，正偃。某头左角刃痏一所，北（背）二所，皆从（纵）头北（背），袤各四寸相耎，广各一寸，皆䏻中类斧，衉（脑）龜出皆血出，被（被）污头北（背）及地，皆不可为广袤；它完。

死者穿着平布衫、短上衣和裙子。你可不要把死者想象成女子，在当时男子是可以穿裙子的。上衣的后面有两道垂直的切口，已经被血污染，长衫中间也有血迹。在男子的西面有一双涂漆的麻鞋，一只距离男子6步，另一只距离男子10步。你给死者穿上鞋子，鞋子的尺码正好符合死者的脚。地面非常坚硬，不能查出凶手的足迹。死者是个壮年男性，白皮肤，身高七尺一寸，头发长两尺，他的腹部有两处旧伤疤。尸体所在地距治安所有100步的距离，离最近的农舍有200步的距离。你的同事接着写：

衣布襌、裙、襦各一。其襦北（背）直痏者，以刃央（决）二所，应痏。襦北（背）及中衽□污血。男子西有枲荣縢履一两，去男子其一奇六步；一十步；以履履男子，利焉。地坚，不可智（知）贼迹。男子丁状，析（皙）色，长七尺一寸，发长二尺；其腹有久故瘢二所。男子死（尸）所到某亭百步⋯⋯令甲以布裙刉狸（埋）男子某所，侍（待）令。以襦、履诣廷。讯甲亭人及丙，智（知）男子可（何）日死，闻謷（号）寇者不殹（也）？

第一章 | 从先秦到秦朝：文明伊始，法制萌芽初现

是的，你没有看错，早在遥远的秦朝，我们的祖先就已经能够写出非常完整的尸检报告了。他们的尸检报告涵盖尸体的位置和死者的个人特征，还包括伤口的部位、大小、方向等信息，甚至还有衣物的情况。当时的法律规定，对于死因不明的尸体都要进行尸检，并且要由专业人员负责和操作，违者会受到惩罚。

尸检报告就这样完成了，接下来是调查现场。古人很注重入土为安，于是你安排人用布包裹住该男子尸体，并将他埋葬。死者的上衣和鞋子要带回亭里，那一带的村民都要接受审讯。你们需要排查出死者的死亡日期以及当时村民们是否听到了奇怪的声音。秦朝的现场勘查工作非常全面和细致，凡是和犯罪有关的场所，或是和犯罪有关的人，全部要接受调查。

在秦朝，搜查包括人身搜查、室内搜查和室外搜查，目的是查获罪犯隐藏的财产。搜查犯罪嫌疑人不仅仅是官差的权力，普通老百姓也可以搜查。颁布于西汉高后二年（前186年）的《二年律令·盗律》中规定："盗出黄金边关徼，吏、卒徒部主者智（知）而出及弗索，与同罪；弗智（知），索弗得，戍边二岁。"对于官吏来说，搜查是他们的职责之一。如果官吏没有搜查嫌疑人并私自放跑他，那就会被判与罪犯同罪。那官吏能不能假装自己不知情，从而逃避惩罚呢？当然不能，即使是这样，他也会被判戍边两年。

在这过程中，你看到县里陆陆续续地调人来，仿佛是要看守什么地方。原来，在调查过程中遇到需要查封的东西，治安所就要派人来轮流看守。秦法规定，只要犯罪嫌疑人被司法机关审讯，他的财产就要被查封。被查封的房屋的结构和间数都要写在笔录里，如实向上级汇报。秦朝的司法机关非常注重这个环节，这对正确地审案非常重要。而且，查封财产必须由县丞批准才能执行，平民百姓和下级官员是不能私自查封的。

判断是死前上吊还是死后上吊？秦朝人自有办法

想对秦朝的法医学有进一步的了解，那就让我们再穿越一次。

这一天，下属突然向你报告，有人上吊死了。如果你看过足够多的悬疑作品，就能猜到接下来肯定是要判断死者是自杀还是他杀。如果是在现代，这是一件拿着解剖刀就能轻松解决的事。通过解剖来观察死者的呼吸道、动脉、血管等地方是否受到损伤，就能判断死者是不是真的缢死。

而在遥远的秦朝，科学还没有如此发达，人们如何从尸体上获取线索和证据呢？就在你冥思苦想之时，你的同事已经来到了尸体旁，对着死者的脖子仔细检查。紧接着，他打量了一下死者的嘴巴，再对着死者的下体和屁股闻了闻，然后他又检查了一下现场的房间。原来，秦朝对于判断死者是不是缢死有专门的方法，先是检查悬挂处有没有系绳的痕迹，再看看死者的舌头有没有吐出，下面有没有屎尿流出，还要检查上吊的时候离地面有多高。

不久，你的同事让你帮他把尸体放下来。在解绳子的过程中，你们需要观察死者的口鼻有没有发出叹息的迹象。放下尸体后，你们要检查索沟（绳印）有没有淤血，还要检验一下死者的头部能不能从系绳处脱出。在检验这具尸体的过程中，你们发现死者的舌头没有吐出，嘴巴和鼻子也没有出过气，索沟也没有淤血，因此你们断定死者很有可能死于他杀。于是，你们在尸检报告中这样写道：

诊必先谨审其迹。当独抵死（尸）所，即视索终，终所党（倘）有通迹，乃视舌出不出，头足去终所及地各几可（何），遗矢弱（溺）不殴（也）。乃解索，视口鼻渭（喟）然不殴（也），乃视索迹郁之状，道索终所试脱头，能脱，乃□其衣，尽视其身、头发中及篡。舌不出，口鼻不渭（喟）然，索迹不郁，索终急不能脱，□死难审殴（也）。

秦朝也能进行痕迹鉴定

在刑案侦破中，痕迹鉴定也是非常重要的环节。鉴定专家可以通过现场的脚印、打斗痕迹、工具痕迹等信息来推断案发经过和寻找凶手。而现代的痕迹鉴

第一章 | 从先秦到秦朝：文明伊始，法制萌芽初现

定，好多都需要依靠专业的物理、化学知识，那么在没有先进科学理论的古代，如何进行痕迹鉴定？就让我们再度穿越时空了解一下。

这一次，你遇到了一起挖洞行窃案，罪犯通过挖洞潜入失主的房间。这个案子让你感到非常棘手。在秦朝，没有监控，也没有DNA检测技术，要如何锁定罪犯呢？

首先，你要确定罪犯使用的工具。毕竟罪犯不是土拨鼠，不可能用手挖洞。洞是直通房中的，洞的底面和地面齐平，高两尺三寸，宽两尺五寸。你和同事通过洞的形状，初步推测挖洞的工具是凿。

接着，你们发现房内和洞外的地上都有膝盖和手的痕迹，可见罪犯是手膝并用，行窃完之后是从洞里爬出去的。

然后，你需要判断罪犯穿的鞋。在屋外的地面上，你们发现了四处秦綦履（用斜纹丝织品制成的鞋）的痕迹，长为一尺二寸。你们通过印痕判断，这是一双旧鞋。鞋前面的花纹比较密，有四寸，中部的花纹就比较稀，长五寸，鞋跟的花纹是密的，长三寸。

最后，你们在屋外的墙上又有了新发现。东墙距离房屋五步，墙上有一个新的缺口，上面有人跨越过的痕迹。从痕迹上你们无法判断罪犯的人数和他们后来去了哪里，但你们得到了罪犯入室的路线。

搜查到这时你就不得不感慨秦朝法制的先进，当时的勘察人员可是经过了长期的专业训练，在侦查过程中也非常科学、客观和谨慎。他们记录了很多测量数据，并且不贸然下定论，而是非常理性地分析。

可是，光有这些线索还不足以找出罪犯。不过不用担心，和物证相关的就是人证。在这方面，秦朝也是非常先进的。你们立刻对受害者进行询问。受害者告诉你们，他在今天早上发现罪犯偷走了一件衣服，其他东西都没丢，他并不知道罪犯是谁，有几个人。你们便接着询问衣服昨天晚上所在的位置、周边的环境，还有受害者的位置。

当然，仅仅询问受害者是远远不够的，你们还要深入群众调查访问。你们向

023

受害者的邻居询问受害者丢失衣物的质地和新旧程度。在这过程中，官吏没有用任何威胁引诱的手段逼迫被访人。

遗憾的是，由于考古结果有限，这些案子我们目前还无从得知后续经过，也无法得知这些案件最后有没有被侦破。但可以肯定的是，那时中国的刑事侦查制度已具雏形，有了非常科学和细致的侦查方法。

第一章 | 从先秦到秦朝：文明伊始，法制萌芽初现

赵高钻制度的空子，置李斯于死地

秦朝的诉讼制度虽然很先进，但仍有缺陷

诉讼是破案中一个非常重要的步骤，那么秦朝的诉讼程序是怎样的呢？

秦二世二年（前208年）七月，大秦王朝的首都咸阳，一位老人和他的儿子在刑场上即将被腰斩。临死之前，老人发出感叹："吾欲与若复牵黄犬，俱出上蔡东门，逐狡兔，岂可得乎！"意思是，他想再和儿子一起，牵着黄狗去追兔子，一起享受天伦之乐。然而此时此刻，这个愿望已经变得遥不可及。在这之后，他们被夷三族。大秦王朝也随着老人的去世，离末日越来越近了。讽刺的是，秦朝的很多刑法都出自老人之手，他也利用刑法挤掉了很多竞争对手，到头来，他自己也成了刑法惩罚的对象。

这位老人是秦朝的丞相李斯，害死他的正是权宦赵高。从后人的视角看，李斯虽然有一些私心，但他对秦朝绝对忠诚，绝无谋反之心。这样一个人才却落得如此下场，当时的各级官员和皇帝都没有发现李斯的忠心和赵高的猫腻吗？难道是因为当时秦朝的审判制度非常落后吗？

其实恰恰相反，秦朝的诉讼制度、诉讼程序及法律文书程序都已经发展到了非常先进的水平。只是由于实行得较早，这些制度不可避免地存在一些漏洞，而且有些制度没能完整地实施，这就让赵高钻了空子。

秦朝的司法诉讼程序可以划分成控告、侦查、审讯和判决这几个步骤。其中，控告可以分成两种形式，一种是被害人起诉罪犯，另一种是官府起诉罪犯。

当然，人们不是随便就能起诉的。当时，一个人要起诉别人，必须要有依据。如果一个人故意起诉了无罪之人，就会被判为诬告。如果一个人因为有误解而起诉，最后查证所告并不符合事实的，就会被判为告不实。有几种特殊情况，官府是不给立案的，比如犯罪嫌疑人已经死亡的、子女告发父母的、奴仆告发主人的，这些属于非公室告，官府不予立案。

接下来就是侦查，这个过程会在后文详细讲述。

秦朝官府在审案过程中会采取刑讯逼供。当时已经有不少官吏意识到其中的弊端，却无法废除这种审讯方式。其实秦朝对刑讯逼供也有明确规定，《封诊式》中记载："凡讯狱，必先尽听其言而书之，各展其辞，虽智（知）其訑，勿庸辄诘。其辞已尽书而毋解，乃以诘者诘之。诘之有（又）尽听书其解辞，有（又）视其它毋解者以复诘之。诘之极而数訑，更言不服，其律当治（笞）谅（掠）者，乃治（笞）谅（掠）。"意思是说，官吏先要认真听取被告的口供并加以记录，再对被告没有回答清楚的问题进行追问。如果被告人多次改变口供，并且理屈词穷还不认罪，官吏就可以对他实施拷打。但拷打必须做记录，做记录的时候必须写清楚，刑讯是因为嫌疑人多次改变口供，且不能说明改变口供的理由。

秦朝人很清楚，能用笔录追查口供，未经拷打而审清案件的，是上策；通过拷打来破案的，则是下策。只有对那些多次改变口供、态度不好的犯罪嫌疑人，才能实施刑讯。这些规定的初衷是避免屈打成招，减少冤案的发生，本身是有进步意义的。

在当今社会，刑讯逼供是不被允许的，那么在当时，刑讯逼供的效果如何？尽管秦朝的法律对刑讯逼供做了很多限制，但很多官吏并没有认真执行。比如说，有的官吏在初审时就反复拷打被告人，这明显违背了规定，很容易造成冤假

第一章 | 从先秦到秦朝：文明伊始，法制萌芽初现

错案。

这一缺陷缘于当时侦审合一的侦查制度，侦查人员在办案时有绝对的权威和决定权。而且，当时的审判对象是被告人，如果侦查人员心生恶念，想加害被告人，当时的法律对此没有任何的限制。

从赵高对李斯的审问中，可以明显看出刑讯逼供在秦朝末年那个动荡时期已经完全被滥用了。秦二世登基之后，整天沉迷于酒色，并且十分信任赵高。李斯想劝谏秦二世远离赵高，这事被赵高知道了，赵高便诬陷李斯谋反。于是，秦二世立刻逮捕了李斯，并安排赵高亲自审问。李斯落入赵高的手里，可算是倒了大霉。严刑之下，李斯只能屈打成招。

但在下最终的判决书前，皇帝会派御史和侍中前来亲自审问。李斯能言善辩，又劳苦功高，最重要的是，他并没有谋反之心。因此，如何过御史和侍中那关就成了赵高的一个难题。诡计多端的赵高很快想出了计策。他派自己人假扮成御史和侍中，轮流审问李斯，如果李斯敢反驳之前的口供，就让人再拷打他。经过几次折磨，李斯无法分清谁才真正是秦二世派来的人，以至于当秦二世派人前去审问他时，他也只能选择不更改自己的口供。最终秦二世将李斯腰斩，并且诛三族。当初辅佐秦始皇灭掉六国的功臣就这样迎来了自己的末日。从这个案件中我们能看到，连李斯这样的高官都会受到如此严酷的刑讯逼供，对于普通百姓而言，如果审问的官吏想陷害他们，更是易如反掌。

这说明制度的执行与设计同样重要。由于古代的技术有限，经常出现制度无法顺利落实的情况。此外，在古代，人治始终凌驾于法治之上，因为执行法律的是人。正如常言所说"上有政策，下有对策"，如果人们怀有邪恶的心思，总能在制度漏洞中钻空子。只有制度的设计和执行同步到位，才能真正地实现执政者的目的。

在秦朝，开庭要注意三点

在秦朝时，已经有了法庭。那么，开庭需要注意些什么呢？

首先，当事人一定要到场。《封诊式》一共记录了32个案件，除去两个犯罪嫌疑人在逃的，还有一个疑似自杀尚未查清的，其余的案件均有原告和被告出庭。

其次，当事人的身份在开庭前要核实清楚。当事人的姓名、籍贯、身份、有无前科、被判过什么刑、是否经过赦免，以及有没有逃亡等信息都要调查清楚。当时的科技没现在发达，如果有人假冒身份怎么办？秦朝人也考虑到了这一点，他们会安排地方负责人去当地询问清楚，辨别这些信息的真伪，然后地方负责人用书信报告。审讯结束之后，就是判决环节。做出判决后，如果犯罪嫌疑人认罪伏法，案子就此了结。如果犯罪嫌疑人喊冤，可以提出再审。再审既可以由自己提出，也可以由别人提出。这个制度和现今的一审、二审差不多。当时的人们已经意识到了，法庭的审判有时也会出现错误，于是增加了复核来减少冤假错案，这是制度的进步。

还有，秦朝规定，在调查案件时，以上犯罪嫌疑人的身份信息都需要详细地写成文书，报给上级机关。可见秦朝办案时，非常重视犯罪嫌疑人的个人信息。而当时的现场勘察笔录需要记录报案缘由、检验记录、结论以及其他与案件相关的资料。另外，秦朝司法鉴定笔录也非常注重语言文字的准确性。秦朝的司法文书又被称为爰书，需要包含以下材料：诉辞的官方记录、自首的官府记录、被告人的口供、现场勘查与法医检验的报告、官吏对案件判决与执行的报告以及案件的综合报告。

《封诊式·告子》中就记录了一份起诉资料："爰书：某里士五（伍）甲告曰：甲亲子同里士五（伍）丙不孝，谒杀，敢告。"这是一个父亲以"不孝"为由，请求官府杀死儿子的起诉记录，这便是一个典型诉辞的官方记录。而《封诊式·盗自告》中记录了一个投案自首的人的口供记录："某里公士甲自告曰：以五月晦与同里士五（伍）丙盗某里士五（伍）丁千钱，毋（无）它坐，来自告，告丙。"自首的人说自己于五月末和丙偷盗了丁一千钱，在此之前他没有犯过其他罪，现在来自首，同时揭发和自己共同作案的丙。

总体来说，秦朝的这些制度在当时是领先于世的，而且这些制度很多都被后面的朝代沿用。

第二章
汉朝：德主刑辅，法制走向儒家化

从淮南王谋反一案看汉文帝的仁慈

大汉王朝不能步秦朝的后尘

秦王子婴元年（前207年），刚刚登上王位不久的子婴向农民起义军领袖刘邦投降，存在了14年的秦王朝就此灭亡。5年后，刘邦在楚汉战争中击败项羽，登基称帝，建立汉朝。

刘邦曾经当过秦朝的亭长，对秦朝的刑法了如指掌。秦朝曾十分辉煌却二世而亡，这需要汉朝统治者从中吸取教训。秦朝灭亡的因素很多，严刑峻法便是其中之一，这也是汉朝统治者需要改革的一个方面。

早在刘邦灭秦进咸阳时，刘邦就和关中的父老乡亲约法三章，把秦朝的严刑峻法全部废除。刘邦的行为和项羽的烧杀抢掠形成了鲜明的对比，很快就赢得了人心。这个举动使刘邦的队伍完成了从农民起义军向国家军队的转变，刘邦从而成为汉朝的开国之君。

刘邦去世后，汉惠帝即位，他一共在位7年。汉惠帝驾崩后，吕后又执政了8年。这15年对汉朝非常重要，它上承西汉开国，下启文景之治。一提到吕后，大家都认为她是一个残忍的女人，她杀死了为刘邦打天下的韩信，又将自己的竞争对手戚夫人残忍杀害。与对待政敌的残忍形成鲜明对比的是，她对待百姓非常仁慈。汉惠帝和吕后在执政期间逐步废除了挟书罪、妖言令以及夷三族等多项旧制度。

秦朝焚书坑儒的故事已经妇孺皆知，而秦朝统治者对文化的钳制远不止于此。在西周时期，书籍就被官府垄断。到秦朝，朝廷出台了挟书罪，除了医药、种植、占卜的书，其他书民间都是不能藏匿的，否则就是犯罪。汉惠帝和吕后执政期间，已意识到朝廷需要实行开明的文化政策，要让底层的老百姓拥有读书的自由。所以，他们废除了挟书罪，官府垄断书籍从此成为历史，书籍开始"飞入寻常百姓家"。

秦朝还出台了妖言令，百姓不得发表任何议论皇帝过失的言论，否则一律杀头。秦朝统治者为了稳定社会秩序，力图压制住民间对统治不利的言论。吕后意识到百姓要有一定程度上的言论自由，而且妖言令阻挡了很多逆耳的忠言，于是废除了这一法令。

汉初这几位统治者的做法都是值得称赞的。在这之前，多数统治者都想禁锢思想，严重剥夺了百姓学习知识、发表言论的权利，而汉朝统治者废除了这些制度，让百姓受益良多。

汉文帝、汉景帝废除了肉刑

汉文帝可以说是一个非常仁慈的皇帝，从他审理淮南王谋反案的方式可见一斑。

刘邦路过赵地时和赵王的宫女赵氏有染，之后赵氏生下一子，名为刘长。后来，刘长的母亲被牵连入狱，她托弟弟请求吕后近臣审食其在吕后面前说情，但吕后因嫉妒不肯告知刘邦，审食其也就放弃了。不久，刘长的母亲在狱中自杀。刘邦事后感到后悔，就封刘长为淮南王。但刘长一直怀恨在心，想报复审食其。吕后死后，刘长来到长安，把铁锤藏在袖中，锤杀了审食其。可能审食其在临死的那一刻都非常憋屈，自己当初也在吕后面前说情了，可吕后不听，他也没有办法。吕后活着的时候刘长不敢惹怒她，只能等吕后死后把气撒在审食其身上。刘长成功地为母亲报了仇，但他的行为触犯了法律，不过汉文帝因刘长是汉室宗亲，并未治他的罪。

这件事之后，刘长开始变得骄奢淫逸，在自己的地盘施行自己的"法律"，还使用天子才能用的器物。刘长这是把自己当成了土皇帝，藐视皇权。于是，汉文帝逮捕了刘长。按照法律，刘长要被处以死刑，而且他还有前科，想必汉文帝应该不会再对刘长仁慈了。

出乎所有人意料的是，汉文帝依然没有判处刘长死刑，只是夺了他的王位，把他迁到蜀地，刘长最后在途中绝食而死。这个案例出自《史记·淮南衡山列传》，可以看出，和铲除异己时从不手软的汉高祖刘邦与心狠手辣的吕后相比，汉文帝可以说是一个仁君。要知道，在古代，为了保住自己的皇位，皇帝对觊觎皇权的人很少会心慈手软的，而汉文帝在这种事上都能放过刘长，足见他的宽厚与仁慈。

接下来，关于文景二帝废除肉刑的事，还要从一个小姑娘开始讲起。

《史记·扁鹊仓公列传》记载，汉文帝时期，有一个医官叫淳于意，有人告发他受贿。很快，他要被押送去长安。淳于意有5个女儿，没有儿子。女儿们围在囚车旁痛哭，他不禁感叹道："还是生儿子好啊！"小女儿缇萦听到这句话特别不服气，便跟随父亲一同前往长安。

到了长安后，缇萦上书汉文帝说："妾父为吏，齐中称其廉平，今坐法当刑。妾切痛死者不可复生，而刑者不可复续，虽欲改过自新，其道莫由，终不可得。妾愿入身为官婢，以赎父刑罪，使得改行自新也。"大意是说：一个人犯了错，本可以改过自新，但如果被杀死了便不能复活；如果受了肉刑变成残疾人，被毁坏的身体便永远无法恢复原样。我愿意入官府做奴婢替父赎罪，让他有重新做人的机会。汉文帝看过后，立即赦免了淳于意，并且在当年废除了肉刑。

缇萦直截了当地指出了肉刑的弊端，对汉文帝影响颇大。紧接着，汉文帝将在脸上刺字的刑罚改为做苦力，把割鼻子和砍左脚脚趾的刑罚换成笞刑，也就是

第二章 | 汉朝：德主刑辅，法制走向儒家化

用竹子或木板拷打犯人的屁股或后背。

当然，汉文帝的改革也并没有考虑得很周全。比如，之前的割右脚脚趾的刑罚被改成了死刑，这样一来，肉刑是被废除了，死刑反而增加了，本来可以保住性命的犯人这下连命都丢了。而且，笞刑大多是几百下起步，而且行刑者如果体力不支可以中途换人，受刑者要连着挨下去。所以，在行刑者车轮战一般的拷打下，有不少犯人被活活打死。

在方士新垣平案发生后，汉文帝意识到需要加重刑法的威慑力，于是又恢复了之前吕后废除的夷三族制度。这个案子具体是什么情况呢？《史记·孝文本纪》中讲道，当时有一个方士叫新垣平，他很会忽悠人，甚至还到长安忽悠了汉文帝。他呈上一个长了字的玉杯给汉文帝，禀告说在长安的东北方向有神气，鼓励汉文帝改元并举办祭祀大典。汉文帝很高兴，便让他在朝廷中任职。

正所谓当局者迷，旁观者清。汉文帝被新垣平哄得欢天喜地，丞相和廷尉却觉得事有蹊跷，但鉴于新垣平是汉文帝面前的红人，他们不敢直接和汉文帝说，便暗中调查新垣平。丞相和廷尉把突破口放了那个玉杯上，玉杯上刻着"人主延寿"四个大字。明眼人都知道，字肯定不会自己长出来，一定是人为刻上去的。他们经过走访调查，顺藤摸瓜，终于找到了刻字的工匠。这下子人证、物证俱在，丞相和廷尉就把工匠和他的口供都呈给了汉文帝，汉文帝这才如梦初醒，知道自己被新垣平骗了，然后立刻革了新垣平的职，并把他交给廷尉审判。最后，新垣平被定为大逆不道之罪，被诛三族。

根据《史记·张释之冯唐列传》记载，在新垣平案之前汉文帝就想恢复夷三族的制度，但没能实现。高祖庙里供奉的玉环被偷了，皇帝怎么能忍得了？后来，官府捉住了盗贼，但廷尉只判了他死刑，这让汉文帝很不高兴，他很想将此人夷三族。而按照当时的法律规定，死刑已经是最重的刑罚，廷尉这么判决没问题。

《史记·张释之冯唐列传》中还记载了一个关于汉文帝的小故事。汉文帝坐着马车经过一座桥，突然桥底下钻出一个人，把马吓了一跳。皇帝的随从立刻冲

035

上去将这个人逮捕并审问。原来，此人听说皇帝的马车来了，想躲在桥底下避让。过了好久，他以为皇帝的马车已经过去了，就从桥下钻出，没想到和皇帝的马车撞个正着。最终，审讯官张释之只是判那个人罚款，这个结果让汉文帝非常生气。张释之就向汉文帝解释刑法的重要性，要秉持公平公正的原则。汉文帝听了之后，夸奖就夸张释之做得对。

　　由此可见，刑法是非常重要的。因为统治者也有被愤怒冲昏头脑的时候，如果没有刑法约束，他们很容易随心所欲地滥用刑罚。汉景帝登基后，他意识到了汉文帝改革后的刑法中的弊端，于是在此基础上再进行优化，减少了笞刑的行刑次数，而且将作为刑具的竹板的竹节削平，在行刑期间也不能换人掌刑。

　　这样的改革看似完美，实际上也有很大的缺陷。因为主要的惩罚变成了死刑和笞刑，而死刑主要适用于罪大恶极的罪犯，笞刑则是最基础的刑法，两者相差过大。对于那些犯罪情节不大不小的罪犯，用死刑过重，用笞刑又过轻，执法者在判刑上就极为困难。

　　总体而言，尽管汉文帝和汉景帝的改革存在缺陷，但和前朝的严刑峻法相比，他们的改革有着重要的积极意义，是历史的进步。

第二章 | 汉朝：德主刑辅，法制走向儒家化

司马迁之案暴露出汉武帝的严苛

汉武帝：要开疆拓土，就要严刑峻法

到了汉武帝时期，西汉的刑法发生了翻天覆地的变化。汉武帝毋庸置疑是中国历史上的一位雄主，后人经常拿他和秦始皇相提并论。在刑法方面，汉武帝和秦始皇一样热衷严刑峻法。

汉武帝执政期间，西汉国力强盛，他热衷于开疆拓土。他派卫青和霍去病连年讨伐匈奴，取得了丰硕的战果。但战争终归是劳民伤财，尽管汉朝大破匈奴，但自身也遭受了很大的损失。国内的社会矛盾和阶级矛盾日益激化，汉武帝不得不加重刑罚以稳定社会。

在讲汉武帝之前，我们先讲一讲他少年时的一次断案。从这次断案中我们可以看出，这位千古一帝年少时就在政治决断上有很高的天赋。这个案子记载于《通典》卷一六六，当时还是汉景帝在位，有一个犯人叫防年，他的继母把他的父亲杀死了，他就杀死了继母，给父亲报仇。这个案件比较难判，因为防年杀死了他的母亲，按惯例是要被判处大逆之罪的。但从情理上讲，防年毕竟是给自己的父亲报仇，大逆之罪肯定太重了。这个时候，汉景帝就问刘彻这件事该怎么处理。刘彻回答说，防年之所以称继母为母亲，是因为她嫁给了他的父亲，现在继母把他的父亲杀了，两个人就已经恩断义绝了，再无母子关系，所以防年不应该

被判大逆之罪。汉景帝听后非常满意，就采纳了刘彻的建议。

汉武帝执政期间，汉律增加到359章，其中死罪有409条。如果你在汉武帝时期做法官，汉律的内容可能会让你眼花缭乱，而且你的职责也增加了不少。法官如果听说或看见有人犯罪而不报的，会被判处和犯罪者同罪；官员不举荐人才也要受到惩罚。

说起汉武帝时期的严刑峻法，最出名的还是司马迁之案。汉匈之战中，李陵战败投降。汉武帝气急败坏地召集文武百官开会，一起讨论李陵的罪过。慑于汉武帝的天威，大家只能顺着汉武帝的心意，对李陵展开了无尽的批判，只有耿直的司马迁选择为李陵辩解。司马迁的话激怒了汉武帝，于是他治了司马迁一个"诬罔"之罪。按照当时的法律，司马迁要被处以腰斩。

不过，司马迁并不只有一条死路。他可以选择交纳50万钱来赎罪，也可以选择接受宫刑来保住性命。但此时的司马迁拿不出这么多钱，他的亲朋好友中也没人敢冒着风险花钱保他，最终他被处以宫刑。

总的来说，尽管汉武帝被誉为千古一帝，但是在他的严刑峻法之下，当时的百姓人心惶惶。在汉武帝统治后期，西汉到了衰退阶段，不得不依靠严刑峻法来维持统治。那么汉武帝的严刑峻法，是否有效地维持了当时的治安呢？并没有。这一时期社会动荡，流民甚多，不少人铤而走险，落草为寇。汉武帝不断派人镇压暴乱，还处死了一帮办事不利的地方官员。然而，很多地方官员担心自己会受到法律残酷的制裁，只能隐瞒不报，这就给那些盗贼更大的发展空间，形成了恶性循环。

两位权臣互相说对方有罪，最后霍光获胜

在汉武帝驾崩前，他托孤给霍光、金日磾和上官桀三位重臣。但很快金日磾也随汉武帝而去，辅政大臣中只剩下了霍光和上官桀。这俩人还有亲戚关系，霍

光的女儿嫁给了上官桀的儿子。然而在权力面前，就连亲兄弟和亲父子都能反目成仇，更别说这一对亲家了。

很快，霍光和上官桀就水火不容。上官桀找人密谋，想发动政变杀死霍光，甚至还想废掉皇帝，改立燕王刘旦为帝。刘旦是汉武帝的儿子，因没能继承皇位而耿耿于怀，便成了上官桀寻求合作的对象。刘旦答应事后给上官桀封王，但上官桀的儿子却打算事成之后过河拆桥，把刘旦杀死，拥立父亲为皇帝。

上官桀找到一个人冒充刘旦的亲信，向朝廷检举了霍光的三大罪状。第一条是霍光在主持都试（汉代一种讲武考试）时盛气凌人，第二条是霍光赏罚不分明，第三条是霍光擅自调动校尉而没有事先报告朝廷。接着，上官桀声称刘旦怀疑霍光别有用心，打算联合其他大臣逼迫霍光"辞职"。然而，汉昭帝还算明智，并没有安排手下去查这个案子，上官桀的阴谋也就不了了之了。汉昭帝比较信任霍光，他认为背后一定有人在捣鬼，就想查明这个使者的来历，打击诽谤霍光的人。上官桀为了不引火烧身，就先下手为强，将冒充使者的人杀死了，然后伪造证据，说他是畏罪自杀，跟自己没有关系。这件事之后，朝堂就没有再起什么波澜。

诬陷霍光行不通，上官桀又准备设鸿门宴。或许是上官桀之前出卖使者的做法让他的手下产生了危机感，于是偷偷将这个消息告诉了霍光。霍光大为震惊，立刻采取行动。最终，上官桀被判谋反罪，被诛三族，刘旦也被迫自杀。

上官桀之所以没能钻到空子把霍光搞下台，很大程度上是因为汉昭帝明察秋毫，给予了霍光足够的信任。在古代封建社会皇权至上的法治体系下，如果皇帝是一个明君，在朝廷内部的案件中，他通常会按照正确的程序处理，以确保案件得到妥善解决。相反，如果皇帝是像秦二世那样的暴君，霍光说不定就会落得李斯那样的下场，汉朝也有可能步秦朝的后尘。

汉武帝去世后，汉朝的法律就再也没有大的变化。西汉后期，尽管出现了昭宣中兴，但已无法扭转西汉由盛转衰的历史颓势。

西汉晚期出了两位断案高手

经小说和影视剧的传播，包拯和狄仁杰的故事已经家喻户晓。在西汉晚期，也出现过两个能和他俩相提并论的断案高手——黄霸和赵广汉，这两人都是西汉的名臣。

黄霸的故事在宋朝法学著作《折狱龟鉴》中有明确记载："前汉时，颍川有富室，兄弟同居，其妇俱怀妊。长妇胎伤，匿之，弟妇生男，夺为己子。论争三年不决。郡守黄霸使人抱儿于庭中，令娣姒竞取之。既而长妇持之甚猛，弟妇恐有所伤，情极凄怆。霸乃叱长妇曰：'汝贪家财，固欲得儿，宁虑或有所伤乎？此事审矣。'即还弟妇儿，长妇乃服。"

大意是，颍川有一对兄弟，他们的妻子碰巧同时怀孕。不幸的是，哥哥的妻子流产了，于是她心怀不轨，想把弟媳的孩子抢过来，骗别人说是自己的孩子。这个案子争了3年也没有结果。黄霸得知这件事后，就把兄弟俩的媳妇和孩子都叫到法庭上。他把孩子放在中间，对两个妇人说，谁能抢到这个孩子，孩子就归谁。哥哥的妻子听后立即把孩子抢了过来。黄霸见状，心里便清楚真相了，孩子的亲生母亲怕伤害孩子，定不敢用蛮力去抢，所以孩子的亲生母亲是弟弟的妻子。之后，他训斥了哥哥的妻子，将孩子归还给了弟弟的妻子。

而另外一位神探赵广汉则是一个悲剧人物，他为官清正，不畏权贵，深受百姓爱戴。

《汉书·赵广汉传》记载，当时有一个人叫杜建，他在建设工程时贪了不少钱，赵广汉知道后立刻逮捕了他。杜建的势力非常大，他的手下有很多人想劫狱，赵广汉的同僚得到消息后告诉了赵广汉。赵广汉立刻警告那些想劫狱的人，并在不久后处死了杜建。赵广汉还发明了举报箱，老百姓纷纷来举报当地鱼肉百姓的豪强。赵广汉在得到确凿的证据后立即行动，将几个豪强连根铲除。

很快，赵广汉就威名远扬。有一回，一个郎官被几个绑匪绑架了，赵广汉立刻让几个同僚打探消息，很快就推理出了绑匪所在的位置。赵广汉亲自向绑匪承诺，如果他们肯自首，一定会善待他们。由于此时的赵广汉早已声名大噪，几个绑匪立刻束手就擒。他们被逮捕入狱后，赵广汉遵守承诺，经常给他们送衣物和食物。在临刑前，赵广汉也为他们准备好了棺材，几个绑匪深受感动，死而无憾。

刚正不阿的赵广汉得罪了不少权贵，其中就包括霍光的妹妹霍皇后。这些权贵把赵广汉视为眼中钉，在皇帝面前诬陷他。最终，皇帝判了赵广汉腰斩之刑。临死前，百姓们纷纷在路边下跪，流着泪为赵广汉送行。

赵广汉的遭遇，也隐现着西汉王朝正在一步步走向深渊。很快，西汉皇室大权旁落，外戚和宦官专权，西汉迎来了自己的末日。初始元年（8年），王莽登基称帝，西汉灭亡。

刑案里的中国史

牵连甚广的卫太子巫蛊案是如何发生的？

抓捕"大侠"引发血案

在汉武帝统治末期，发生了卫太子巫蛊案，《汉书·武五子传》对此案有非常详细的记载。古人比较迷信，西汉时期流行将人偶埋于地下以诅咒别人。最早的一起巫蛊案发生在元光五年（前130年），此时汉武帝已经即位11年，论年龄已经27岁了，但一直没有嫡子。这令汉武帝非常苦恼，皇后陈阿娇也逐渐失去了恩宠。而汉武帝从平阳公主家带回来的歌女卫子夫已经怀有身孕。古时候母以子贵，如果生的是儿子，那么卫子夫将会威胁到皇后的地位。陈皇后知道后，好几次都差点儿气死。后来，陈皇后为重新得到恩宠，沉迷于巫术，汉武帝知道后非常生气，派人追查此事。结果发现是女巫师楚服为皇后实施诅咒，此事累及300多人。最后，这些人被汉武帝处死，楚服被斩首示众，皇后被废，居长门宫。这次的巫蛊案只是一个开头，并没有引起连锁反应，相较于汉武帝后期的巫蛊案，只是小巫见大巫。

征和元年（前92年）夏天，汉武帝在建章宫，看见一个男子带剑进入中华龙门。汉武帝大吃一惊，宫中可不比别的地方，居然有人带剑进来！于是，汉武帝马上派人抓捕那个男子，那人丢剑后就逃走了。众人在宫中找了很久都没有找到。汉武帝大怒，将守门官吏给杀了，同时下令关闭长安城门，在全城搜索搜了

11天，一无所获。不知道是这个人身手特别敏捷，还是汉武帝看花了眼。于是，就有人说这个男子肯定不是人，是有人诅咒皇上，要不然这样搜索，连苍蝇也没有地方可躲，怎么会找不到一个人呢！一旦有了这样的风声，各种说法就都出现了，说得越来越邪乎，汉武帝震怒。很快，整个京城就变得人心惶惶。

此时，丞相公孙贺的儿子公孙敬声任太仆，他的姨母卫子夫是汉武帝的皇后。仗着姨母的威势，再加上父亲大权在握，公孙敬声一直骄横奢侈、不奉法纪，而且贪赃枉法，将1900多万钱的军费揣进了自己的腰包。这个窟窿实在太大了，最终公孙敬声的行为败露，被逮捕入狱。这么严重的贪污是汉武帝深为痛恨的，所以他的结局只有死路一条。

作为父亲的公孙贺当然不忍心了，但皇帝是个什么样的人，他这个做丞相的非常清楚，弄不好，连自己也要被牵连进去，一块儿被砍头。这个时候，朝廷正在搜捕阳陵大侠朱安世，但一直没有抓到。汉武帝很生气，催得很紧。公孙贺就上书，说愿意亲自抓捕朱安世，替儿子赎罪，汉武帝同意了。后来，不知道他用了什么方法，果然抓到了朱安世。但究竟这个人是不是朱安世就不得而知了，毕竟古代没有DNA鉴定技术，也没有身份证，即使公孙贺随便抓一个人说他是朱安世，也没人能反驳。朱安世听说丞相要用自己的命换他儿子的命，便在狱中上书，告发公孙敬声和公主私通，还让巫师在祭祀时诅咒皇上，在去甘泉宫的路上埋着木人。汉武帝大怒，马上将公孙贺收监，派人彻查此事。公孙贺父子最终死于狱中，整个宗族被灭，公主也受牵连而死。西汉历史上最严重的巫蛊案就此拉开序幕。

公孙贺的案件看起来非常荒唐。朱安世是关在大牢里的罪犯，而公孙贺正是抓他的人，朱安世难免会有报复之心。而且，他一个被抓的罪犯，怎么会知道公孙敬声和公主私通？这怎么看都像是无中生有。但只要会危害皇帝，那就戳中了汉武帝的要害。宁可信其有，不可信其无，毕竟在皇帝眼里，公孙贺父子的性命和他的性命比起来不算什么。然而，这一切只是个开始。

卫太子巫蛊案

其实，公孙贺父子巫蛊案的罪魁祸首是曾任水衡都尉的江充。江充是赵国邯郸人，本名江齐。他有个妹妹，擅长歌舞鼓琴，姿色出众。后来，江充将妹妹嫁给赵王太子刘丹。由此，江充得到了赵王的器重，被赵王视为上宾。赵王是汉景帝的儿子，刻薄阴险，喜欢作奸犯科。他对太子刘丹有所不满，刘丹就怀疑是江充将自己做的一些坏事告诉了赵王，于是对江充怀恨在心。这个刘丹简直是个禽兽，他和自己同父异母的妹妹、亲姐姐乱伦。做了这些可耻的事情，他自己心里也不踏实，被赵王斥责之后，他就怀疑是江充的妹妹把这些事告诉了江充，江充又告诉了赵王。于是，他派人去抓江充。江充早就得到了消息，逃之夭夭。抓不到江充，刘丹将江充的家人抓去审问，并杀了他的父兄。之后，江充逃出函谷关，跑到京城，改名后上书，将刘丹的那些破事儿全都抖搂了出来。汉武帝看后大为震怒，派人将赵王宫围住，抓了刘丹，收到魏郡狱中，派廷尉前去审讯。按照律法，刘丹要被处死。赵王上书，说愿意带着自己国中的勇士去从军，攻打匈奴，以此换刘丹一命。最终，刘丹保住了性命，但也当不成赵国太子了。

江充因此事进入汉武帝的视野，得到重用。后来，汉武帝晚上经常梦见上千个木人殴打自己，江充说是有人在下巫蛊，汉武帝就命江充全权处理这件事。江充利用自己的职权严刑逼供，诬陷了好多人。此时汉武帝疑神疑鬼的，所以也没人敢喊冤。审讯的时候，江充将人绑起来，然后将烙铁烧红，对死不认罪的人毫不客气，用烙铁烧他们。很多人受不了严刑逼供，违心地认了罪，又违心地指认"同伙"。就这样，越来越多的人被卷进巫蛊案中，从京师到各郡、诸侯国，因巫蛊案被处死的有几万人。江充与太子刘据有隙，遂趁机陷害太子。太子非常害怕，一旦江充伪造好证据，自己就是跳进黄河也洗不清了。这时，太子的身边人就建议太子假传皇帝的指令，杀死江充。太子听从了他们的建议。

就在这时，有人向汉武帝举报太子谋反。汉武帝一开始还是比较明智的，认为太子是因为恐惧和不满江充才起兵的，就派使者去召见太子。但汉武帝没想到的是，那个使者是个胆小鬼，他怕太子是真的谋反，会杀自己灭口，不敢去见太子，于是就向汉武帝谎报太子已经谋反。一场血战就这样稀里糊涂地在宫中爆发了。交战中，太子兵败，走投无路之下被迫自尽。后来，汉武帝终于明白，这一切都是江充的阴谋，最后江充被夷三族，一场闹剧就这样结束了。

从这个案子中，我们看到西汉时期的审案方式有诸多弊端。前文提过，秦朝末年，刑讯人员经常严刑逼供，很多犯罪嫌疑人被屈打成招，这样的情况在西汉时期也存在。卫太子巫蛊案中，江充通过自己职权陷害的就达上万人，上到宗室，下至平民百姓，波及面非常广。正是这种不合理的办案方式，让西汉在刑侦方面遭遇了和秦朝一样的危机，成为西汉由盛转衰的重要助因。另外，汉武帝疑神疑鬼，稍有风吹草动就要把事情查得天翻地覆，导致受牵连的人不计其数。由此可见，如果皇帝失去理智，那么案件也会朝着荒唐的方向发展。在绝对的权力下，案件怎么发展势必跟着皇帝的意志，审案的最终目的是维护君权而不是人权。

汉朝人在调查死因方面做了很多研究

在古代,法医进行尸检可能是大逆不道的行为

西汉时期,汉武帝罢黜百家,独尊儒术,法医学也进入了和儒学共存的时期。

研究汉朝的法医学是一件非常困难的事,因为汉朝距离现在非常久远,很多当时的法律书籍都失传了。而对于汉朝之前的秦朝,历史学家通过考古发现了一些宝贵的法医学相关书籍,让我们得以了解秦朝法医学的发展情况。由此对汉朝法医学的研究就显得比较尴尬,既没有直接相关的文献古籍可供参考,也没有足够的已出土的相关考古资料。因此,要研究汉朝的法医学,目前只能通过史书中的蛛丝马迹来分析。

法医学在现在是一个很重要的学科,它和法律、法制息息相关,能在凶案侦破中提供重要的信息。然而在古代,人们比较迷信,法医直接接触尸体,这是人们所不能接受的,大家觉得只要靠近尸体就会沾染晦气。因此,当时直接进行尸体检验的都是社会地位比较低的役人。这些役人的文化水平较低,往往只能按部就班地操作,即使得到经验也无法系统地归纳。而且他们的薪酬非常低,当有人拿着大把的钱贿赂他们,很多人无法控制人性的贪欲,这就导致贪赃枉法之事屡见不鲜。这样一来,法医学在当时的发展非常有限。

对于掌管尸体检验的文官来说,虽然拥有一定的学识,却也存在着非常大的局限性。这是因为他们很少亲身去做法医的工作，基本上都是通过理论知识进行判断。而且他们对前人的研究深信不疑，书籍中如果有错误，他们也很难发现。

更不利的是，汉朝举贤任能的方式是举孝廉。通过举荐孝顺亲长、廉能正直者而被推选上来的官员，大都精通儒学，而法律知识不在选官的考察范围内，以至于很多官员对法律的了解和普通老百姓差不了多少。中国传统的儒学讲究"孝"，因此法医的检验受到了很大的阻碍。首先，解剖就被全面禁止。对尸体进行解剖，势必会破坏死者的身体，必定会遭到死者子女的反对。而且，古人认为身体发肤受之父母，因此对尸体进行解剖会让死者成为不孝之徒，即使是法医也需要维护死者遵循的孝道。其次，对尸体进行公开的检验，在当时被认为是对死者最大的亵渎。可以说，中国传统的儒家礼法严重限制了法医学的发展。

汉朝的法医学还是有所成就的

虽然发展环境受限，但汉朝的法医学还是取得了不少有意义的成就。

著名的思想家王充在《论衡·论死》中论述了生与死的辩证关系。在这之前，人们都认为人死后会化成鬼魂，甚至会进入地狱，来世还会再投胎成人。王充却坚决地认为人死后不会变成鬼魂。他提出人死之后身体就会腐烂，精神也随之消亡。王充对死亡做出了非常科学的解释，指出精神依赖于肉体，精神和肉体密不可分。

从汉朝人增益、改编的医学著作《素问》中可以看出，当时的人们对死亡有了更明确的指征和诊断标准。一个人的呼吸和血液循环停止后，就被确认为死亡。正如著作中记载的"脉绝不至曰死"。人们要判断一个人有没有气绝身亡，就会放一根丝绵在他的口鼻上，如果丝绵动了，就证明他还活着，如果不动，则说明这个人已经死亡。另外，王充在《论衡·道虚》中还记载了窒息死的实验。他将一个动物放在一个器皿里，然后盖上盖子隔绝空气，不久，动物被憋死，这便是历史上最早的动物窒息死实验。

在汉朝之前，人们一直认为雷电劈死人是老天爷发怒。王充则认为雷电不过是自然现象，他否定了雷神的存在，被雷电劈死不可能是惹怒了老天爷。他在《论衡·雷虚》中描述了人被雷劈死后的症状，人被雷电劈死后皮肤上会出现雷击纹，即红色或蔷薇色的树枝状或燕尾状斑纹。出现雷击纹的原因是烧伤。他还指出了人被雷劈死后的其他特征："雷者火也，以人中雷而死，即询其身，中头则须发烧燋，中身则皮肤灼焚，临其尸上闻火气，一验也。"也就是说，如果是头部被雷劈中，胡须和头发会被烧焦；如果是身体被雷劈中，皮肤会被灼伤。

此外，东汉末年的著名学者蔡邕，博学多才，擅长辞章，精通音律，书法精妙。鲜为人知的是，蔡邕对法医学也有贡献。他对《礼记》中的"伤、创、折、断"做了比较科学的注释。其中，皮肤损伤是"伤"，肌肉受伤是"创"，骨头受伤是"折"，骨头跟肉都断了是"断"。蔡邕的这套解释一直沿用至今，影响非常深远。

从东汉开始，法医检验尸体时要检查头部是否有铁钉钉入，这项制度始于一个案件。一个妇人向官员哭诉，说自己的丈夫被火烧死了。但法医检查她丈夫的尸体时，发现头部有铁钉钉入。经过调查发现，是妇人和别人一起谋害了自己的丈夫。在古代，将铁钉钉入头部杀人的案子比较多，于是就形成了这样的规定。

当时也有死后焚尸的案子。三国时期的吴国县令张举进行了动物焚烧实验，从中得到了能够鉴定死者是死前被焚烧还是死后被焚烧的方法。另外，张仲景在《伤寒杂病论》中，提出了诈病的特点和辨别诈病的方法，之后还出现了滴血验亲的案子。

王莽进行人体解剖不是为了科学研究

近年来，随着网络文学的兴起，网上流行着一种调侃的说法：王莽是从现代穿越去古代的人。提出这一说法的人还给出了不少证据，那就是王莽的很多行为都非常超前，其中一点就是他是世界上第一个进行人体解剖的人。

实际上，王莽是一个思想非常守旧的人，网上罗列的很多证据都站不住脚。王莽确实进行过人体解剖，但王莽进行的解剖和解剖学没有任何关系。因为王莽解剖的对象是活人，这是毫无人道的暴行。

王莽建立新朝后，他的改革措施引起了很多人的不满，最终导致了农民起义的爆发。据《汉书·王莽传》记载，农民起义的领袖王孙庆被王莽捉拿后，被惨无人道地予以解剖。王莽找来一些太医和屠夫，把王孙庆开膛破肚，观察他的五脏六腑。

王莽的这次解剖纯粹是为了泄愤以及威慑众人，并不是为了科学研究，和先秦时的暴君听说圣人的心有七个孔就把别人的心脏挖出来看一样，是非常暴虐的行为。在崇尚儒学的社会环境里，王莽的这种做法势必会让他成为众矢之。果不其然，他建立的王朝非常短命，他也被认为是乱臣贼子，死后被碎尸，其头颅也被历代皇室收藏，直至西晋时因失火而焚毁。

从张汤审老鼠一案来看在汉朝如何诉讼

汉朝的诉讼流程

之前我们讲过,秦朝的诉讼制度已经颇为先进,那么汉朝的诉讼制度在秦朝的基础上又有哪些发展呢?

诉讼的第一个程序是告劾。据《二年律令·具律》记载:"治狱者,各以其告劾治之,敢放讯杜雅,求其它罪,及人毋告劾而擅覆治之,皆以鞫狱故不直论。"意思是说,司法官吏需要根据当事人的告劾来审理案子,如果当事人没有告劾而司法官吏擅自改变审判内容,官吏要受到处罚。也就是说,审判的开始受到告劾的限制,没有告劾官吏就不能受理,而且审理范围也受告劾范围的限制。

第二步是县廷受理案件。县廷是县官行使政令的处所,县廷以下的单位是无法受理案件的,如果当事人把案件报给了乡里,乡级官吏需要将案件及时报给县廷。如果乡官报告案件延误造成一定后果的,就会受到惩罚。

第三步是辩告,即审判前向告诉人、被告人和证人说明有关的法律法规。司法官吏会告诉当事人、被告人和证人,要依靠事实作证,否则要承担刑事责任。

第四步是查证环节,由司法官吏对嫌疑人进行询问。当口供与事实出现矛盾时,官吏可以询问,有的时候还能进行拷打,但每一次拷打都要做记录。

最后一步是司法判决,审判人员要对罪犯进行定罪和量刑。

西汉时期，曾发生过有人审问老鼠的故事，我们就通过这个故事来更直观地了解当时的诉讼制度。《史记·酷吏列传》记载："其父为长安丞。出，汤为儿守舍。还而鼠盗肉，其父怒，笞汤。汤掘窟得盗鼠及余肉，劾鼠掠治，传爰书，讯鞫论报，并取鼠与肉，具狱磔堂下。其父见之，视其文辞如老狱吏，大惊，遂使书狱。"

这个故事是说，西汉酷吏张汤小时候非常机灵，某天父亲外出时嘱咐他在家里看门。等父亲回家后，看到家里的肉都被老鼠偷走了，非常生气，就用鞭子狠狠地抽张汤。张汤很快挖开鼠洞，找到了偷肉吃的老鼠和没吃完的肉。如果是一般的小朋友，这事就算过去了。但张汤或许是受到了父亲的影响——他的父亲是一个官吏——他打算对这只老鼠提起诉讼。他先是告劾老鼠的罪行，然后对老鼠进行审问，在审问的时候他还记录了审问过程，甚至还拷打了老鼠。经过反复审问之后，张汤把判决报告给了"上级"，最后定案，将老鼠分尸处死。他的父亲看了一眼他写的判决书，文辞老练如断案多年的法官，觉得这孩子非常有前途，就让他学习文书。最后，张汤果然当上了长安的一名官吏。

张汤在审老鼠的过程中就有以下几个步骤——启动刑狱（诉讼的案件）、拘捕犯人、刑讯逼供、引律断案以及上报奏谳。这表明汉朝的诉讼制度在秦朝的基础上更加完善了。

《春秋》决狱：用儒家经典来断案，行得通吗？

在古代，犯罪的动机很重要

之前我们讲到，汉朝法医学的发展受到了极大的限制。那么在这个罢黜百家，独尊儒术的时代，汉朝人又是怎么审案的呢？

汉武帝罢黜百家，独尊儒术，对中国历史产生了重大影响。在之后2000年的封建社会里，统治者都非常崇尚儒学，就连刑侦学也不可避免地和儒学结合了起来，从而诞生了一个新的词——《春秋》决狱。

《春秋》决狱，又称经义决狱。之所以有此名目，是和《春秋》这部儒学经典有关。《春秋》是儒家六经之一，也是春秋时期鲁国的编年史。孔子删修《春秋》就是为了讨伐乱臣贼子，在记述历史时暗含褒贬，充分体现了儒家的礼义思想。《春秋》决狱，就是将儒学的经典法律化。说得通俗一点，就是审查案子时要研判凶手的动机是不是符合道德标准。如果犯罪者有犯罪动机，但还没有实施犯罪，就应该受到惩罚；如果犯罪者犯罪了，但是动机符合道德标准，就应该从轻发落。

这样的标准看起来非常不合理，毕竟犯罪就是犯罪，而且真正的动机只有凶手自己知道，有了这个制度凶手就能通过编造自己的动机，想方设法地让自己脱罪。不过在帝制时代，统治者最在乎的是如何维持皇权专制，《春秋》决狱为保护皇权起到了很好的作用。我们可以从《汉书·隽不疑传》记载的一起案件中，来看《春秋》决狱是如何操作的。

卫太子巫蛊案后，太子刘据自尽。然而在始元五年（前82年），有一个人来到长安，自称卫太子。一时间很多官员前往辨认，但没人敢站出来确认。这时候，一个叫隽不疑的大臣站了出来，对众人说，我们应该根据《春秋》来做决定，当年卫灵公的太子违抗父命出逃，之后回国时被拒而不纳，《春秋》对此是持肯定态度的，而当初卫太子既然得罪了先帝，那他就是罪犯。于是，大家立刻将此人逮捕。这个人本来是想冒充卫太子占点便宜，反而让自己陷入牢狱之灾，他只好向众人坦白，自己冒充卫太子只是想骗取荣华富贵，最终他被判处腰斩。汉昭帝得知之后，对隽不疑大加赞扬。这是一个通过《春秋》决狱来裁决案件的经典案例。

如果还想进一步了解《春秋》决狱，我们再来看几个当时的案例。

第一个案例出自《太平御览》卷六百四十。有一天，两个人在激烈争吵，其中一人准备拿出佩刀去刺对方。这时对方的儿子出现，拿起棍子去和那个人搏斗，结果一不小心打伤了自己的父亲。如果这事发生在汉武帝时期之前，那这个儿子就难逃一死了。因为汉律中明确规定，打伤自己的父亲属于不孝罪，是要被斩首示众的。但在《春秋》的记载中，许国的世子止认真地侍奉着奄奄一息的父亲，但他的侍奉反而使父亲病情恶化，撒手人寰。虽然许止的行为导致他的父亲病情加重，但他本人的动机是尽孝，因此《春秋》用"弑"字表示他事君不周之过，但不追究其过错。这起案子中，犯罪嫌疑人的初衷是保护父亲，并非有意伤害父亲，因此不应判罪。

在《通典》卷六十九记载的一个案例中，官府接到了报告，说有人藏匿罪犯，而且这还是一个非常难定罪的案件。为什么这么说呢？当时的法律规定，藏匿罪犯要受到法律的制裁，但法律又规定亲属之间可以藏匿罪犯，并且不受惩罚。这一次，犯罪嫌疑人藏匿的正是他的养子。很多人认为犯罪嫌疑人藏匿的不是他的亲生儿子，构不成亲属关系，所以应该受到法律的制裁。这时候董仲舒站了出来，他说两人虽然不是亲生父子，但多年的抚养已经让他们形成了父子关系，因此父亲不应被论罪。

《通典》还记载了一个类似的案例。甲把他的亲生儿子乙送给了丙，由丙抚养长大成人。有一次甲就对乙说他是自己的儿子，乙并不知道实情，以为甲在污辱自己，就把甲打了一顿。甲很生气，就告到了官府。按照当时的法律规定，殴打自己的亲生父母要被判处死刑。董仲舒这一次又站了出来，说甲虽然生了乙，但是没有抚养他，在道义上已经不构成父子关系了，因此乙是不能按殴打父母论罪的。

还有一个出自《太平御览》卷六百四十的董仲舒引《春秋》诀狱的案例。一个女子的丈夫在出海时遭遇了暴风雨，落水淹死了。那时候的人们还不会潜水，就一直没有找到尸体，因此无法下葬。这个女子的母亲就将她再嫁人了，这时有人将她告上了官府。因为当时的法律规定，如果丈夫死亡但还没有被安葬的，妻子不得私自改嫁，否则就会被判处死刑。但是《春秋》中认为，丈夫去世，寡妇如果没有儿子，是可以改嫁的。而且这一次是女子的母亲做主让她改嫁的，并非她私自改嫁，所以她并没有犯罪。

《后汉书·申屠蟠传》记载，东汉顺帝年间，有一个叫缑玉的女子，她为报父仇杀死了丈夫家的族人。县令本来是要将缑玉判处死刑的，这时年仅十五岁的儒生申屠蟠前来对县令说，缑玉的行为完全是出于孝道，我们不应该处死她，反而应该表彰她。县令听从了申屠蟠的建议，这件事很快就传为了美谈。

古人也会争遗产？看看古人怎么判决遗产案

在西方的经典侦探小说中，争夺遗产经常成为凶案的动机。实际上，中国的古代也发生过不少遗产纠纷，那时的断案人员是如何决断的呢？

在西汉时期，有一位富翁在去世前要处理自己的家产。此时他的亲人只有女儿和儿子，女儿已经成年但一点儿也不贤惠，富翁就想把遗产全留给年幼的儿子，但他担心女儿会为了遗产陷害儿子，于是他想了一个好办法。他立下遗嘱，把所有的财产留给女儿，只给儿子留了一把剑。他叮嘱女儿，等儿子成年后再把剑交给他。不久，富翁就去世了。

之后果然不出富翁所料，他的女儿和女婿非常贪婪，在他的儿子成年后并不把剑交给他。富翁的儿子无奈之下就把这件事告到太守处，太守了解来龙去脉后很快就揣摩出了富翁的意图。如果富翁在去世前直接把遗产传给儿子，儿子很有可能会被女儿的谋害，所以他就让儿子成年之后再得到自己的剑。而女儿和女婿必定不会将剑交给儿子，此时的儿子心智都已健全，一定会把这件事告到官府，让官府进行判决。于是，太守宣布，富翁所有的财产由富翁的儿子继承，并说女儿和女婿过了十年衣食无忧的日子，已经是非常幸运的了。

五代法学著作《疑狱集》和宋代法学著作《折狱龟鉴》都记载了西汉时的这桩遗产案。相信看到这里的读者会心生疑惑，富翁怎么就相信官府一定会做出这样的判断呢？原因很简单，在当时的儒学背景下，官府在审理遗产案时一般都会遵循经验和道德判断，而不是书证。在古人心中，在继承权方面，儿子往往优先于女儿，而且入赘的女婿的排序是非常靠后的。在古代和继承权有关的案件中，有些入赘的女婿在遗嘱中获得了继承权，但最后他们继承的财产都被判给了这家的儿子，这和现代以及西方遗产案的处理方式截然不同。

古人的这种断案方式有利有弊。优点在于，很多时候，人们往往无法得知死者真心想指定的遗产继承人，而这种处理方式明确了继承人的排序，减少了诸多纠纷；缺点是这种处理方式非常封建，继承财产的一般都是儿子，女儿、女婿非常受轻视，哪怕死者真心想要将财产传给女儿、女婿，立下遗嘱也很难如愿。

在东汉蒙冤怎么办？可请皇帝来救援

东汉出现了录囚制度

在汉武帝时期，刑侦学就和儒学紧紧地结合在了一起，那么在东汉时期，刑侦学在儒学的影响下又有哪些发展呢？

大致来讲，录囚是由皇帝或有关官吏讯察囚犯并决定可否原宥的制度，又称虑囚。产生于先秦、成书于西汉的《礼记》中就出现了与录囚相关的概念，东汉时期则出现了录囚制度。需要说明的是，录囚制度在法律当中并没有明文体现，因此它的出现有极大的偶然性，史学家只能从史料中的具体案件来推测录囚制度的内容。

汉明帝永平十三年（70年），楚王刘英召集方士制作谶纬及图书，被人告发谋逆。审案过程中方士诬陷攀扯，隧乡侯耿建等人也被牵连其中。如果这些人被定罪，牵涉的将有数千人。御史寒朗觉得他们很冤枉，就劝谏皇上。最终，皇帝接受了他的劝谏，对这些人采用了录囚。从此案可以看出，大臣的劝谏对于皇帝录囚是有重要影响的。另外，皇帝录囚也受到自然灾害的影响。这不难理解，在古代，皇帝的行为被认为和上天紧密相关，如果出现了自然灾害，那就说明上天对皇帝的行为不满意，这是对皇帝的警告。所以，皇帝为了顺应人心消除天谴，有时就会选择录囚。

当然，录囚的地域非常有限。由于录囚的主角大部分是皇帝，所以东汉录囚大多是在京城，也就是洛阳。如果你身处偏远地区却当了囚徒，那么皇上救你的概率就微乎其微了。

除了皇帝，录囚的主角也可以是皇后和皇太后。东汉中期，有不少皇帝是年幼即位，因此在皇帝稳固帝位的过程中，皇后、皇太后这些外戚会起很大的作用，慢慢地外戚就会掌权，录囚的权力自然也是其中之一。

录囚制度究竟是好是坏呢？古今中外对此大多是积极的评价。首先，皇帝录囚可以激励很多下层官员认真办案。毕竟皇帝不是神，他只是一个人，在信息技术落后的古代，他也不可能平反所有的案。那么皇帝能做的就是从自己做起，自上而下令司法系统产生良好的风气。其次，录囚制度可以增加朝廷对下级官吏的监督和管理，对惩办贪官污吏起到了一定的作用。

当然，由于年代比较早，录囚制度也有很大的局限性。首先，录囚制度在法律当中并没有明文规定，因此它的存在本身就充满了偶然性。而且，录囚制度在东汉尚未普及，也受到了地域的限制。再者，录囚仰仗的是皇帝，皇帝断案的主观性太强了。

公主的奴仆犯了案，董宣照样惩处他

在东汉时期的案件中，涌现了很多刚正不阿的办案人员，这与皇帝的态度有很大关系。

《后汉书·酷吏列传》记载，东汉光武帝的姐姐湖阳公主的奴仆杀了人，然后就躲在了公主家。公主的地位非常高，那些官吏也不敢强行进入公主家搜查，只能在外面等机会。有一次，公主坐车外出，那个奴仆也陪伴左右。在路上，大臣董宣突然站了出来，严厉训斥公主不应该私藏罪犯，并且当场把那个奴仆打死了。

公主恼羞成怒，就去光武帝那儿告状。光武帝是一代明君，他深知董宣忠心耿耿，但他也不想让姐姐失望，就想给双方一个台阶下。他让董宣给公主磕头赔罪，但董宣的两手按在地上，怎么也不肯给公主磕头。公主非常生气，说之前还是平民的刘秀私藏罪犯，官吏都不敢上门，如今刘秀已经贵为九五之尊，却奈何不了一个县令。光武帝笑着对公主解释说："天子不与白衣同。"于是，董宣就获得了"强项令"的称号，并且得到了很多赏赐，董宣将赏钱全部分给手下，从此他便威名远扬。

从这个案子中我们可以看出，在古代的断案和定罪过程中，皇帝往往发挥着很大的作用。如果皇帝是个明君，那么案件就会得到正确处理；如果皇帝是个昏君或庸君，就很容易被奸臣利用，造成冤狱。

党锢之祸中，宦官利用皇权打击"党人"

对于汉桓帝刘志，历来评价不一。虽然他成功铲除了权臣，北击匈奴，他的谥号"桓"也是个褒谥，但诸葛亮在《出师表》中批判了他，历史上也普遍认为汉朝的衰亡始于汉桓帝和汉灵帝。

汉桓帝统治时期，由于外戚梁冀被铲除，朝廷内部主要的势力便分为士大夫集团和宦官。士大夫们觉得宦官祸国殃民，建议皇帝铲除宦官；而宦官也把这些士大夫视作眼中钉，罗织罪名，称他们为"党人"，致使很多士大夫被捕入狱、禁止从政，史称"党锢之祸"。

宦官张让的弟弟张朔当县令时为非作歹，甚至还残忍杀害了一名孕妇。大臣李膺知道张朔的所作所为后，便带人捉拿他。张朔走投无路之下躲在了一个空柱子里，但还是被李膺抓住了。李膺将他带回衙门，经过审讯后，处死了张朔。

这件事发生后，张让自然要向皇帝弹劾李膺。汉桓帝立刻召来李膺询问，李膺就讲述了春秋时期孔子杀死少正卯的事。汉桓帝恍然大悟，就对张让说，一切都是因为他弟弟为非作歹，李膺处死他的决定是正确的。一时间，那些宦官们都惧怕李膺。

但好景不长,之后有个宦官利用汉桓帝大赦天下的时机行凶杀人,依然被李膺处死,宦官和"党人"之间的矛盾瞬间就被点燃了。在古代,凡是大赦天下,只要不是罪大恶极的犯人,都会被宽赦。而宦官们权倾朝野,自然知道这些内幕消息,就利用这个规则漏洞胡作非为,李膺自然是看穿了宦官们包藏祸心,不想让他们得逞。但大赦天下是皇上的恩典,在这时候贸然处死犯人,皇帝会认为这是对皇权的蔑视。李膺平时喜爱结交一些正直的官员及太学生,他们也受到了牵连。汉桓帝在这一刻失去了理智,疯狂逮捕"党人",这便是第一次党锢之祸。

好在不久之后,汉桓帝又大赦天下,这些"党人"都被释放,保住了性命。没过多少时日,汉桓帝去世,汉灵帝刘宏继位。汉灵帝上任后爆发了第二次党锢之祸,这一次有很多"党人"被迫害致死。大汉王朝也日薄西山,三国时期即将来临。

第三章
三国两晋南北朝：皇权日渐衰弱，法制弊端频现

从曹家到司马家，曹魏刑法一变再变

曹操晚年杀人不眨眼，不少名士遇害

　　三国时期，魏、蜀、吴三国在继承汉朝的制度的同时，需要考虑如何制定适用于自身的刑法。在这三国中，曹魏的法规影响力相当大，而且保存得也比较完整。曹魏刑法改变相对频繁，这很好理解，因为当时的政权更替非常频繁，而法规需要适应当时的局势。最初，曹操集团名义上的最高领导人是汉献帝，实际上的掌权者是曹操；曹魏建立后，名义上和实际上的最高领导人都是曹家的皇帝；而在高平陵之变后，名义上的最高领导人是曹家的皇帝，而实际的掌权者则是司马家。频繁的权力更替下，每一位实际的掌权者都会根据自己的需要对刑法进行调整。

　　要说曹魏时期的法规制度，自然就要从东汉末年曹操南征北战开始说起。

　　对于曹操究竟是忠臣还是奸臣这个问题，历史学家们一直存在争议。也许最初曹操的确是希望通过征战来匡扶汉室的。但是，随着曹操势力的壮大和汉室的日渐衰朽，曹操开始认识到大汉王朝已经不再有挽救的希望，于是他开始追求霸业之道。

　　在开始争夺天下的时候，曹操非常注重礼贤下士，珍惜人才。矛盾的是，曹操手下的很多名士一开始追随他便是为了兴复汉室。随着曹操消灭一个又一个地方割据势力，他有了自立为王的打算，这引起了很多名士的不满。当年刘邦在建立西汉的时候留下过祖训："非刘氏而称王者，天下共击之。"曹操要完成自己的霸业，自然是容不下这些心向汉室的忠臣。于是，孔融、杨修、崔琰等名士接连遇害。这里着重讲一下孔融之死。

孔融是孔子的二十世孙，也是东汉末年的名士。他本人非常忠于汉室，在看穿曹操、袁绍等人均想篡夺汉室的野心后，便不愿意和他们为伍。后来，曹操奉天子以令不臣，将汉献帝接到自己的地盘上，同时孔融接受征召入朝为官。据《后汉书》孔融本传记载，入朝后，孔融经常在很多事情上和曹操唱反调。比如，曹操与袁术大战时，曹操想杀死和袁术关系密切的太尉杨彪，孔融便引经据典来批判曹操；曹操为了节约粮食下令禁酒，但是在颁布的时候却说禁酒是因为喝酒会亡国。孔融就站出来反驳说，沉迷女色也会亡国，怎么不把女人也一起禁了？孔融三番五次给自己添堵，曹操忍无可忍，终于下定决心要除掉孔融。

但除掉孔融不是一件容易的事，孔融可是闻名天下的名士，在世人心中有很高的声望。就连他四岁时让梨的故事，到现在也是家喻户晓。无奈之下，曹操只能派孔融的仇人去搜集能给孔融定罪的证据。这个仇人还真想到了办法——找不到证据可以无中生有——他说孔融曾经说过很多大逆不道的话。古代讲究的是忠孝，这下"不忠不孝"的罪名就落到了孔融头上，孔融自然是必死无疑。

曹家想取代汉室，就必须彻底清除自己的政治对手，而这些名士不幸成了政治斗争的牺牲品。不过，从曹操处死这些人的案例中，我们可以看出在当时肉刑已经非常罕见。曹操认为汉朝的刑罚过于残酷，因此在其主政时期的判刑，要么是下狱，要么是直接处死，像李斯所受的腰斩和司马迁所受的宫刑这类残酷的刑罚已经很少见了。曹操还要求将其他残酷的刑罚减半。这些酷刑在正式法律中实际上已不存在，只有在惩治那些犯下谋反等大罪的犯人时才会使用。

曹家当上了皇帝，就要对世界好一点

三国时期战乱频繁，很多人认为需要通过恢复肉刑来震慑犯罪，但也有人认为乱世中恢复肉刑的时机还不成熟，会因此失去民心。这个问题前前后后争论了好多次，一直没有结果，也就一直没能实施。

曹操在晚年杀了许多人，其中不少人被视为对他取代汉朝有威胁。或许受到这些人的影响，曹操生前从未称帝。曹操逝世后，他的儿子曹丕接受了汉献帝的禅让，建立了曹魏政权。曹丕建立了一个新的王朝，自然需要建立全新的制度。随着皇权的巩固，曹丕不想像父亲那样搞得人人自危，他需要安定人心。

称帝后，曹魏的统治者减轻了很多罪的处罚，并且取消了宫刑。经过魏文帝和魏明帝两代人的努力，《新律》终于制定完成。然而由于年代久远，《新律》早已失传。

《三国志·魏书·高柔传》记载，曹魏大臣高柔当廷尉时，某日他得知一个名叫窦礼的士兵已经有一段时间没有回军营了。当时，军中士兵逃亡的情况很常见，为了避免这种情况，军法规定，凡是有士兵逃亡的，家属都要受到惩罚。窦礼莫名其妙地失踪了，大家怀疑他也逃了，因此提出惩罚他的妻子。窦礼的妻子得知此事后，立即向高柔申诉。经过调查，高柔发现窦礼之前曾借钱给一名叫焦子文的士兵，但是焦子文后来一直没有归还，还经常违反军纪，非常蛮横。经过调查，高柔查清了真相。原来，焦子文因窦礼一直催他还钱便起了杀心，他杀害了窦礼并将尸体藏了起来。

高柔是一位富有智慧的人。乱世中军中士兵经常逃亡，曹操想通过加大对逃亡士兵家属的惩罚力度来减少这种情况。这时，高柔站出来劝阻曹操。他说，逃亡的士兵中也有一些后悔的，我们应该宽恕他们的家人，这不仅可以使敌人不信任那些逃亡的士兵，还可以督促他们归队。如果加大惩罚力度，其他士兵担心会遭到牵连，可能会组队逃跑。曹操接受了高柔的建议，结果正如高柔所料，逃亡的士兵中有相当一部分人归队。

第三章 | 三国两晋南北朝：皇权日渐衰弱，法制弊端频现

嫁出去的女子无需被株连，司马家为了安抚人心修改法律

　　前文提到过，在秦汉时期，犯人凡是犯下谋反之类的大罪，都要株连家人的。而汉末三国时期情况比较特殊，不同阵营的人经常联姻。比如，大家最熟悉的，蜀汉的刘备娶了东吴孙权的妹妹，蜀汉的张飞娶了曹魏夏侯家族的夏侯氏。在曹魏内部，也有不少家族联姻。比如，夏侯尚的女儿夏侯徽嫁给了司马懿的长子司马师。而到了后来，司马家篡权时，这些联姻就显得非常尴尬。后来，有不少人举事反抗司马家，司马家为了彻底铲除反抗势力，往往会在击败他们后进行族株，而株连的范围又非常广，往往会牵涉自己人。

　　司马懿发动政变夺取朝政大权之后，曹魏内部出现了不少反对者，淮南接连爆发了三次叛乱，史称"淮南三叛"。第一次叛乱的发起者是魏国大将王凌，他和东汉末年设计杀死董卓的王允同属一个家族。这次叛乱准备得并不充分，王凌面对司马懿的大军选择了束手就擒。为了杜绝叛乱，司马懿要杀一儆百，将王凌夷三族。但王凌的妹妹是大将郭淮的妻子，而郭淮又是一直拥护司马懿的武将。按照规定，郭淮的妻子也要被株连。无奈之下，郭淮只能前去请求司马懿饶他妻子一命。司马懿或许是觉得郭淮是自己人，不想让他寒心，就赦免了他的妻子。这件事被《世说新语·方正》记录了下来。

　　《晋书·刑法志》里还有一个类似的案例。司马懿去世之后，淮南二叛爆发，起兵的是忠于曹魏的毌丘俭和文钦。不久，他们发起的叛乱被司马师平定。其中，毌丘俭兵败被杀，他在国内的亲人也都受到牵连。但是，毌丘俭的儿媳妇是荀颛的妹妹。在之前对抗曹爽的过程中，荀家是站在司马家这一边的，荀颛和司马师也有联姻关系。这下就很尴尬了，荀颛让自己的妹妹立刻和离以撇清关系。但他的妹妹还有一个女儿毌丘芝，同样会受到牵连，荀氏特别想救她的女儿。

　　当时的几个官员了解情况后，意识到族诛的法律对女子很不公平。就以这个案子为例，毌丘芝是毌丘家的孙女，毌丘芝的母亲是荀家的媳妇，这样一来，如

065

果按照旧法律，两家无论哪一个被族诛，毌丘芝都会受到牵连，也就是说已婚女性要承受两家人的连坐刑罚，男子则不存在这样的顾虑。于是，司马氏以皇帝的名义下诏，将这一连坐律条改为"在室之女，从父母之诛；既醮之妇，从夫家之罚"。这样，女子出嫁后仅受夫家连坐。此案终结了女子只身受双重连坐的历史。

这则法律的修改，一定程度上消除了这一时期各大家族的联姻网错综复杂所形成的尴尬局面。纵观这一时期的刑法，无论是它严苛的一面，还是宽容的一面，都是为了满足执政者政治上的需要。

第三章 | 三国两晋南北朝：皇权日渐衰弱，法制弊端频现

三国中最恐怖的刑法居然在孙吴

孙皓回击司马炎和贾充的故事，透露出孙吴的刑法酷烈

东吴天纪四年（280年），西晋军队攻陷孙吴国都，孙吴最后一个皇帝孙皓命令手下将自己绑起来，出城投降，孙吴就此灭亡，战火纷飞的三国时期终于结束。

西晋皇帝司马炎见到孙吴亡国之君孙皓后，指着一把椅子给他看，上书"吴亡国之君孙皓之位"，司马炎嘲讽道："孤设此座等你久矣。"令司马炎没有想到的是，同样是亡国之君，孙皓的回答却比刘禅有骨气得多。当时面对司马炎的父亲司马昭的刁难，刘禅只是回了一句"此间乐，不思蜀"。而孙皓身为阶下囚，却无畏地回敬司马炎："臣于南方，亦设此座以待陛下。"不知道这只是一句气话，还是孙皓已经预见司马家会有这么一天。30多年后，西晋灭亡，西晋皇室衣冠南渡，孙皓的话应验了。也真是充满讽刺的一幕。

回到正题，当时西晋大臣贾充站出来，问孙皓南方的刑罚是否真的会割人脸皮、挖人眼睛。孙皓随即回答道，如果有臣子想谋害君主，这种刑罚就会派上用场。这其实是在嘲讽贾充，当年他指使手下杀害曹魏皇帝曹髦一事曾引起广泛争议。

从这则故事中，我们看到孙皓虽然沦为阶下囚，但还留有他曾为皇帝的气

度。同时，我们也能看出孙吴刑法之严酷。孙吴的严刑峻法，早在孙权统治时期就已经出现。尽管三国时期战乱不断，但在魏蜀吴三个政权稳定后，曹魏和蜀汉的统治者都采取了放宽刑法的措施以争取民心。而孙吴的统治者却恰恰相反，这究竟是为什么呢？

孙权在《三国演义》中被塑造为一位明主，历史上的孙权前期也确实是一位英明的君主。然而，到了晚年，孙权开始挑动宫廷内部斗争。当他的长子孙登去世后，他的两个儿子孙和、孙霸开始争夺继承人的位置。在二子之争中，很多世家大族纷纷站队。此时的孙权意识到了这些世家大族对皇权的威胁，便大开杀戒，许多人在这期间遭殃，比如在夷陵之战中立下大功的陆逊，因打听宫中的机密而遭到孙权的怀疑，不久在忧愤中去世。孙权残忍地罢免了孙和，逼死了孙霸，立少子孙亮为太子。

年轻时的孙权是一位雄才大略的主公，为什么在晚年时会如此呢？一方面，这与孙权本人有关，另一方面，这也与孙吴政权在建立时的先天不足有关。曹丕称帝是由汉献帝禅让的，刘备称帝是因为他有汉室血统，而孙权既没有正统也没有血统，他的称帝不得不依赖江东的世族大家。因此，孙吴成为三国中唯一一个未能采用中央集权的国家。蜀汉和曹魏的统治者都能源源不断地发动战争，开疆拓土。相比之下，孙权不得不受制于那些世族大家。为了防止孙吴像曹魏一样，皇权被削弱，孙权自然要采取严厉的措施。这样的措施取得了一定的效果，虽然孙吴后期也存在权臣专权的情况，但却没有像曹魏那样发生权臣篡位的事件。

晚年残暴的孙权，发明了特务统治

东吴赤乌元年（238年），孙权授予中书郎吕壹一项新职务，他将负责监察文武百官。这项职务的权力非常大，可以制约所有官员却不受任何人制约。孙权之所以这么做是因为他想监视朝臣的一举一动，防止任何人图谋不轨，还想借此机会打击世族大家。

第三章 | 三国两晋南北朝：皇权日渐衰弱，法制弊端频现

吕壹刚走马上任，就弄得人心惶惶，很多无辜的人被他利用职权陷害、诋毁。当时的太子孙登还算明白人，立即劝诫父亲，但孙权还是一意孤行。连太子都无法动摇吕壹在孙权心中的地位，其他大臣也只能抱着惹不起躲得起的心态，希望自己不被吕壹抓住把柄。

但不怕贼偷就怕贼惦记，吕壹想害谁终归是能找到罪名的。有一次，他告诉孙权，江夏太守刁嘉和别人聚会时曾诽谤朝政。孙权听后火冒三丈，也不加核实就将刁嘉关进了监狱。当时一起参加聚会的人全都接受了审讯，大家不敢得罪吕壹，只好承认。不过，这些人中有一个刚正不阿的人叫是仪，无论审讯官如何威逼利诱，他都拒绝承认刁嘉有诽谤朝廷之举。孙权一看证据不足，只能把这些人都放了，刁嘉也得以免遭处罚。

虽然这起案件并没有造成太严重的后果，却让吕壹变得更加为所欲为。不少朝中重臣对他心怀不满，纷纷上书指责，吕壹也将这些人视为眼中钉。不久，他把矛头指向了丞相顾雍。这一次具体是什么罪过史书上并没有记载，但是对于权力滔天的吕壹来说，随便给顾雍安上什么罪名都易如反掌。

这一下子可把朝中的大臣难住了，他们不敢和吕壹叫板，孙权此时非常信任吕壹，他们的话孙权也听不进去。后来，有个大臣想出一条妙计，他找到吕壹，告诉吕壹如果顾雍被撤职，接替他任相的人很可能是潘濬。潘濬和吕壹是仇人，一旦他担任丞相，势必会对吕壹构成威胁。吕壹权衡了一下利弊，觉得对方说得的确有道理，就没有再为难顾雍，顾雍就这样被无罪释放了。

后来，潘濬设计暗杀吕壹，可惜遭人告密，计划失败了。或许吕壹觉得潘濬不太好对付，便暂时隐忍。但很快，孙权的女婿朱据又遭吕壹陷害，被他安上的罪名是贪污。事情的起因是朱据的部曲得到了很多赏赐，这些钱却突然不翼而飞了，吕壹便一口咬定是朱据将这些钱贪污了。很快，吕壹逮捕了朱据手下的财务官，然后刑讯逼供，竟将人活活打死了。朱据见其无辜惨死，买了一口棺材，将那个财务官安葬了。结果正是这个举动让吕壹抓住了把柄，他声称一定是两人密谋了什么，朱据才会这样回报财务官。朱据百口莫辩，无奈之下就放弃了抵抗，

等着被孙权定罪。

　　这个时候要想救出朱据,那就要查出事情的真相。功夫不负有心人,一位主管军营事务的官吏发现那些公款是被一个包工头冒领了,这下就可以证明朱据是无罪的。这起钱款失踪案总算侦破了,为了平息众怒,孙权把责任都推给吕壹,然后通过审判将吕壹判处死刑,这一系列事件总算画上了句号。该案例出自《三国志·吴书·吴主传》《三国志·吴书·是仪胡综传》与《三国志·吴书·朱据传》。

　　孙权任用吕壹还有更深层的原因。孙家作为外来势力来到江东,在乱世中为了稳固政权,不得不向江北流寓人士(以步骘、诸葛瑾、潘濬、是仪等人为代表的从北方流亡到江东的人士)与江东本土势力寻求支持。孙吴建国后,那些本土大族的势力不断增强,甚至可能对皇权形成威胁,而吕壹正是孙权打击本土势力的一枚棋子。他监督的重点,即江东世家大族中掌握朝权的大臣。当时受迫害最严重的顾雍、朱据、陆逊等人皆为江东本土势力的代表人物。

　　江北流寓集团与江东本土集团在社会阶层及思想文化上存在着微妙差异。而汉末到江东避难的北方儒学人士在文化、思想上与孙吴君权存在着根深蒂固的裂隙。孙权称帝后,以张昭为代表的江北士人对孙权的苛政发起了激烈的抗争,他们的政治立场和态度与江东大族渐趋一致,并通过联姻等纽带不断加深与江东大族的联系。因此,可以说孙吴建国后,两大地域集团中以文化为区别的上层精英群体正不断走向合流,一致要求孙氏统治者进行政治变革,他们最终一起站在了专制君主的对立面。对此,孙权是极不满意的,所以在实际政治斗争中,他对这些集团都予以打击,这在吕壹事件中表现得特别明显。

　　然而,随着吕壹制造的案件增加,孙氏宗亲集团同北方流寓地主集团及江东世族地主集团之间的裂隙必然会扩大,不利于孙吴统治的巩固。而到了朱据案发生后,其间矛盾已经到了不可调和的程度。为了稳住局势,孙权只能把责任都推给吕壹并且将他处死,之后他还下了罪己诏,这一系列事件才算平息了下来。

一个聪明的皇帝，能破案却无法展雄才

孙权在去世之前立幼子孙亮为太子，孙亮是一个非常聪明的皇帝，《资治通鉴》卷七十五至七十七记载了他破案的一个精彩故事。

孙亮喜欢吃梅子，一日他让黄门官去仓库拿蜜，用来浸泡梅子。但是这个黄门官和管仓库的官吏有矛盾，就把老鼠屎放入蜜中，想诬陷那个官吏。孙亮发现老鼠屎后，便质问黄门官和管仓库的官吏，两人各执一词。这时孙亮想到了一个好办法，他命人把老鼠屎切开，发现老鼠屎内部是干燥的，就断定老鼠屎是黄门官放进去的。

但是，孙亮没有将他的聪明才智用在治国上。他成年亲政之后，没有处理好和权臣孙綝的关系，最终被孙綝废黜，孙綝改立孙休为帝。孙亮被废后的境况非常凄惨，年仅十八岁便死于非命。孙亮和曹魏的曹髦经历非常相似，曹髦二十岁拔剑登辇反抗司马昭，两人都是被权臣所害。

此后，东吴一直变乱不断，几代权臣都先后丧命，最终到孙皓继位的时候，终于将皇权掌握在了自己手里。为了维护统治，孙皓经常滥用酷刑，大开杀戒。这种做法是一把双刃剑，孙吴虽然没有像曹魏那样被权臣篡位，但这个政权已然失去了人心，还是走向了灭亡。

刑案里的中国史

从诸葛亮挥泪斩马谡来看蜀汉刑法的公正

一代仁君刘备，也曾经破坏过法律杀人

和内乱不已的曹魏跟孙吴不同，蜀汉政权内部一直很稳定，一方面是蜀汉主贤臣忠，另一方面是蜀汉没有权倾朝野的世家大族。正是在这样稳定的环境下，蜀汉的刑法比较公平公正。

刘备入蜀之后，立即叫人制定了治理蜀汉、约束蜀地军民的法律——《蜀科》。由于年代久远，《蜀科》的具体内容已经失传，我们只能从史料典籍中寻找蛛丝马迹。

无论在演义中还是在史书上，刘备都是一个仁君形象，然而在夺取益州的过程中，他做出了很多违背"人设"的举动。这也难免，他从同宗刘璋的手中夺取了地盘，势必会遭人非议，也有一些臣子，选择为刘璋尽忠。其中最为大家所熟知的便是刘璋手下的头号大将张任，他因拒绝投降而被刘备所杀。

占领益州后，刘备还杀过一个人，而且为了杀这个人还不惜破坏法律，这个人便是张裕。张裕是刘璋的僚属，早在刘备入川的时候，张裕就告诫过刘璋要提防刘备。刘备占领益州后，给张裕安排了一个职位。不知道是出于效忠刘璋，还是因为看不起刘备，张裕上任之后经常惹刘备不快。据《三国志·蜀书·周群传》记载，刘备出兵和曹操争夺汉中，张裕便说自己占卜得出的结果是此时不宜

出兵。刘备肯定不会因为张裕的一个占卜结果就放弃自己的战略规划，依然率领大军进攻汉中。两年后，刘备成功地拿下了汉中。此时，刘备集团中的每个人都欢天喜地，除了张裕。刘备立刻把张裕抓到狱中，要将他处死。此时诸葛亮站了出来，认为张裕罪不至死。但刘备铁了心要除掉此人，立即将张裕处死了。

一直都以仁君形象示人的刘备为何如此呢？当时的刘备占领益州没几年，统治基础还没有稳固，必定要将所有反对自己的声音都消灭掉。因此，即使没有这一次的占卜事件，刘备也依然会找机会除掉这个处处唱反调的张裕。张裕的选择只有两个，要么改变自己的立场，死心塌地地追随刘备，要么被刘备除掉。

诸葛亮大公无私，挥泪斩马谡

说起三国时期蜀汉的刑事案子，最著名的莫过于诸葛亮斩马谡一案。

诸葛亮第一次北伐时，让马谡去守街亭。但是马谡刚愎自用，不听从诸葛亮的安排，最终被魏将张郃击败。由于街亭失守，诸葛亮的整个战略计划都被打乱了，不得不退兵，第一次北伐就这样无功而返。至于历史上的马谡接下来的故事，《三国志》载有三个版本。一个版本说马谡在兵败后逃跑了，另一个版本说马谡在狱中病死了，还有一个版本说马谡被诸葛亮斩杀。

至于应不应该杀马谡，从古至今争论不休，有人认为马谡违反军令就应该被处死，有人认为蜀汉人才最为匮乏，应该给他戴罪立功的机会。无论如何，马谡终究还是伏法，从这可以看出诸葛亮以法治军和执法公平的观念。诸葛亮一生以兴复汉室为己任，在蜀汉国力弱小的情况下，自然要做到赏罚分明，让大家心服口服。

诸葛亮死后蜀汉最大的疑案——魏延之死

诸葛亮病逝后，蜀汉的第五次北伐也就此结束了，大军按计划撤军。就在撤军过程中，发生了一件惊天大案。原来，蜀汉名将魏延认为虽然诸葛亮去世了，但是北伐规划依然可以继续，他不想半途而废。撤军行动安排的是魏延断后，而魏延不想任由杨仪摆布。杨仪此时任军中长史，之前诸葛亮北伐时，他经常出谋划策，深受诸葛亮器重。诸葛亮去世前，把北伐的部署都委托于杨仪。魏延性格刚烈、好斗、任性、骄横傲慢、不善于和同僚相处，而杨仪也是一个心胸狭窄、性情急躁的人。两人平时共事必然少不了摩擦，而诸葛亮去世后，便再没有人管得住这两人了。于是，魏延率领大军快马加鞭，赶到杨仪大军的前面把走过的栈道都烧了，要让他们无法返回蜀地。这样一来，两人的矛盾彻底激化了。

　　杨仪和魏延都希望皇帝能站在自己这边，二人各自上书皇帝，都说对方想谋反。皇帝远在成都，不知道前线究竟发生了什么，就询问大臣蒋琬和董允。魏延这个人虽然军事能力很强，但在政治上非常幼稚，他常年在外领兵，在朝廷中的威望远远不及杨仪。而且这件事一开始他就处理得不妥当，撤退的军令是诸葛亮临终前下达的，大家都是按军令行事，他不接受断后的军令已经是违反了军法，再加上他烧毁栈道，毁掉了蜀汉大军回国的道路，大家自然会怀疑他有谋反之心，于是大家纷纷站在杨仪这边。也正因如此，魏延的部下很快散去，杨仪随即派马岱追杀魏延。最终，一代名将魏延被杀。

　　其实，魏延本人并没有谋反之心，这都是蜀汉内部的矛盾。诸葛亮在去世前也看出死后可能会发生这样的事，交代如果魏延之后不听命，就随他去。魏延在临死前也没有想过投奔曹魏或者孙吴，而是回到了自己多年驻守的汉中。

　　后来，蜀汉大臣们清楚了事情的真相，但又不好直接处理杨仪，毕竟他们当时是在皇帝面前表过态的，真要处理杨仪就等于打自己的脸。于是，杨仪回到京城后，蒋琬给他安排了虚职。杨仪觉得自己劳苦功高却受此待遇，就经常在背地里埋怨蒋琬。蒋琬得知后，立刻将他贬为平民并处以流放。杨仪被流放后，依然上书诽谤蒋琬。不久朝廷便派人捉拿他，杨仪被迫自杀。就在一年前，他还踌躇满志地杀死了魏延，熟料这么快他也去地下见魏延了。《三国志·蜀书·魏延传》记载了这段历史。

这件事暴露了蜀汉文武不和的问题，后期姜维和蒋琬、费祎也经常产生矛盾。蒋琬、费祎去世后，姜维总算能举大军北伐，但此时他已经错过了曹魏后期司马氏刚篡权时的动荡期。他几次北伐都没能实现诸葛亮的遗愿，最终蜀汉被曹魏所灭。

司马遹被黜案——西晋版的"指鹿为马"

司马炎立了个白痴皇帝，他的良苦用心全都功亏一篑

西晋灭吴后，接近100年的乱世终于结束了，但太平盛世的局面只维持了不到20年，新的乱世又开始了，中华大地随即陷入了300年的漫漫黑夜。大分裂始于八王之乱，八王之乱爆发的直接原因是恶名昭彰的皇后贾南风和她亲手策划的司马遹被黜案。而这起案件，也是当时刑侦制度弊端的缩影。

司马炎是一统天下、终结三国乱世的一代雄主，可他在去世前却指定了白痴太子司马衷做继承人。司马炎的做法让人捉摸不透，有的史学家推测，司马炎这么做是因为司马衷的儿子司马遹非常聪明，和司马懿非常像。司马炎希望将来司马遹能够继承皇位，带领西晋王朝走向强盛，就不得不先让司马衷当皇帝。但是理想很美好，现实很骨感，司马炎怎么也不会想到，他所期望的局面被他的儿媳妇贾南风给打乱了。贾南风颇有权谋，当时掌权的是外戚杨骏，为了铲除这个竞争对手，她暗中联络汝南王和楚王进京讨伐杨骏。最终，杨骏被杀，并诛三族。从此贾南风大权在握，八王之乱的第一阶段结束。

在之后的8年里，西晋王朝还是非常太平的，贾南风虽然心术不正，但在治理国家和选拔人才上还算有一手。不过，她的野心远远没有得到满足，最终她的一系列操作打破了西晋的稳定局面。我们前面说过，司马炎让傻儿子继位有可能是为了让司马遹将来继承皇位，但司马遹并不是贾南风亲生的，贾南风自然会把他当作眼中钉。于是，贾南风设计想除掉司马遹。贾南风找人和司马遹喝酒，故意灌醉他，然后让人模仿他的笔迹写一篇让晋惠帝司马衷退位的文章，并把这篇文章呈给皇帝。皇帝看了之后大怒，要处死太子司马遹。

兹事体大，大臣们都希望能够核实清楚再下结论。有几个忠臣建议检验字迹。这个建议是好的，因为如果是别人模仿太子的字迹，就一定能查出端倪。但此时西晋朝廷的形势就像当年赵高指鹿为马的秦廷一样，大家拿太子平时的笔迹进行对比，大多数人都假装没发现问题，但也有一些忠臣据理力争。贾南风无法立即处死太子，只好先把太子贬为庶人。而这些力保太子的人在不久后也大多遇害了，有些是被贾南风报复，有些是死于八王之乱。

由于那些忠臣的阻挠，贾南风没办法判太子谋反。但此时朝堂全在她的掌握之下，只要是她想除掉的人，就活不长久。贾南风一计未成，又生一计，她安排了一个太监自首，说自己想追随太子谋反。不久后，太子就被人打死，死时只有二十三岁。不知是不是历史的讽刺，三国两晋时期几个天资聪慧的少年皇帝和太子，比如之前的孙亮、曹髦以及此时的司马遹，全部死于政治斗争，都没有机会真正掌握皇权施展自己的才华。

和当年赵高杀死秦二世后，自己也被害一样，贾南风杀死太子后，八王之乱开始了。太子的死使中央的权力出现了真空，司马家的宗室成员之间大动干戈，争夺皇位。最终，贾南风身败名裂，被司马伦毒杀，西晋也在不久后宣告灭亡。中国在经历了短暂统一后又开启了新的乱世，下一次统一就要等到隋朝了。

"王子犯法与庶民同罪"到魏晋怎么变成了"刑不上大夫"?

八议制度极其保护贵族

魏晋南北朝时期,是一段皇权衰落的时期,谋权篡位的事件经常发生。欲上位者在篡位夺权的过程中,往往需要得到贵族们的支持。因此,在取得政权后,他们就要给予贵族们恩惠,其中就包括法律上的恩惠。八议制度就是在这一背景下设立的。

"八议"制度源于《周礼·秋官·小司寇》中的"八议之辟",遵循的原则是"刑不上大夫"。依据这一制度,皇家亲贵等八类人犯罪必须交由皇帝裁决成依法减轻处罚。"八议"的具体对象是议亲(皇亲国戚)、议故(皇帝的故旧)、议贤(德行修养高的人)、议能(才能卓越的人)、议功(功勋卓著的人)、议贵(三品以上的官员和有一品爵位的人)、议勤(勤谨辛劳的人)和议宾(前朝国君的后裔中被尊为国宾的)。

到了汉末魏晋时期,贵族官僚集团的势力越来越大,"八议"就得以在魏明帝统治时期正式载入当时的法律——《新典》。然而魏明帝的寿命比较短,因此八议制度日益巩固,正是在司马家统治时期。从此,"刑不上大夫"再也不只是一个礼制原则,它真正被写进了法律中,成为现实。八议制度的影响非常深远,一直延续到宋元时期。到了明清时期，由于皇权专制的强化，八议制度才逐渐被瓦解。

羊聃胡作非为，却仍受法律的保护

那么八议制度又是怎么实施的呢？我们可以从以下几个案例管窥一二。

三国末期，西晋有位大将叫羊祜，他的家族中有女子成了晋朝的皇后。《晋书·羊聃传》记载，羊祜的后人羊聃，仗着自己是皇亲国戚便为所欲为。和别人一有冲突，他就大开杀戒，有时甚至连婴儿都不放过。百姓们对他非常不满，之后他终于被执政大臣庾亮逮捕押送京城治罪。一开始晋成帝是下定决心要杀死羊聃的，毕竟他犯下了滔天大罪，但考虑到他的身份，就想给他一个体面的死法。

羊聃在朝中的势力很大，晋成帝要处死他的消息传出后，很多人站出来为他求情。这些人指出，按照法律，贵族犯罪可以免去官职抵罪。后来，就连王导，也就是"王与马共天下"中的"王"也请求皇上赦免羊聃。

由于求情的人很多，再加上当时的法律中确实有保护贵族的条文，晋成帝最终赦免了羊聃，只将他贬为平民。羊聃之前作恶过多，被贬后他总是担心有人会来报复自己，最终他在惊恐不安中离开了这个世界。

在《魏略》中还有这样一个案例，魏明帝时期，有个叫许允的世家子弟，他和郎中令袁涣之子袁侃犯了职务罪，都被抓进了监狱。按照当时的规定，以他们犯下的罪行，二人是要被判处死刑的。但许允并不惊慌，他对袁侃说，您是功臣的儿子，依律是不会被判处死刑的。最后，果然不出许允所料，两人不仅没有被判处死刑，而且能继续担任官职，甚至都没有影响日后的升迁。

对于平民百姓，法律还是很严格的

《晋书·范坚传》记载了一起晋成帝时期的案件，这起案件的主人公不是贵族，便没有羊聃那么幸运了。

有一个叫邵广的人因盗窃罪被判死刑。他的两个儿子表现出极大的孝心，他们为父亲求情，情愿去做奴仆为父抵罪。这番孝心打动了不少官员，他们认为可以将邵广的死刑改为徒刑，然后让他的两个儿子去做奴仆，就足以惩戒了，这样可以向百姓传递孝顺父母的价值观。就在这时，大臣范坚站了出来，他力排众议，说很多人都有儿子，如果这样做，今后有人犯了死罪，大家都会效仿，那社会风气就被带坏了，法律也就没有存在的意义了。晋成帝认为范坚说得很有道理，就维持了死刑的判决。

士族们的清议会影响一个人的仕途

两晋时期，士族们特别崇尚清谈。当时实行九品中正制，在选举官吏时，要靠士族们的清议来评判人的德才。一个人若被议为无才无德，如果他有官职，就会被免职，如果他没有官职，那么他日后就很难有机会步入仕途。

《三国志》的作者陈寿就是这个制度的受害者之一。《晋书·陈寿传》记载，陈寿的父亲去世后，他在悲痛之下也生了病，就让侍女制作药丸来吃，结果侍女服侍他吃药时被客人看到了。他当时正处于守丧期，一些政敌便添油加醋地说陈寿行为不检点。这件事很快就传开了。不过，由于陈寿才华横溢，这件事的后果并不是太严重，他还能继续做官。

然而不久后，类似的事情再次发生了。陈寿的母亲也去世了，在临终前，她要求把自己葬在洛阳。陈寿听从了母亲的要求，这时就有人议论他没有将母亲葬回故乡四川，很是不孝。从此陈寿再也没有做过官。

贵族政治的时代，联错姻的后果很严重

八议制度的产生，说到底还是贵族政治的表现。当时的贵族政治究竟有多讲

究门第，从下面这个《昭明文选》中的案例就能看出来。

南朝齐时期，有一个叫王源的人，出身名门望族，他把女儿嫁给了庶族满璋之子。满璋为了这次联姻让外人看起来门当户对，就拜托媒人对外声称满家也是功臣的后代。满家非常有钱，结婚时给了亲家王源很多聘礼，王源还用这些钱纳了一个小妾。

然而倒霉的是，有一个爱瞎操心的人开始调查，暗访那个所谓的功臣家族，发现那个功臣的后代此时早已默默无闻了，满氏是个不折不扣的寒门，这下王源可犯了大忌了。在当时的门阀制度下，士族和寒族是不能通婚的。而王源作为士族不仅和寒族联姻，还把聘礼的钱拿来纳妾，这件事很快传得沸沸扬扬。很多士族都把这件事看成耻辱，认为王源丢尽了他们的脸面。而且，他们担心这件事会起不好的带头作用，怕将来会有更多的士族效仿王源，为此御史中丞、后来著二十四史之一的《宋书》的沈约专门写了弹劾奏章。要求皇帝罢免了王源的官职，终生不得起用。这一弹章也被南朝梁太子萧统名为《奏弹王源》收入《昭明文选》，得以流传千古了。

这件事在现在看来也很荒唐，然而当时是门阀政治，为了保证士族的优越性和纯正性，士庶不婚的观念在那些世家大族中是根深蒂固、不容动摇的。王源的做法，在士族中势必会成为众矢之的。

八议制度在现代人看来是非常不合理的，如今法律面前人人平等，这种给特殊群体法律特权的行为严重破坏了司法的公平与公正。而且，八议制度最大的弊端就是给那些鱼肉百姓的官僚、贵族提供了保护伞。为了笼络官僚贵族集团以巩固统治，封建王朝的统治者乐于施行"八议"。而到了明清时期，君主高度集权，八议制度就不可避免地退出了历史舞台。

当法律遇上儒学，复仇案怎么判？很难断！

复仇案历来很难判罚

我们前面曾经介绍过，汉朝时，儒学和法律结合便产生了《春秋》决狱之法。到了两晋南北朝时期，礼与法进一步结合，那么晋朝统治者是如何断案的呢？

其实，法律和儒学结合后很容易出现矛盾，因为很多事情在法律上不允许，但在道义上却是占优的，复仇案就是其中之一。杀人是犯法的，但复仇又符合儒家理念中的孝道原则，因此审判官非常难判罚。

早在战国时期秦国商鞅变法时，商鞅就意识到民间百姓私自复仇会影响社会秩序，就明确规定禁止复仇。到了汉朝有了《春秋》决狱，尽管法律并不允许，但民间对复仇的行为普遍能接受，法律裁决时也会给予减免。

汉末三国时期，天下大乱，无尽的战乱滋生了很多仇恨，所以那段时间复仇之风盛行，我们最熟悉的就是许贡三门客刺杀孙策的事件。为维护社会秩序，统治者便制定法律来禁止复仇。但到了西晋时期，这些规定执行起来非常困难，由于当时儒学和法律相结合，办案人员在判决这些案子时往往会酌情处理。到了东晋时期，统治者们想到了一个好办法，遇到这种情况就让一方远迁，避免双方无止境地仇杀。

然而到了南朝，法律在复仇案中的存在感就非常低了。《南齐书·孝义传》

记载，南齐有一个叫朱谦之的人，同族人不慎放火把他母亲的坟给烧了，长大后的朱谦之便把那个人杀掉了，然后前去自首。皇帝非常欣赏朱谦之的孝心，就赦免了他。又怕他遭受报复，就让他去襄阳守边。可惜朱谦之还没来得及出发就遭到对方的报复，很快朱家就死了好多人。但皇帝认为双方做的都是正义的事，所以并没有给他们任何人定罪，杀人偿命的规定就这样被无视了。

辱骂母亲致其自杀，该如何决断？

在南朝宋时，有一个人叫张江陵，他和妻子吴氏咒骂了自己的母亲，导致母亲悲愤自尽。对于这一起案子，官府会如何判罚呢？《宋书·孔渊之传》对此案做了记录。

依照当时的法律，殴打自己的父母，会被判处枭首；辱骂父母或者打算谋杀父母的，会被判处弃市。如果赶上皇帝大赦天下，那么犯人可以被赦免。说来也巧，张江陵还真的赶上了大赦，这样看来他能免于死罪了。但对于辱骂母亲且导致其自杀的行为应如何定罪、能否赦免，当时的刑律中未有提及，那究竟该怎么处置呢？

有人认为，张江陵的行为过于恶劣，如果赦免就太便宜他了。负责稽核簿籍的尚书比部郎孔渊之则认为，皇帝之所以会大赦天下，是为了在那种富有争议、难做判断的案件中不冤枉好人，张江陵显然已经违背了孝道，应当被判处死刑。对于张江陵的妻子应该怎么判罚，这个大臣认为，一个人关爱公公婆婆并不是天性。这起案子中，张江陵的母亲所悲愤的是她的儿子，并不是她的儿媳，所以应该免除张江陵妻子的死刑。皇帝深以为然，便下诏按孔渊之的判断处理此案。

在北朝，人贩子是要被判死刑的，但也有例外

《魏书·刑罚志》记载了北魏时发生的一起卖女葬母案。

永平三年（60年），冀州有一个叫费羊皮的人，母亲去世却无钱安葬，无奈之下，只好把自己七岁的女儿卖给一个叫张回的人。这个张回估计是抱着"中间商赚差价"的心态，又把这个女孩卖给了一个外地人。后来，这起案件被地方移交到了中央，北魏宣武帝和大臣们为这件事讨论了很久。

大臣们争论的焦点在于如何给张回判刑。南北朝时期，由于社会动荡，奴隶买卖十分猖獗。为了遏制这种情况，当时的法律明文规定：掠人、掠卖人为奴婢者，死。但作为这个案件的发起人，费羊皮并不会被处死。因为这条法律还有一个规定：卖子孙者一岁刑；卖五服内亲属，在尊长者死，期亲及妾与子妇流。也就是说，如果贩卖的是自己的亲人，根据血缘的不同会有不同的判罚。这起案子中，费羊皮贩卖的是自己的女儿，而且他的目的是安葬母亲，是想尽孝。在那个以礼入法的年代，经过讨论后，众人一致认为应该免除费羊皮的刑罚。而对于如何判罚买家，法律中并没有明写，但大多数情况都是类推引用。张回购买并且再度贩卖的女孩和他并没有血缘关系，那么正常来说他是要被判处死刑的。但当时又有规定，首犯和从犯的刑罚应当相同。这起案子中，很明显费羊皮是始作俑者，毫无疑问是主犯，张回则是一个从犯。既然首犯都得以从轻处罚，那么给从犯判处死刑就不太合适。最终，张回被判处徒刑五年。

关于晋朝的法规还需要提到的是，之前我们说过曹魏时期的连坐制度对女性已经适度放宽了。到了晋朝，连坐的范围就不包含女性了，这可以说是一个历史性的进步。

尽管两晋南北朝时期人们对复仇案的处理方式在现代并不适用，但在当时算是比较合情合理的处理方式了。古人在审理案件时，不仅仅要考虑到法律的权威性，也要考虑儒学上的道义原则。

第三章 | 三国两晋南北朝：皇权日渐衰弱，法制弊端频现

旧五刑太残酷，新五刑登场

重罪十条——十恶的雏形

之前提到，魏晋南北朝时的八议制度对后世的影响非常深远。这一时期在刑律上还诞生了一个词，那就是新五刑，它同样对后面的朝代影响巨大。

有一个词叫"十恶不赦"，是用来形容罪大恶极之人，那么十恶的概念最早是怎么出现的呢？在北朝时，法律上已经有重罪十条，这便是十恶的雏形。

所谓的重罪十条，有不少在之前的法律中已出现过。犯下这些重罪的人是法律重点打击的对象。前文说过，当时法律中有保护贵族的条文，贵族可以通过削去爵位和免除官职的方式来赎罪，但如果他们犯的是重罪十条中的罪行，那这些保护条文就不起作用了。

这十种罪行分别是反逆（造反及篡权行为）、大逆（毁坏皇家建筑）、叛（叛国）、降（投降）、恶逆（谋害亲属）、不道（残杀人）、不敬（盗皇家器物和危及皇帝的安全）、不孝（不孝敬父母）、不义（部民杀害官长）、内乱（亲属间犯奸）。这些罪行主要分为两类，一种是危害皇帝的安全和皇帝的统治秩序的，一种是严重违背封建社会伦理道德的。

重罪十条到了隋唐时期就演变为十恶，并且一直沿用至宋元明清时期。

北朝时期，新五刑出现

秦汉时期的五刑都是肉刑，非常残忍。魏晋以来，人们对于是否恢复肉刑一直争论不休。在南北朝时期，肉刑虽然得以恢复，但仅仅是作为附加的刑罚，使用范围并不广泛。北朝时期新五刑出现，和旧五刑相比，新五刑要人道得多。

北朝时期的新五刑为鞭、杖、徒、流、死。

鞭刑就是用鞭子抽打犯人，是为轻微的犯罪行为而设。不过和其他四刑比起来存在时间最短，到了隋唐时期就变成了笞刑。

杖刑就是用大竹板拷打犯人，这一刑法一直沿用到明清时期。

徒刑是剥夺罪犯一定期限的自由并强制其服劳役的刑罚。这一刑罚出现得较早，在周朝就已经出现，并且一直被后世沿用。

流刑是一个比徒刑重、比死刑轻的刑罚。流刑可以追溯到上古的尧舜时期。三国时期，孙吴的大臣虞翻就是在三番五次顶撞孙权后被判处流刑，不久便病逝了。

最后一个便是五刑当中最重的死刑。魏晋时期的死刑包括枭首、腰斩和弃市，很多人觉得腰斩残酷，但在当时枭首才是最重的刑罚，会使死者身首异处。《三国演义》中常出现将人斩首示众的描述，其中最使人落泪的便是蜀汉大将关羽，他一世英名，却落得个身首异处的下场。孙权将他斩杀之后，还把他的人头送给了曹操，后人形容关羽是"头枕洛阳，身卧当阳，魂归故里"。弃市就是在人群聚集的闹市执行死刑。到了南朝时期，腰斩被废除，死刑越来越简化。

反观北朝的死刑方式就很多了，而且都非常残酷，包括腰斩、绞、斩、枭、裂等。不过，以上说的这些仅仅是官方法律中的死刑方式，当时还有民间私自处死的手段，大多用于复仇，比如焚尸、肢解、棒杀等，这些手段真是骇人听闻。值得一提的是，宫刑在南北朝时被废除。

在晋朝，监狱也逐渐形成了初步的管理制度。

当时的法令规定，监狱的墙必须非常牢固，屋顶的草不能漏水。家人带食物来探望犯人，狱卒要帮他们加热，然后送给犯人。如果犯人离家比较远，没人来给他送吃的，那么就由狱卒为他们做饭。如果囚犯没有御寒的衣服，官府也要提供，囚犯要是生病了也要提供药物。囚犯的生活制度在当时已经非常完备，这体现了统治者对囚犯的怜悯和体恤。不过，那时囚犯的日子还是很不好过的，他们平时都要佩戴刑具。南朝时还发生过有人假装给囚犯治病而后将其毒杀的事件。

刑罚可以加减、缓期、更换和赦免

在南北朝，贪赃和盗窃是要被加刑的。值得一提的是，现在人们常说的"贪赃枉法"在南朝时是两个概念，如果犯人只是"贪赃"但没有"枉法"，罪行便会轻一些。还有，如果犯人属于故犯（故意犯罪）、再犯（犯罪分子重新犯罪）或违反纲常，那么会被加重刑罚。

对于一些弱势群体，比如老人、小孩、妇人、侏儒、盲人等，刑罚往往会减轻。此外，犯人自首也能减刑，贵族犯罪也会减刑。对于因遵守孝道而犯罪的人和孕妇，可以缓刑或者换刑。现在的古装剧里经常出现秋后问斩，这个词最早出现是在魏晋时期。在那时，只要不是谋反之类的大罪，死刑都是在秋后执行。而且，行刑时间必须是晴朗的白天，夜里或者下雨天就不能执行。

古代皇帝经常大赦天下，可以赦免或者减轻对犯罪者的刑罚。在三国时期的蜀汉，诸葛亮认为不能频繁地大赦天下，因此在他执政时期，赦免的次数非常少。然而曹魏的赦免就非常频繁，政局动乱不安，到了两晋南北朝时期，赦免就变得更加频繁。皇帝大赦的原因非常多，改元、立太子、祭祖、生病、遇到天灾人祸、捕获奇珍异兽，等等。当然，上述的缓刑、减刑以及赦免，是不包括十恶中那些重罪的。

新五刑对中国刑律的影响非常大，使用时间也很长，它在隋唐时期彻底定型，并且一直沿用到明清时期。

一代酷吏李洪之，矫枉过正使百姓苦不堪言

《魏书·酷吏·李洪之传》记载了北魏时期一个酷吏的故事。他名叫李洪之，由于他是外戚，入仕后他很快升任河内太守。当时，河内地区经常发生抢劫事件，官员们都束手无策。李洪之来到这里后，决心肃清盗贼，恢复当地治安。他采取了许多严厉的法律措施，对斩杀盗贼的人大力奖励，并鼓励当地居民从事农耕。这些措施非常有效，河内的治安很快得到了改善。李洪之因此得到升迁。

李洪之升迁后，制定了各种更加严厉的制度。例如，如果有人携带刀具上路，就会同抢劫罪被判。他还请州里的豪杰和长老吃饭，向他们宣布一些严厉的制度，以示威严。此外，他派遣骑兵夜间在交通要道设下埋伏，如果有违反法律的人，立即抓捕送到衙门。随后，李洪之会当众宣布这些人的罪行并立即处决他们。这些举措实在有些矫枉过正，被李洪之处决的人非常多，其中很多人都是被冤杀的。

多行不义必自毙，后来，有人向皇帝报告李洪之收受贿赂，而且金额巨大。按照规定，李洪之是要被判处死刑的，不过因为他是外戚，皇帝就让他自行了断。一个双手沾满鲜血的酷吏最终也死于刑法之下。

总体上来说，新五刑比旧五刑人道很多。这一改变顺应了历史潮流，因此一直被之后的朝代沿用。

第三章 | 三国两晋南北朝：皇权日渐衰弱，法制弊端频现

皇权旁落，监察制度成为各方博弈的工具

皇权衰落时代，皇帝非常注重发展监察制度

魏晋南北朝时期之所以会那么混乱，很大程度上是因为皇权衰落，进而政权更替频繁，最终演化成战乱。有些时候，门阀士族操纵朝政，权力比皇帝的还要大。因此，当时的监察制度大多受到士族的牵制，皇帝能发挥的作用非常有限。而在乱世逐渐走向统一的过程中，君主专制和中央集权也在逐步加强，监察制度在这段时期也不断得到发展。

东汉时，朝廷设立了御史台，作为中央监察机构。御史台隶属于少府。曹丕登基称帝后，认为少府的权力过大，于是将御史台单拎出来，由皇帝直接掌握。

到了晋朝，士族的力量得到空前的发展。由于司马家本身是世家大族，并且在取代曹魏的过程中也依靠了其他士族的力量，所以他们对士族采取了优待政策。东晋时期，门阀政治形成，皇权和士族的力量得以结合。然而皇帝和士族在利益上并不完全一致，如果士族犯罪，监察制度能对其进行惩罚，威胁他们的地位。世族大家一旦丧失权力，门第也会一落千丈，因此门阀士族往往会阻碍监察制度的实行。对于皇帝来说，如果门阀士族的权力膨胀得太快，就会威胁到皇权。所以，为了维护统治，皇帝要经常借助监察制度来制约门阀士族。就这样，监察制度成了皇帝和士族政治斗争的工具，并且在双方斗争的过程中一步步走向

完善。

东晋灭亡后，南方进入了南朝时期。南朝虽然政权更替频繁，但御史台的权力非常稳定。和出身世家大族的司马家不同，南朝的统治者大多是出自寒门的武将。为了制衡那些士族，皇帝提拔了很多寒门人才辅佐自己。南朝皇帝为了维护自己的统治，一方面派宗室以诸侯王的身份去地方任职，另一方面又派寒门官吏去地方监察，以防止宗室弟子的权力过大。在地方上，宗室弟子的一举一动都会受到这些寒门官吏的监督。到了梁朝，政局稳定、皇权巩固后，朝廷就取消了这些制度。

从317年西晋灭亡，到439年北魏统一北方，这122年是中国北方的分裂时期。这段时间北方出现了若干个政权，历史上称为十六国。这些政权大多是少数民族建立的，虽然其中有不少政权在一定程度上被汉化，但也保留了少数民族的部落制。尽管这段时期战乱不断，但统治者们非常注重发展监察制度。后来，北魏统一了北方，统治者主动推行汉化制度，促进了民族融合，此时的监察制度也从胡汉杂糅演变为彻底汉化。

魏晋南北朝时期出现的大理寺

近年来，关于狄仁杰的影视剧里经常提到大理寺。那么大理寺是什么时候出现的呢？正是魏晋南北朝时期。这段时期，大部分政权都沿用汉制，设廷尉作为中央最高审判机构长官，但皇帝有权干涉廷尉的判决。有些政权也会在这基础上稍作改变，比如东吴设置了大理一职，北周改名为秋官大司寇，北齐则改设大理寺，主官称为大理卿。

北齐设置的大理寺增设了编制，也增强了审判职能，并一直为之后的朝代所沿用。在地方上，这些司法组织并不分立，皆由地方长官兼理，地方机关只能审判民事案和一般的刑事案件。地方司法审判增加为州、郡、县三级，县级以上可以判罚金，州级可以判流刑。如果是重大疑案和死刑案，就要上报给朝廷。

第三章 | 三国两晋南北朝：皇权日渐衰弱，法制弊端频现

如果地方司法机关遇到他们不能判决的案件，就要上报给更高一级的司法机关。到了北朝时，死刑在执行前还需要复奏，由皇帝对案件进行复核，没有异议才能执行。

监察制度变化的过程，同时也是政治格局变化的过程，两晋南北朝从一开始的皇权衰落至演变为中央集权，监察制度在其中发挥了不小的作用。随着权力逐步回归中央，乱世也即将结束。

直诉要谨慎，审讯很残酷

在魏晋南北朝，如何击鼓鸣冤？

在魏晋南北朝时期，诉讼制度得到一定发展。这一时期如遇到冤案，百姓可以直接向皇帝申诉，即为"直诉"。

什么是直诉制度呢？通常，人们要提起诉讼，只能向当地审判机构上书，如果有人越过这一级向更高一级上书就被称为越诉，这在当时的法律中是不允许的。但同时法律允许人们直接向最高司法组织上诉，其中包括皇帝，这便是直诉。统治者往往会在朝堂外设置一面鼓，如果有人自己或家人朋友蒙冤，就可以通过击鼓向皇帝上诉，这就是击鼓鸣冤的由来。另外，罪犯被判决后，如果不服，也可以提出复诉。

同时，法律也对诉讼做了限制，规定提起诉讼的人不能诬告。诬告者将会被判他所诬告的罪行，正所谓"诸告事不实者，以其罪治之"。我们通过下面一则故事就可以完整地了解这项制度。

魏明帝曹叡去世后，曹魏朝政由曹爽和司马懿把持。曹爽在斗争中逐渐架空了司马懿，于是放松了对司马懿的警惕。但大臣桓范看出了司马懿的野心，他警示曹爽，说司马懿随时可能会谋反。这句话之后给桓范带来了杀身之祸。不久，

第三章 | 三国两晋南北朝：皇权日渐衰弱，法制弊端频现

曹爽带着皇帝曹芳去高平陵祭拜，司马懿伺机在京城发动了政变，史称"高平陵之变"。最终，朝政大权全部归于司马懿。司马懿得知了桓范当年在曹爽面前打小报告的事后，就将桓范下狱。桓范因"诬告"司马氏谋反而被治以谋反之罪，被处死了。

诬告制度一直沿用到两晋南北朝，这项制度的弊端就是诬告与否有时全凭判官主观判断。就像上面这个案子里，反对司马懿的人都觉得桓范死得非常冤。这类事件在魏晋南北朝时期经常发生，有不少人因为告状反而惨遭杀害。

而且，当时法律对诉讼的范围和人群也有限制。囚犯不能提起诉讼，老人和小孩也不能提起诉讼，人们不能起诉直系亲属或者为直系亲属出庭作证。

乱世时期，严刑逼供更加泛滥

通过拷打让犯人招供，在古代非常普遍。汉末曹魏时期，官吏大多使用鞭子抽打犯人。在电视剧《军师联盟》中，曹操的部下满宠拷打审问犯人的画面让人触目惊心。然而这样惊悚的场景并不全是艺术虚构，甚至真实历史中的拷打过程比电视剧里的还要残酷。汉末太尉杨彪下狱之后，荀彧和孔融纷纷要求满宠不要下重手拷打他，但满宠依然按照法规执行。

这种审讯方式一直沿用到两晋南北朝，在南朝时正式成为法定的审讯方法。在北朝，对犯人的拷打更加残酷。开展汉化改革的北魏孝文帝认为这种审讯方式太不人道，就规定，必须得是犯了大罪且证据确凿拒不承认的犯人，官吏才能拷打。到了北魏宣武帝时期，皇帝把一些过于残酷的刑具销毁，并且要求官员拷打的程度要根据犯人体质的强弱来调整。尽管北魏的统治者想限制这种不人道的方式，但当时严刑逼供的审讯方式已经存在了几百年，早已成为惯例，所以限制的效果微乎其微。

县令巧破争鸡案和团丝案

虽然南北朝时的诉讼审讯制度存在很多弊端，但衙门里不乏断案高手。

《南齐书·良政传》记载了南齐山阴县令傅琰的机智断案事例。一天，两个村民来到县衙，他们为了一只鸡争执不休，都说这只鸡是自己的。这让办案人员犯了难。傅琰灵机一动，想出了一个好办法，他分别询问两人早上给鸡喂了什么食物。一人说给鸡喂了豆，另一人则说喂了米。傅琰立刻命令手下将鸡宰杀，打开肚子检查。结果发现这只鸡的肚子里有米没有豆，从而确认这只鸡的主人是喂米的那位村民。

还有一个相似的故事，两个老太太为了一团丝闹到了县衙门，两人都说这团丝是自己的。这两个老太太，一个是卖糖的，一个是卖针的。傅琰立刻让手下把这一团丝吊起来用鞭子抽打。过了一会儿，有铁屑从丝里掉出来，于是傅琰就断定这团丝属于卖针的老太太。

第四章
隋唐：局势多变，法制易受政治影响

隋文帝知法不遵法

南北朝刑法太严峻，隋文帝要大力改革

开皇九年（589年），隋朝南下灭陈，统一全国，长达400多年的乱世就此结束。然而和当年结束战国乱世的秦朝一样，隋朝也是一个短命王朝，二世而亡。很多人把亡国的责任算在隋炀帝头上，隋朝灭亡的直接责任肯定在隋炀帝，但隋朝灭亡的祸根在隋文帝时期就已经种下了。隋文帝对开皇刑法的态度，就是后来隋朝灭亡的原因之一。

隋文帝杨坚原是北朝时期北周的贵族，在北周任职期间，他目睹了严刑峻法造成的危害。于是，在他取代北周建立隋朝后，便在法规上做了翻天覆地的改革，以轻代重，删繁就简。

隋代的第一部成文法典《开皇律》删除了很多定罪的律条。其中，死罪就被删去了81条，流罪被删除了154条，徒枷等罪被删除了1000多条。之前的鞭刑、枭首等酷刑也被废除，死刑只剩下斩和绞两种。并且《开皇律》规定，审讯犯人时杖刑不能超过200下，且中间不得换人。隋文帝对流刑的距离、徒刑的年限及附加刑的数额都有减轻。新五刑制度也在此时完全确立，之前的鞭刑被改为笞刑。

不过，《开皇律》毕竟是封建王朝的法典，维护贵族地主特权的八议制度还

第四章 | 隋唐：局势多变，法制易受政治影响

是被保留了下来，八议制度保护的人员和七品以上的官员犯罪都能减一等刑罚，九品以上的官员可以用铜钱赎罪，官员还可以用官职抵徒、流刑罚。"重罪十条"改称"十恶"。

由于隋文帝自己是通过权臣篡位的方式登上皇位的，所以他对梁士彦、宇文忻和刘昉等几位开国功臣始终持有戒备之心。在平定叛乱后，隋文帝只是给了这些功臣一些虚职，这些臣子觉得自己没有得到应有的认可与奖励，心中不满。于是，他们就密谋反抗，决定推翻杨坚的统治。

梁士彦的外甥裴通胆小怕死，他把所有事都告诉了隋文帝。隋文帝得知消息后不动声色，还将梁士彦封为晋州刺史。梁士彦高高兴兴地准备去赴任。这个时候的他，还不知道这是一条通向死亡的路。在他离开时，隋文帝下令逮捕了梁士彦、宇文忻和刘昉，然后当庭审判。最终，这几个人因犯谋反罪被处决，他们的家人也受到了牵连。《隋书·梁士彦传》记载了这次失败的谋反。

在本案中，梁士彦与宇文忻、刘昉等人共谋杀害文帝杨坚并夺取皇位，尽管尚未实施行动，但"谋反"罪并不要求实际实施了行动，只要存在谋杀的计划，就已经构成了此罪。因此，关键在于找到证明他们有谋杀计划的证据。在本案中，关键证据就是裴通的告密和梁士彦的心腹薛摩儿的证词。在证人面前，梁士彦等人不得不认罪。

在量刑方面，隋文帝充分考虑了每个罪犯在犯罪过程中的性质和作用，以及他们认罪的表现。对于首犯梁士彦、宇文忻和刘昉三人，坚决处以死刑。对在犯罪过程中推波助澜的梁士彦之子梁叔谐、梁志远、梁务也同样判处死刑。对那些在案件过程中有劝阻行为的人，如梁士彦的次子梁刚，则免于死刑。

在连坐方面，隋文帝并没有滥施株连。对犯罪者的妻女按照法律免除死刑并没官，对犯罪者不满十五岁的儿子也不予连坐。这种处置方式体现了法律的宽严适中。

总的来说，《开皇律》是一部非常有意义的法典，完成了汉文帝以来的刑罚制度改革，被后世统治者所称道，唐律也是在它的基础上制定的。

《开皇律》很好，但被隋文帝玩废了

可惜的是，虽然《开皇律》非常具有时代意义，但隋文帝并未很好地执行它，《开皇律》也就失去了它的价值。

隋文帝夺位不正，中国历史上9个大一统王朝的开国者中，就属隋文帝的皇位来得容易。同样是权臣篡位，建立西晋的司马家族和建立宋朝的赵匡胤都是迭经艰险，稍有不慎就会功亏一篑。和他们比起来，隋文帝杨坚可以说是非常幸运。或许正是因为他的皇位来得过于容易，他总是疑神疑鬼，患得患失。到了晚年，由于隋文帝的危机感深重，他变得暴躁易怒。这一点从他废立太子上就能看出，虽然当时杨广表现得比杨勇更适合当太子，但杨坚废掉杨勇，也有猜忌心作祟的缘故。

《隋书·刑法志》记载，有一次，隋文帝被一个大臣激怒，他想立即处死那个大臣。但这不仅不合法律和道义，也违反了魏晋以来秋后问斩的常例。这时，大理寺少卿赵绰指出依律应该等到秋后问斩。但隋文帝一意孤行，依然立马就处死了那个大臣。这反映了皇帝拥有任意曲法、法外施刑的特权。

隋朝初年，盗贼横行，社会治安非常糟糕。隋文帝了解情况后很焦急，想立刻改变这种现象，于是他自作主张推行检举法。他下令，凡是举报盗贼的，盗贼的财产会被判给举报人。这个制度一开始还挺有效果，但这项举措也产生了很多问题，那就是有人为了霸占别人的财产，就诬陷对方盗窃。比如，有人在富家子弟经常出入的地上放一个东西，那些富家子弟路过看到后捡了起来，那些人立刻就把这个富家子弟送到官府告他们盗窃。这样一来，社会又乱了。

于是，隋文帝就取消了之前的规定，但仍规定盗窃超过一钱以上的，一律杀头。一时间人心惶惶，人人自危。隋文帝随即又增加一条规定：贪污超过一钱以上的，一律处死。有人看到别人贪污却不告发的，则要连坐，和贪污者一起被处死。

这些规定遭到了很多人的反对，大家纷纷向隋文帝进谏，痛陈其弊，隋文帝最终取消了这些规定。这个案例告诉我们，法律讲究的是罪刑相当，重赏或者重罚都不能维护社会安定，"以刑去刑"是无法解决问题的。执法者在制定法律时一定要尊重科学规律，不能为了快速达到目的就想当然地制定法律。

令人啼笑皆非的是，隋文帝在不该残忍的时候选择了残忍，在不该宽容的时候却又选择了宽容。《隋书·列女传》记载，隋朝的番州刺史陆让因为贪污被判了死刑。临刑那天，陆让的母亲来刑场送别，她哭着求隋文帝饶恕她的儿子。现场的很多大臣，甚至皇后也被母子情深感动，纷纷请求隋文帝宽恕陆让。隋文帝也被他们说动了，就赦免了陆让。隋文帝的做法实在不妥，很多死刑犯都有父母子女，如果都因为他们之间感情深厚就随便赦免，那刑法还有什么存在的价值呢？

陆让的性命算是保住了，隋王朝的未来却在统治者的任性妄为下很快被葬送了。

通过《大业律》就能看清隋炀帝为何丢了天下

隋炀帝统治前期,刑法尚处于正轨

隋文帝去世后,隋炀帝杨广继位。杨广将隋朝年号改为"大业",寓意他要成就大业。然而这个年号在历史上只存在了14年,隋朝就在他的统治下土崩瓦解。史书上对隋炀帝的评价都是负面的,说他是亡国之君,逆天虐民、薄情寡义、好大殆政、离德荒国。客观地讲,隋炀帝有些政策的出发点是好的,但在执行过程中劳民伤财、透支国力,没能让这个王朝长治久安。从隋炀帝对待他所制定的《大业律》的态度中,他的性格被展现得淋漓尽致。

对于《大业律》,学术界的研究成果甚少。隋朝仅37年就亡了,一个朝代存在时间越少,能留下的印记也越少。而且,隋朝迄今已近千年,加上朝代更迭,文献资料少得可怜,使得隋炀帝创立的各项制度今天很难探寻研究。《开皇律》和《大业律》的律文在历代战火中惨遭损毁,继之而起的唐代立法的光辉掩盖了包括《大业律》在内的隋代制度文明。实际上,唐承隋律,《大业律》也是唐律的法律渊源之一。

很多人以为隋炀帝一登基就是个昏君,使得他制定的《大业律》从一开始就形同虚设。然而事实并非这样,在隋炀帝统治的前7年,政治局面还是比较稳定的。尽管他也有劳民伤财之举,但也取得了很高的成就,比如修建大运河与对外

第四章 | 隋唐：局势多变，法制易受政治影响

开疆拓土等。如果说，在前7年取得成就后，隋炀帝能休息生养、励精图治，也许他还真能实现成就大业的理想。他这段时间内对刑法的改革是比较妥当的，减轻刑罚，向世人展现了他的宽仁。而且，他调整了一部分罪行的连坐制度，删去了十恶中的两条。

隋炀帝要以《大业律》取代他父亲的《开皇律》，主要是因为隋文帝在晚年走上了错误的道路。隋文帝晚年滥施刑罚，随意改变法律，导致上行下效，人民生活苦不堪言，社会矛盾激化。因此，隋炀帝颁行新律以补偏救弊，让法制重回正轨。

打高丽失败，为了威慑天下，刑法越来越荒唐

隋炀帝在取得一定成就后变得自负轻敌，决定出兵征伐高丽。如果他能像汉武帝一样赢得胜利，也许后世对他的评价就不会那么差。但是，他输了，损失惨重且耗费巨大。为了维持对外战争的开支，隋炀帝向百姓征收繁重的赋税。许多官吏为了按时完成任务，不遵守法律，迫害百姓，导致许多人被迫沦为盗贼。这时隋炀帝就展现了他残忍的一面，他下令天下官吏凡是抓获了盗贼，无论罪行轻重，一律先斩后奏。但盗贼之患并没有被平息，隋炀帝便下令对罪犯实施酷刑，有些官吏在掌握生杀大权后开始为非作歹。

对待谋反者，隋炀帝更是毫不留情。将领杨玄感谋反，很快就被隋军平定。隋炀帝为了威慑天下，下令对杨玄感施以车裂之刑，头颅悬挂示众，并且株连九族。

民变四起，隋炀帝的暴政让他离末日越来越近。《资治通鉴》卷一百八十五记载，在穷途末路时，他对着镜子说："好头颈，谁当斫之？"隋炀帝的自暴自弃让部下心灰意冷，大业十四年（618年），他的部下在江都发动兵变，隋炀帝被宇文化及所杀。

隋炀帝执政后期，《大业律》的废弛使得隋王朝难以按照正常途径运转，隋

炀帝的个人意志成了判断是非的标准。然而，历史上那些能够在中国建立长久的基业、实现雄心壮志的王朝，都是律法相对清明的。隋炀帝后期的做法显然与这一历史规律相悖。清末修律大臣沈家本曾说："国家无法则不能长久。"隋二世而亡，为这句话提供了最好的例证。

隋炀帝没能征服东亚，他缔造的刑法却影响了东亚

隋炀帝野心勃勃，一心想要建立一个强大的王朝，然而三次攻打高丽皆败，最后落得个身死国破的下场。隋炀帝最终没能征服高丽，但他缔造的《大业律》却在整个东亚地区影响很深远。

同一时期，日本的国力迅速发展，但仍然处于从奴隶制社会向封建制社会的过渡阶段，与文化繁荣、国力强大的隋朝相比，差距很大。因此，为了推动国家进步，日本向隋朝学习显得至关重要。此外，隋炀帝是一位热衷于展示中华富强的皇帝，这也为文化交流创造了条件。日本汉学家认为："中国隋朝在东洋日本史上具有重要地位。它不仅促进了中日两国间的交流，还使两国在外交上走上了平等和睦的道路。"自此，中日交往进入了一个繁荣时期。

日本与隋朝的最早交往见于《隋书·东夷列传·倭国》："开皇二十年，倭王姓阿每，字多利思北孤，号阿辈鸡弥，遣使诣阙。上令所司访其风俗。使者言倭王以天为兄，以日为弟，天未明时出听政，跏趺坐，日出便停理务，云委我弟。高祖曰：'此太无义理。'于是训令改之。"这则史料告诉我们，隋文帝时期的这次中日接触，还只是一次试探性的交往，并未承载文化、经济交流的意义。到隋炀帝即位后，中日交往的频率开始增加。在此期间，日本派出了很多遣隋使，学习当时中国的律令并带回了日本，这对于后来的日本法律有着深远的影响。

除了日本，朝鲜和越南等国的古代法律也大多效仿隋律和唐律。朝鲜的《高

丽律》在篇目体系和内容上与隋律、唐律非常相似,包括对刑名的规定和对特权者的优待条款。根据越南古代典章制度体史书《历朝宪章类志》的记载,越南于1401年编纂的法典也是以隋律、唐律为基础,其中也包括《大业律》在内。

以隋为鉴，唐太宗宽仁施法

制法方面，唐太宗的贡献非常大

大业十四年（618年），李渊称帝，建立唐朝。早在一年前攻占隋都长安时，李渊就效仿汉高祖刘邦，和百姓约法三章。他宣布废除隋法，只有犯杀人、盗窃和背叛之罪者才会被判死刑。李渊称帝后，就立即要求大臣们编制唐朝的法律。

唐高祖李渊大概是中国历史上最没存在感的开国之君，很大程度上是因为他的子孙后代把他的光芒掩盖了。他的继承者里有千古一帝唐太宗，有中国唯一的女皇帝武则天，也有开创了开元盛世的唐玄宗。在立法方面，李渊的存在感同样也不太高。由于当时唐朝刚刚建立，百废待兴，还不适合在律法上大力改革，因此唐高祖时候的唐律基本上就是在隋朝的《开皇律》基础上稍加修改而成。

玄武门之变后，唐太宗李世民登上了皇帝的宝座。他不仅文治武功令人称赞，在制定律法方面也有很大的贡献。李世民继位后立即要求宰相房玄龄修改法律，减轻刑罚。或许他觉得，从东汉末年到隋末，老百姓在乱世中遭受了太多苦难，是时候让他们休养生息了。新律变重为轻，变繁为简。新法规虽然也是在《开皇律》的基础上进行修改的，但改动非常大，形成了自己的特色。

唐太宗曾经说过："以铜为鉴，可正衣冠；以古为鉴，可知兴替；以人为鉴，可明得失。"在立法过程中，唐太宗便是以隋为鉴。隋朝灭亡很大程度是由于隋文帝和隋炀帝父子朝令夕改，破坏了法律的延续性和稳定性。唐太宗在立法时就非常谨慎，不会轻易地增加新法令。法律一旦制定，就坚决执行，不再随意地改变和废除。唐太宗还制定了德主刑辅、礼法并用的指导原则，把礼法教化作为治理国家的基本方法，讲究多德少刑，先德后刑。

唐朝的刑法和前朝比起来较宽仁

唐朝的刑法主要针对政治犯罪和违反伦理的犯罪。对于犯了十恶之罪的罪犯，唐朝仍然秉持严惩不贷的态度。对于多次犯罪的罪犯，将加重处罚，同时也有数罪并罚的原则。

对于贵族和老弱病残的罪犯，刑罚上会有减免。七岁以下、九十岁以上的人，即使他们犯了死罪也不会被判刑。对于十岁以下、八十岁以上的人，只要犯的不是那种滔天大罪，也不会被判刑。而且还有一项特殊的规定，那就是"诸犯罪时虽未老、疾，而事发时老、疾者，依老、疾论。若在徒年限内老、疾，亦如之。犯罪时幼小，事发时长大，依幼小论。"大意是：如果罪犯在犯罪时还不是老年人，但在审判时已经成为老年人的，就按老年人的规定进行审判；如果罪犯在犯罪时还年幼，而在审判时他已经长大，依然会按照幼儿的规定进行审判。

对于自首的罪犯，唐朝也会有相应的减免政策。如果犯人在被发现前主动自首，可以免除刑事责任，如果是在被人告发后才自首，可以减轻刑罚。如果自首的陈述不真实或不详尽，也会受到相应的惩罚。

在唐朝，两个及以上的人犯罪就被称为共犯。对于那些不是太重的罪行，会分为造意者和随从者。造意者会被依法判刑，而随从者的刑罚会减轻。但对犯下谋反这类滔天大罪的，就不会分造意者和随从者，全部都要严惩。

因为曾经的错误，李世民增加了复奏制度

唐朝死刑的判处需要经过皇帝批准，而且为了防止出现冤假错案，错杀好人，死刑即使判下来也有复奏制度。在犯人死前一天能够复奏两次，死刑执行当天还能复奏一次。唐太宗对死刑的态度更加慎重，他将复奏的次数从3次增加到5次，增加的2次都在死刑执行当天。但有些地方距离京城比较远，复奏5次就很繁琐和困难。于是，唐太宗就规定在地方上实行3次复奏制度，在京城实行5次复奏制度。至于那些犯罪情节严重或奴婢杀害主人的罪犯以及地位比较低贱的群体，则只有一次复奏的机会。

唐太宗之所以会制定这样的制度，和一起事件有关。《旧唐书·刑法志》《贞观政要·刑法》中均记载，唐太宗时期，有一位名叫李好德的人，患有精神疾病，常常自称是神仙，胡言乱语，甚至议论朝政。这引起了唐太宗的注意，于是派人将其抓捕并审问。根据唐律，如果一个人只是说些胡话，并没有损害国家利益，那么只需要判罚100次杖刑就可以了；但如果他的言论涉及国家利益，那么就会被判绞刑。按照唐律，李好德本应该被处死，但当时分管司法案件复审的大理寺丞张蕴古上奏称，这个人患有精神疾病，不应被处死。根据当时的规定，患有某些疾病的人是可以免于死刑的。因此，唐太宗打算宽恕李好德，不追究他的法律责任。

但就在唐太宗决定赦免李好德后，张蕴古不知打的什么主意，搬着围棋去监狱找到了李好德，把唐太宗要赦免他的事告诉了他，并且和他下棋庆祝。这件事如果没有人知道也就罢了，偏偏被狱卒看到了，狱卒立刻把这件事报告给了唐太宗。这时负责掌评全国疑案的治书侍御史权万纪上书弹劾，说张蕴古的籍贯为相州洹水（今河南安阳），李好德的哥哥李厚德此时正任相州刺史，张蕴古之前担保李好德，很可能是想讨好李厚德。

唐太宗顿时非常愤怒，下令处死了张蕴古，但冷静下来后他就后悔了。因为当时的法律规定，只有非常重大的机密泄露罪才会被判处死刑，张蕴古显然罪不

至此，但当时无人反对或复奏。人死不能复生，唐太宗遂改变制度，增加了复奏次数。本案最重要的历史影响便是促进唐朝死刑复核制度进一步完善。

有些情况下，罪犯可以被免除死刑，包括因年龄、病情不宜执行死刑者和因特权可免除死刑者。此外，特殊人群也不会被执行死刑，如孕妇等。可见，唐朝对死刑十分谨慎，不愿再出现冤死的情况。另外，只要不是十恶般的大罪，唐朝被判刑的人均可花钱赎罪。能花钱赎罪者必须为有官爵和特权者、年龄身体状况符合条件者、犯罪主观动机符合条件者以及犯罪行为存疑者。

对于连坐的刑罚，唐朝统治者也争论了很久。据《旧唐书·刑法志》记载，唐初有同州（今陕西大荔）人房强，他十分安分守己。他的一个弟弟在千里之外的岷州（今甘肃岷县一带）任职期间参与了谋反，此罪属于十恶之一，按规定要被夷三族。房强是他的亲哥哥，自然也在连坐的范围内。

这件事传到了唐太宗耳朵里，他很可怜房强的处境，就让文武百官重新讨论这个案件的判罚方式。大臣似都看出来唐太宗想赦免房强，但是他又不能破坏法律。这时有人发现，大部分的兄弟都不住在一起，但是兄弟却在株连范围内；祖孙大部分时候住在一起，但是祖孙却不在株连范围内。就拿这个案子来说，房强是个安分守己的人，也不和他弟弟住一起，这起案件和他一点关系都没有，他却要受到株连，这是非常不合理的。这时房玄龄提出，兄弟俩不住在一起，在作案时不可能做到相互照应，而有一个人谋反，另外一个人却要被判死刑；祖孙住在一起，在作案时能做到相互照应，而有一个谋反，另一个人却仅被判流刑，这是非常不合理的，应该把兄弟之间的连坐也改成只需要判处流刑并取消官职。这些正和唐太宗的心意，他采纳了这个建议，从此一旦犯人被夷三族，犯人的兄弟只被判处流刑并取消官职。

不久后，有些人提出了反对意见，他们认为这样的刑罚对那些本身没有官职的人太过宽容，纷纷要求恢复以前的株连制度，也就是把兄弟定为株连范围内。然而，也有一小部分人对唐太宗表示，光是处死父亲和儿子，已足以威慑很多心怀鬼胎的人。如果他们连父子的性命都不在乎，又怎么会在乎兄弟的性命呢？唐太宗认为这个建议很有道理，没有做出改变。从此，新的规定对同居及不同居的亲属的连坐方法，比此前的处罚大大减轻了，连坐处死刑的只是父子二层，而对于兄弟、祖父母、姊妹等只给予没官为奴的处罚。这充分体现了唐太宗对百姓不能滥刑、用刑应该宽缓的思想。

在唐朝，八议制度被沿用

此前提到的八议制度一直沿用到唐朝。

《旧唐书·戴胄传》记载，贞观元年（627年），唐太宗召见时任吏部尚书的长孙无忌进宫商量事情，长孙无忌一时疏忽，忘了解下配刀便入宫议事。由于长孙无忌是皇帝近臣，和皇帝关系亲密，守门的校尉就未对他严格检查，长孙无忌就这样带着刀见了唐太宗。在长孙无忌离开时，校尉发现了他腰间别着刀。害怕担责任的校尉就把此事报告给了唐太宗。

唐太宗得知后，左右为难。按照当时的规定，臣子带兵器去见皇帝，是对皇帝的不敬和对皇权的威胁，要被判死刑。但长孙无忌和唐太宗的关系非常好，在唐朝建立的过程中，他立下了汗马功劳。李渊在太原起兵后，长孙无忌便跟随李世民南征北战。在后来的玄武门之变中，长孙无忌也发挥了很大的作用，是那起政变的策划者之一，这才有了李世民的皇位。而且他还是长孙皇后的哥哥，和自己是亲戚关系。如果按法律处置，那么长孙无忌必死无疑；如果按照情理饶恕他，又无法服众，众人会认为唐太宗徇私枉法，会产生非常不好的影响。无奈之下，唐太宗只能把文武百官聚集在一起，商量怎么处理长孙无忌。

大理寺少卿戴胄建议，由于校尉没有发现长孙无忌带刀进入，属于工作失职，因此应该判校尉死刑。而长孙无忌是无意中犯罪，只需罚款和徒刑即可。唐太宗听后很高兴，想要采纳这个建议。然而，另一个人提出了异议，他认为这种做法不公平。校尉和长孙无忌犯了同样的过失，但结果是一个被杀，一个活下来，这不合理。因此，如果陛下要宽恕长孙无忌，那么校尉也应一起被宽恕。实际上，按照当时的八议制度，长孙无忌的官职较高，且与唐太宗有亲戚关系，属于八议之一，可以减免刑罚；而校尉只是一个小官，不在八议之中，按法规不能减免刑罚。经过考虑，唐太宗决定饶恕长孙无忌和那个守门的校尉。因为这件事本来就是长孙无忌的错，如果只饶恕长孙无忌而杀死校尉，别人难免会将他们进行对比。于是，长孙无忌和那个校尉都没有被判死刑。值得一提的是，长孙无忌参与了唐律的制定工作，这次他算是从自己制定的法律中尝到了甜头。

那些达官贵人不仅在被判刑时可以减轻或免除刑罚，他们沦为囚徒后，也能获得与普通囚徒不同的待遇。《资治通鉴》卷一百九十二记载，唐太宗贞观二年（628年），有一个叫郑善果的大臣，早在隋文帝时就是大臣，为官清廉。他因为一个案子遭到连坐，被押入大牢。当时为防止冤假错案，大理寺少卿会向皇帝呈上每月京师在押犯人的一览表。当大理寺少卿把名单呈送到唐太宗面前审阅时，唐太宗看到了郑善果的名字。他立刻对周围的人说，郑善果的官位很高，怎么能让他和普通囚犯待在一起呢？从今以后，但凡三品以上的官员获罪入狱的，一律在朝堂上等候皇帝裁决就行。这就是唐朝的会审制度，即使变成囚徒，身份上也有高低贵贱之分。

另外，虽然当时也有刑讯逼供，但有诸多限制。监狱管理者只有在听完嫌疑人的口供且有疑问的情况下才能拷打他，而且有些人群是不能拷打的，包括司法特权者、老弱病残、孕妇，以及还在哺乳期的妇女。

开国功臣的后代犯了死罪，被免除死刑

唐玄宗开元十年（722年），武强县县令裴景仙为人贪婪，勒索钱财数量非常大，价值达到了5000匹绢帛。被发现后，他畏罪潜逃，但最终被捉拿归案。唐玄宗得知后非常生气，欲将裴景仙斩首示众。然而，根据当时的法律规定，裴景仙最多只会被判处徒刑。但唐玄宗为了杀一儆百，坚持要处死裴景仙。

这时，大理寺卿李朝隐出面为裴景仙求情。他说道，裴景仙的祖上是唐朝的

开国功臣裴寂。当年唐高祖李渊从晋阳起兵到攻破长安,都有裴寂为他出谋划策。然而到了武则天时期,裴家遭到陷害,裴寂的兄弟全部遭到株连。现在裴家就剩下他这一个独苗了,如果把裴景仙斩了,开国功臣裴寂就断子绝孙了。而且依照法律,裴景仙本就罪不至死,所以为了维护法律的权威性,更不能要了他的命。最终,唐玄宗判处了裴景仙徒刑,没有杀他。该案例出自《旧唐书·李朝隐传》。

唐朝的刑法遵循宽仁原则,这使得社会能够安定发展,并在400年乱世后的废墟中建立了一个空前强盛的王朝。最终,唐朝出现了唐太宗的贞观之治和唐玄宗的开元盛世。不过,唐朝的刑法也十分注重对皇权的维护,并承认尊卑良贱的等级关系,以维持封建社会等级压迫制度。

唐律对后世的影响十分深远。在宋元明清时期,法律制度的许多方面都沿用了唐律。此外,唐朝的法律对当时亚洲的许多国家——如日本、高丽、越南等——都产生了深远的影响,这些国家在制定法律时也参考了唐律。

第四章 | 隋唐：局势多变，法制易受政治影响

武则天兴起"酷吏政治"，冤案频发

为了威慑异己，两个妃子成为政治牺牲品

武周元年（690年），武则天登基称帝，改国号为周，历史上称之为武周。

中国古代是男人掌权的社会，武则天能登上皇位十分不易。她几次平定了李唐王室的反扑，在这期间也铲除了很多唐室宗亲。武则天成功称帝后，无论是朝堂上还是在地方上，反对的声音依然层出不穷。为了稳住局势，武则天任用了很多酷吏打压反对者。

《资治通鉴》卷二百零五记载，武则天很宠信户婢韦团儿，但韦团儿并不安分，她的野心开始蠢蠢欲动。韦团儿看上了武则天的儿子李旦，想成为他的妃子，但李旦并不喜欢她。韦团儿一气之下，决定先铲除太子妃与窦德妃这两个太子身边的女人。她找来两块木板，一块刻着"武"字，一块刻着"周"字，然后在上面插满铁针，埋在了太子妃和窦德妃的院子里。随后，韦团儿告诉武则天，太子妃和窦德妃用巫术诅咒她。武则天派人搜查她们的院子，果然找到了那两块木板。在唐朝，用巫术诅咒人按律应处死，更何况她们诅咒的是当今圣上武则天。不久，太子妃与窦德妃去见武则天，全然不知死神已在等待她们。武则天杀了她们后，把她们草草埋了，无人知晓埋葬的地点。

之后，韦团儿越发肆无忌惮地追求着太子，太子明白这一切都是她在背后陷

111

害，但韦团儿是武则天信任的人，如果因拒绝她而得罪了母亲，结局可能会比自己那两位妃子更惨。太子继续不动声色，不为所动，这又让韦团儿起了杀心。幸好有人及时察觉了这件事，并将此事告诉了武则天。武则天听后大怒，下令处死了韦团儿。机关算尽的韦团儿聪明反被聪明误，自食其果。

此时，窦德妃的父亲正担任润州刺史，母亲庞氏正在润州，我们不知道她是否得知女儿的死讯，但她自己差一点去黄泉路上和女儿见面。她家里有个奴仆心术不正，他用妖术吓唬庞氏，吓得庞氏不敢出门，还忽悠庞氏夜里去祠堂里祷告，以消灾解难。庞氏听了他的话，却惹来了大麻烦。这个奴仆转头就告发庞氏夜里去祠堂行诅咒之事。武则天接到告发后，立刻派心腹薛季昶前去调查，薛季昶回来后告诉武则天，说庞氏参与了诅咒。这下子，庞氏全家都被判了死罪，薛季昶却从此平步青云。

不过，朝廷中还是有明白人的，左肃政台侍御史徐有功出面表示，庞氏是冤枉的。于是，薛季昶便诬陷徐有功与庞氏是同伙，武则天听后立即下令逮捕徐有功，将他关入大牢。她派司法官审讯徐有功，最终徐有功被判处死刑。

一段时间后，武则天逐渐冷静下来，她意识到徐有功对她一直是忠诚的，这件事的处理确实存在不当之处。于是，武则天命人押来徐有功，听取他的解释。徐有功将前因后果逐一分析，武则天听完沉默良久，最终决定免除这些人的死刑。然而死罪虽免，活罪难逃。庞氏和三个儿子被流放，庞氏的丈夫被贬为罗州司马，徐有功则被免去官职。

从这两起案件中我们看到，太子妃和窦德妃没有任何过错，但被处死。庞氏和徐有功也属无罪之人，结果一个被流放，一个被免去官职。而诬告的韦团儿和仆人却成功地完成了自己的阴谋，没有受到法律的制裁，韦团儿最后被杀是因为她要谋害太子被别人发现。这表明在古代，侦破技术并不先进，不可避免会造成很多冤假错案。统治者处理宫廷内部的案子时，很多时候是与政治诉求挂钩的，导致很多结果都是源于政治斗争的需要和利益的驱动。武则天称帝，打破了中国的封建社会由男人统治的法则，激起了很多反对力量。她为了能坐稳权力宝座，就势必要疯狂地打击那些潜在的反对者，杀鸡儆猴，窦德妃和太子妃因此沦为了政治的牺牲品。

"酷吏政治"下，法外施刑是家常便饭

　　武则天是中国历史上唯一一个女皇帝，大权在握后也把国家治理得井井有条，在政治制度上也有很大的贡献；然而她为了铲除异己，对唐朝宗室大开杀戒，还兴起了"酷吏政治"，遭殃的人不计其数。

　　武则天任用两个酷吏，一个叫来俊臣，一个叫周兴。这两人的手段非常残忍，发明了很多折磨人的手段，在审讯过程中如果犯人不承认罪行，就被施以毒刑。有很多无辜的人因为忍受不了酷刑，不得不屈打成招，被他俩陷害的人不计其数。那段时间人人自危，很多官员早晨出门都会向家里人郑重地告别，因为很有可能一去不复返。

　　不过，"酷吏政治"之下的酷吏们有时也会互相陷害。据《旧唐书·酷吏列传》记载，有人告发周兴谋反，武则天就派来俊臣审理这个案子。当一个酷吏遇到了另一个酷吏，会发生什么呢？来俊臣邀请周兴一起吃饭，此时的周兴还不知道自己被牵连进这个案子。来俊臣假装请教周兴说，如果一个犯人死不认罪应该怎么办？周兴回答说，找来一口缸，在缸周围放火，然后把嫌疑人扔进缸里，还怕他不承认吗？周兴怎么都想不到自己此时绘声绘色描述的场景，几分钟后就会发生在自己身上。来俊臣立刻按周兴的说法，命人拿来了一口缸，在缸周围点上火。紧接着，他把事情的来龙去脉告诉了周兴，对周兴说，你要是不承认，就进缸吧。周兴这个双手沾满鲜血的刽子手，立马吓得磕头认罪。

　　来俊臣立刻判处周兴死刑，但武则天觉得周兴劳苦功高，就将死刑改为流刑。由于之前做的坏事太多，周兴在流放途中被人仇杀。而来俊臣的好日子也没有持续太久，后来他得罪了其他位高权重的人和太平公主，被判处了死刑。这两个无恶不作的酷吏终于得到了应有的下场，当时的官民无不觉得大快人心。

在"酷吏政治"时期，法外施刑可谓司空见惯。在武则天施行酷吏政治的14年间，宰相被贬斥和杀死的有十之六七。在这个时期法治实施的过程中，往往有一些官员倚仗权势，以峻刻的手段甚至无赖的方式擅权专断。他们作为君主的代表，常常在法律之外随心所欲地施刑，使法律的执行变得更加严酷。这些官员的行为对法律制度的完整性和公信力造成了极大的破坏，从根本上削弱了法律的尊严和权威。"以刑罚去除刑罚"虽然能在短期内产生一定的震慑作用，但从长远来看有可能引发更多的问题，导致社会秩序的混乱和民众的不满。

一首情诗，让相爱的两人双双殒命

魏王武承嗣是武则天的侄子，他仗着自己的姑姑是一代女皇，经常为所欲为。诗人乔知之有一个美妾叫碧玉，两个人情投意合，恩恩爱爱，发誓要"生同衾，死同穴"。然而，武承嗣知道了碧玉后，就想将她占为己有。他谎称请碧玉到自己的府上给自己的妻妾们上课，碍于他权势滔天，乔知之无法拒绝。碧玉这一去，就再也没能回来。

相爱的人再也无法相见，两人都承受着锥心之痛，乔知之偷偷写了一首情诗《绿珠怨》交给碧玉。碧玉读完后伤感至极，就选择了殉情，投井自杀。碧玉的本意也许是想让乔知之别再等自己，早点再找一个好姑娘共度余生。但碧玉万万没有想到的是，她的自杀，让乔知之一家老小遭遇了灭顶之灾。

这首情诗不知怎的被武承嗣搜到了，他怒不可遏，发誓要杀死乔知之。于是，他让酷吏随便给乔知之安了一个罪名，然后将他满门抄斩。史书上并没有详细地记载具体的实施过程，但通过对武则天时期酷吏的了解，审讯过程中乔知之要么是被酷刑折磨得死去活来，要么是被迫承认罪行，然后等待死亡的降临。

从这一起出自《资治通鉴》卷第二百零六的案件中，我们可以看出当时酷吏政治非常残酷。武承嗣强行拆散了这对情侣，导致碧玉自杀，却反过来迫害乔知之。乔知之一开始被抢走了自己的爱人,这下连命也丢了,从头到尾都是受害的一方。

不过与周兴和来俊臣一样,武承嗣最终的结局同样是多行不义必自毙。在武则天执政期间,武承嗣仗着自己是武家人,对李唐宗室大开杀戒。而武则天去世前,她需要选择将皇位传给儿子还是侄子。如果选择了侄子,那就会是武承嗣坐上皇帝宝座。但是在众多大臣的劝说下,武则天选择将皇位传给了自己的儿子。也就是说,武则天死后,皇位将重新回到李家人手中。这对武承嗣来说是个晴天霹雳,因为李唐宗室和他有着血海深仇,到时候他一定会被碎尸万段。最终,武承嗣在提心吊胆的日子中身染重疾,郁郁而亡。

历史上的狄仁杰,在断案上并没有那么神奇

随着影视剧的发展,近些年与狄仁杰有关的电影、电视剧层出不穷,涌现了很多脍炙人口的破案故事。然而,在真实的历史上,狄仁杰是否真如此神乎其神呢?

答案是否定的,在真实的历史中,狄仁杰因在政治上的贡献而闻名。不过,他的人生也与破案有一定的关联。史书记载,在担任大理寺丞时,狄仁杰解决了大量积压的案件,涉案人员上万。有些史书还记载,这些案件解决后,无一人申冤,这体现了狄仁杰的明察秋毫,但这些案件并不一定是由他亲自破案的。

狄仁杰担任的职务是大理寺丞,这个职位的一部分职责就是复审全国各地的案件。复审完成后,他们需将其画押进行判决,才会产生法律效力。因此,历史上狄仁杰解决案件的方式并不像影视剧中的侦探一般,他扮演的角色相当于现代法院里的法官。从史书上记载的无人申冤和狄仁杰之后平步青云的情况来看,他在任职期间是非常称职的。

韦氏想模仿她的婆婆做皇帝，却身败名裂

武则天去世后，唐朝外戚和宗室的斗争尚未结束。早在武则天掌权时，唐中宗李显就与韦氏感情深厚，他打算联合韦氏家族制衡武则天。然而，这个计划被武则天发现了，她立即软禁了唐中宗。被软禁的唐中宗向相依为命的韦氏许诺，日后若能登上皇位，会满足她的任何愿望。武则天去世后，唐中宗果然如愿即位。成为皇帝后，唐中宗履行承诺，将韦氏立为皇后，并追封韦氏之父为王。

故事讲到这里，有点像浪漫的童话故事，唐中宗和韦氏就像童话里的公主和王子，打倒反派后终于过上了幸福生活。但童话永远只是童话，现实生活中永远不会有童话故事。韦氏当上皇后之后就开始变得心狠手辣，野心急速膨胀。她早已不是当年那个和唐中宗恩爱有加的韦氏了，她甚至想超越武则天。如果要走这条路，唐中宗就成了她最大的障碍。于是，她想杀掉自己的丈夫。景龙四年（710年），韦后给唐中宗做了一个饼，唐中宗吃完后猝死，终年五十五岁。在夺权这条路上，韦后比吕后和武则天还要决绝狠毒。相信武则天怎么也不会想到，当年她为了政治需要迫害了唐高祖的子孙后代，而此时她自己的儿子同样死于政治斗争。

尽管在政治斗争上，韦后更加狠毒，但在政治手段上却比武则天差了不少。此时的李隆基——后来缔造了开元盛世的唐玄宗——正在和众人密谋铲除韦氏家族。唐中宗死后半个多月，李隆基带着军队冲向太极殿，韦后在一片混乱中被斩首，国家大权又回到了李唐王室的手中。也正是因为这件事，复位后的唐睿宗李旦决定破格立李隆基为太子。

这起案件中，韦后谋杀了唐中宗，犯了谋反大罪。按规定，韦后不仅要被处死，还要被夷三族。但韦后是唐中宗的皇后，三族中有不少李家的人，这让李隆基犯了难。不过，李隆基诛杀韦后，不仅是因为她谋反，更多的是为了政治斗争，为了将掌握在韦氏手中的朝政大权夺回。

值得一提的是，李隆基敢做出诛杀韦氏的决定是非常有魄力的，因为一旦政

变失败，被扣上谋反罪名的就是自己，到时就会像当初那些被武则天铲除的李唐宗亲一样身败名裂。另外，在政变开始前，有人建议把消息透露给李隆基的父亲李旦，但被李隆基拒绝了。这次计划并不是百分之百能成功，如果把这个计划告诉李旦，他同意了，一旦失败，那么谋反的罪名也会扣在李旦的头上。如果李旦不同意这个计划，那行动直接夭折，更是没有成功的可能。

中晚唐时期，法治和政治一同走向衰落

开创开元盛世的唐玄宗，曾经害死过3个儿子

武则天之后，皇权又回到李唐皇室手中。在这之后，唐朝经历了唐玄宗的开元盛世，国力达到了鼎盛。但唐玄宗到了晚年，逐渐荒废朝政，最终引发安史之乱，唐朝迅速走向衰落。那么在中晚唐时期，刑法是什么样的，又有哪些有意思的案件呢？

唐玄宗执政期间，特别宠爱武惠妃，但武则天的这位侄孙女工于心计，想让自己的儿子成为太子。她常常在唐玄宗面前诋毁太子，导致唐玄宗与太子关系疏远。皇帝渐渐有了废太子的打算，还召来宰相张九龄讨论。而张九龄支持太子，唐玄宗在没有确凿证据的情况下放弃了废太子的想法。然而好景不长，张九龄因几件人事任免的事务开罪了唐玄宗，被免去了职务，奸相李林甫取而代之。太子的噩梦开始了。

武惠妃向太子和唐玄宗的另外两个儿子假传旨意，谎称宫内有强盗，命他们立刻进宫护驾。皇子们年轻识浅，信以为真，带兵冲进宫里。武惠妃见状，诬告太子欲谋反，已率军进入宫内。唐玄宗闻讯大怒，未进行任何审讯便将三个儿子废为庶人。唐玄宗还听信了武惠妃和李林甫的煽风点火，最终处死了这三子。

武惠妃虽然得逞，但几个月后她突然发病，很快便一命呜呼了。临死前，她

第四章 | 隋唐：局势多变，法制易受政治影响

还说看见了唐玄宗那三个儿子的鬼魂。至于是她担心有人报复而被吓死，还是有人为三子报仇，给武惠妃下毒，我们不得而知。

皇帝的意志对破案具有重大的影响。唐玄宗在统治前期确实是一代雄主，但到了后期，他任用奸臣、骄奢淫逸，导致唐朝逐渐衰落。这起案子正是他中后期统治中的一个典型案例。

怎么处理复仇案件，立法者把锅甩给了皇帝

唐宪宗元和六年（811年），发生了一起为父报仇的案件，行凶者杀完人之后前往衙门自首，这个案件在当时引起了轩然大波。因为在唐朝，复仇杀人案的判决一直是一个充满争议的问题。一方面，杀人是法律所不允许的，但是儿子为父亲报仇却是可理解和鼓励的，这就导致了法律和道德的冲突。在制定唐律时，为了避免这个问题，统治者并没有明确规定这类案件的处理方式。他们不是不愿意写，而是实在不知道该如何处理。如果法律不允许人们复仇，那可能会违背儒家的道德原则；而如果法律允许复仇，那么将可能导致人们随意杀人，社会陷入混乱。因此，立法者将这些问题留给皇帝来解决。一旦官员遇到复仇杀人案而无法判决的，就由皇帝审判，如果皇帝无法独自决定，就会召集百官一起商议。

在之前唐玄宗统治年间，有一对姓张的兄弟为父报仇而杀人。唐玄宗认为，如果不依法严惩这种行为，将导致人们纷纷效仿，形成冤冤相报的恶性循环，社会将不得安宁。因此，唐玄宗判处了张氏兄弟死刑。

现在回到唐宪宗时期的这个案子，就在大家不知所措时，一个人们非常熟悉的人站了出来，他就是语文课本里经常出现的韩愈。他说，这个人选择了自首，说明他视死如归，大义凛然，我们就免除了他的死罪，处以流刑和杖刑。唐宪宗采纳了韩愈的建议，并没有处死这个人。《旧唐书》和《新唐书》的《刑法志》均对该案例有记载。

119

那么，唐玄宗年间的这起复仇杀人案的具体经过是怎样的呢？据《旧唐书》和《新唐书》的《孝友传》，在开元十九年（731年），嶲州（今四川西昌一带）都督张审素被人举报贪赃枉法。朝廷立刻派监察御史杨汪来审理此案，杨汪在前去的路上突然被一伙人劫持。这些人是张审素的下属，他们当着杨汪的面把举报人杀死，并且威胁他向皇上求情给张审素免罪。后来，杨汪被人救出，逃回京城后向皇帝上奏张审素要谋反。最终张家满门抄斩，张审素的两个儿子因为年幼被免除一死，被处流放。不久之后，张氏兄弟俩找到机会逃了出去，藏匿于别人家中。开元二十三年（735年），兄弟俩来到洛阳，刺杀了杨汪。刺杀时他们还带了一封书信，上面全是给父亲申冤的内容。

这起案件如果走正常的法律程序，那兄弟俩肯定是要被判处死刑的。不过，有人持不同的意见，觉得这一对孩子年幼，他们行凶的目的是为父报仇，非常孝顺，应当宽恕。但这时李林甫站出来说，如果宽恕了他们就会破坏国法。最终，这对兄弟被处死。

《旧唐书》和《新唐书》的《王彦威传》记载了一个案例，这名罪犯也非常有孝心，最后被免除一死。此人叫上官兴，他在酒后杀人后逃跑，官府抓不住他，只好将其父亲逮捕入狱。上官兴得知消息后，一心救父，便主动前往官府自首。最终在大臣们的建议下，皇帝判处上官兴流刑。

将这些案例放在现在来看，显然十分荒唐。然而，古人非常注重儒学，他们断案时十分关注凶手的动机，因此便有了汉朝的《春秋》决狱，上述案例正是《春秋》决狱这一制度的延续。

唐朝的法律，也有针对外国人的规定

唐朝时期，由于国力强盛，首都长安成为国际大都市，国际贸易发达，当时有许多外国人前来长安求学、经商、传道甚至做官。而当外国人犯罪时，唐朝统治者需要妥善地处理。让我们穿越回当时繁华的长安，体验当时的官员如何处理

第四章 | 隋唐：局势多变，法制易受政治影响

外国人的事务。

穿越后，你成为一名官员。在朝堂上，你面对的是两个来自日本的商人。这两个日本人做生意时产生口角，最后大打出手，你马上在唐朝的法律中查找关于打架斗殴的惩罚规定。

你的下属对你在唐朝法律中找对日本人的惩罚规定感到疑惑，一位官吏走向你，小声地说："大人，这里虽是大唐，但是两个日本人犯罪，不应该用他们日本的法律来处理吗？"你意识到自己对此并不了解，就同意了他的观点，便顺着他的话头说："对对对，是我一时糊涂了。"然后你收起了唐朝法律，用日本的法律来处理这件事。

回到家后，你仔细研究了唐朝的法律条款，发现如果两个同一国家的外国人在中国起了冲突，应该按照他们本国的法律来处理。看来多亏了那位属吏提醒，否则你可能会酿成大错。

第二天，你又接到了一个案子。这次是两个外国人因商业纠纷而发生了争执，其中一个是日本人，另一个是高丽人。这让你感到不知所措，于是你偷偷地靠近昨天提醒你的那位属吏，小声地问他："一个是日本人，一个是高丽人，我应该用日本法律还是用高丽法律来判决这件事？"听到你的话后，这位属吏比昨天更疑惑了。他对你说："您是不是最近太劳累了？昨天的情况不该用唐律，今天的情况应当用唐律，您却不知道该用哪国的刑罚。"你感到很困惑，为什么同样的情况，只是当事人从一个日本人换成了一个高丽人，就要使用唐律了？

于是，你按照唐律处理了这件事，然后回去查阅了唐朝的相关规定。看完之后，你终于明白了。唐朝的法律规定是：如果双方有一方是中国人，或者两个当事人都是外国人但来自不同国家，那么就按照唐朝的法律进行审判。正如《唐律疏议·名例律》所说："诸化外人，同类自相犯者，各依本俗法；异类相犯者，以法律论。"

不仅仅只有宋朝和清朝丧权辱国，唐朝后期也很窝囊

在很多人的心目中，唐朝是中国古代最强大的王朝，兵强马壮，四海臣服。而一提到丧权辱国的朝代，大家都会想到以金钱换和平的宋朝和被西方列强欺负的清朝。鲜为人知的是，唐朝到了后期也很窝囊，窝囊到连法律都无法惩罚那些横行霸道的外国人。

安史之乱后，唐朝的国力一落千丈，很多时候都无法依靠自己的军队平乱，只能向回纥借兵。这样的政策也导致了大量的回纥人进入中原，而这些回纥人来了之后并不安分守己，经常横行霸道、胡作非为。

大历七年（772年），有一个回纥使者抢掠当地百姓之女，百姓无奈之下只能报官，官府立刻派人前来制止，没想到那个回纥使者立即殴打了阻拦的官差。很快这就演变成了大规模的冲突，回纥使者叫来了300个回纥骑兵，在长安城内横冲直撞，长安城的守军也拿他们无可奈何。无奈之下，皇帝只好派出使臣和回纥方面商谈赔偿，还说了很多好话，回纥人才肯善罢甘休。此时的唐朝已经不是当年那个盛唐，唐朝法律中针对外国人的法律已经很难实施了。皇帝在面对咄咄逼人的回纥人时，只能忍气吞声。

就在这一年的七月，有一个县令骑着马走在大街上，遇到了回纥人。回纥人看见县令骑着一匹好马，就向他索要。县令不愿交出好马，但是他又知道回纥人的德性，想着惹不起还躲不起，于是快马加鞭想逃之夭夭。不想这回纥人在后面紧追不舍，最终追上了县令，他无奈之下只好交出好马。

随着皇帝的妥协，回纥人变得越来越猖狂。两年后，有一个回纥人在光天化日之下杀死了一个平民，官府马上将他捉拿归案。但皇帝不敢将这个回纥人怎么样，最终将此人无罪释放。兴元元年（784年），发生了一件更过分的事。有一天，一个回纥人杀死了一个唐朝人，而且手段非常残忍。官府立即捉拿了这个回纥人，并且关进了监狱。不久，一个回纥酋长大摇大摆地进了监狱，将那个回纥人救走，还砍伤了监狱里的狱卒。这次皇帝同样赦免了这两个回纥人。以上这些

案例均出自《旧唐书·回纥传》和《新唐书·回纥传》。

我们之前提到过，如果争端的双方同属一个国家，在运用法律的时候应选择他们母国的法律，而如果双方属于不同的国家，则适用唐律。在这些案例中，几次争端都是回纥人加害唐朝人，应该适用唐律。回纥人抢掠百姓之女，至少应被判处徒刑三年。回纥人不顾禁令，依势闯入，明显违反了法律。双方互相殴斗中，如果一方杀死另一方，犯罪者应被处以绞刑；如果使用兵刃杀人，则应被处以斩刑；即使是因为双方互相殴斗，但一方用兵器致人死亡的，也应被处以斩刑。在这一系列案件中，回纥人都是持刀砍人致死，应当被判处斩刑。但是，回纥人多次犯罪，大唐王朝一直未能依法处置，可见此时的唐朝已经衰落，唐朝的法律无法约束这些胡作非为的回纥人。

由此可见，弱国无外交，清朝是这样，宋朝是这样，唐朝也是这样。

唐朝离婚也有很多规定

唐德宗时期有一位官员，名叫房孺复，出身名门，为宰相房琯之子。妻子生病去世后，他娶了第二任妻子崔氏。崔氏是台州刺史的女儿，人品极差，她禁止她的奴婢打扮。有一名新来的奴婢不了解规定，打扮得漂亮，结果遭到了崔氏的残忍对待。

一天，崔氏命人杖杀了两个奴婢，并将尸体埋在雪中。官府接获此事后，立即进行调查，证实事情属实。最后崔氏被判了一年徒刑，房孺复也因此被降职。法官认为崔氏的行为触犯了古代休妻的七种理由之一，于是判处二人离婚。该案例出自《旧唐书》《新唐书》房孺复本传。

这起案件反映出古代法律的不公平，尤其是体现在主人和奴婢的关系上。此案中主人杀了奴婢，主人没有被判死刑，只被判了一年徒刑；然而，如果奴婢伤害到主人，他们就会被判死刑。在这个案件中，两个奴婢丢了性命，但罪魁祸首崔氏却只被判徒刑一年，这无疑让那些奴婢死不瞑目。

此外，此案也让我们了解到当时关于离婚的法律。在唐朝，离婚并非易事，需要官府判决。只有在一种情况下，丈夫可以无需官府判决就可自主离婚，那就是妻子犯了"七出"中的恶行。"七出"之罪包括生不出孩子、淫逸、不事公婆、盗窃、妒忌、患有恶疾、言语争吵。而有三种情况，丈夫是不能离婚的，那就是女方为公婆服丧了三年的、男方娶妻时贫贱但后来飞黄腾达的、如果离婚女方就无家可归的。

离婚、再婚相对自由

唐朝对于离婚有许多限制。不过，如果夫妻双方属自愿离婚，这种情况基本是被允许的。离婚后，女子仍然可以再婚。

《新唐书·严挺之传》记载，开元盛世的末期，宰相张九龄非常器重大臣严挺之，但他性格刚直，经常得罪副相李林甫，李林甫便对他怀恨在心。

后来，由于与妻子的感情不和，严挺之选择了离婚。离婚后，妻子嫁给了蔚州刺史王元琰，但不久后王元琰因贪污被捕。可能是因为对前妻的感情，严挺之想救王元琰，便送礼疏通关系。

这件事被李林甫知道后，他就向唐玄宗举报了严挺之。张九龄出面为严挺之求情，他说严挺之已与前妻离婚，不可能和娶了前妻的王元琰有私情。然而，此时的唐玄宗年岁已高，不再像年轻时那么明察秋毫，反而认定张九龄和严挺之是朋党。最终王元琰被流放，张九龄和严挺之被降职。这起案件也是唐玄宗统治后期政治腐败的一个缩影，开元盛世逐渐远去。

从这个案件中我们看到，唐朝时期，离婚和再婚相对自由，女子受到的束缚较少。另外，官员坐赃和因私请托都是犯法的，而严挺之是官员，可以以官抵罪。唐朝后期之所以政治腐败，很大程度上是因为朋党之争非常严重。很快，统治者意识到不能放纵这样的行为，立即严令禁止。虽然法律中没有明确给朋党定罪的条文，但是皇帝仍然可以以此对两人定罪。这起案子中张九龄和严挺之走得

第四章 | 隋唐：局势多变，法制易受政治影响

非常近，很容易被怀疑成朋党关系。

盗贼抓不完，就用巧办法

唐朝末年，社会动荡不安。在四川的某些地区，盗贼非常猖獗，对百姓的生活造成了严重影响。当地的官府和军队却无力应对。

《资治通鉴》卷二百五十三记载，崔安潜于唐僖宗乾符五年（878年）调任剑南西川节度使，掌管巴蜀地区的军政大权。他的做法与众不同，面对着严重的盗贼问题，一直不安排抓捕。时间一长，手下的人开始疑惑，问他原因，他说："对待众多盗贼，不能一个个都抓起来。"如果他大力搜捕，只是治标不治本。面对这种情况，崔安潜想出了一个高明的策略。他贴出告示宣布，如果有人能抓住盗贼，就能获得丰厚的奖赏。如果曾经当过盗贼的人举报同伙，不仅可以免除罪行，也可以获得奖赏。

一开始，很多人觉得这个办法太简单，不会有什么效果。然而很快，这则告示在盗贼中引起了巨大的震动。因为在盗贼内部，他们可以通过举报同伙来免除自己的罪行，为了避免被别人先下手为强，很多盗贼选择逃离了当地。很快，当地的盗贼就全部消失了。

而在唐昭宗时期，还有一个清海军（辖今广东大部及海南）节度使刘崇龟智擒凶手的故事。当时，一位富家子弟把船停靠在广州城，看见一房屋门边站着个美丽的女子，两人一见钟情。富家子弟便走近对她说，自己晚上会来找她。女子听后，便同意了。到了晚上，那位女子专等富家子弟来赴约。不久，她听到有个人进了房间，当时她并未开灯，就扑上去抱住这个人。然而，这人并不是富家子弟，而是一个盗贼。这盗贼见状，误以为她是来抓自己，于是举刀将女子杀害并逃走了，在离开时将凶器留在了案发现场。之后，那富家子弟如约而来，却踏入血泊之中。当他发现女子死了后，仓皇情急之下飞快地跑回自己的船上。

死者的家人跟随血迹来到江边，发现痕迹是富家子弟留下的，立刻报官。他

很快就被逮捕，但在审问中，他否认自己杀了人。此案陷入僵局后，便交到了当地长官刘崇龟手中。刘崇龟想出一计，他对当地所有屠夫下令，说明天他要大摆宴席，所有屠夫都得前来帮忙。第二天，屠夫们到齐后，刘崇龟命令他们把屠刀留下，自己回去，明天来取刀。这天夜里，刘崇龟暗中将一把刀替换成了杀人凶器。到了第三天，所有屠夫都拿到了自己的刀，只有刀被换掉的屠夫没有找到自己的刀，他坚决声称剩下的那把刀也就是杀人凶器不是自己的。刘崇龟便问大家剩下的这把刀是谁的，这些屠夫中还真有认识的，就说是某某的。

刘崇龟立即派人去抓捕凶手，但凶手早已逃之夭夭。刘崇龟再出妙计，让一名死囚冒充富二代被处死，向百姓宣布杀害女子的凶手已受罚。真凶获悉后，如释重负地回了家，却被早有准备的捕快抓获。经过审问，案件终于真相大白。而那个富家子弟虽然洗清了冤屈，但是依然要被杖打40下。因为当时的法律规定，人们不得无缘无故地在黑夜里进入别人的家里，否则就会被杖打。

一起盗墓案，暴露了晚唐刑法的弊端

唐僖宗时期发生了一起盗墓案，官府一直未抓到犯人，上面又催促破案。终于，官府抓住了一个嫌疑人，将他关押、拷问了近一年，他却一直否认自己盗墓。最后，官吏严刑逼供，他终于承受不住，只能承认自己盗墓，还拿出了偷走的东西。官府发现这和墓中丢失的东西一模一样，人赃俱在，此人立刻就被判了死刑。

看到这里，这个案子的判决似乎是毋庸置疑的。然而在行刑那天，围观者中一个人站了出来，说自己才是盗墓的人，这个要被执行死刑的人是无辜的。他还拿出了偷走的东西，经查证和墓中丢失的东西一模一样，和之前那个人交出来的东西也一模一样。这是小说家也写不出来的剧情，当时的官员都百思不得其解。经过调查后，他们才发现原来一开始抓的那人确实是无辜的。他受不了严刑拷打，才让家里人仿造墓中丢失的宝物交给官府，只想求死不想再受皮肉之苦。最终，这个被冤枉的人被释放，自首者因救了此人一命还受到了奖赏，甚至被提拔为官吏，而逼供的官吏则受到了惩罚。

该案例出自《太平广记》卷一百六十八，暴露了晚唐刑法的弊端。在唐朝，盗墓是要被判死刑的，因为盗墓破坏了古代文物和历史遗迹，也侵犯了墓主的财产权。而且，唐朝规定，拷问不得超过三次，两次之间需要间隔二十天以上，杖打不能超过两百下。如果拷问满三次或者两百下，犯人仍然不认罪就必须释放。而在这起案件中，官吏显然没有按规矩办事，严刑逼供，屈打成招，形成了冤案。唐朝法律对官吏将无罪之人判成有罪的行为也有惩罚，按其所判之罪减三等处罚。盗墓是死罪，减三等便是流放，最终这个官吏被依法处置。另外，罪犯自首只能减轻刑罚，而这起案件中真正的盗墓贼不仅最后没有受到惩罚，反而还得到了提拔和奖赏，这也是不符合规定的。

由此可见，虽然唐朝的执法者为了减少冤案的发生，对刑讯逼供设了很多限制。但是就和秦朝末年一样，社会的动荡和政治的腐败使得很多执法者没有按照法律办事，他们为了能早日向上级交差就私自严刑拷打犯人，最终造成了冤案。

唐朝司法有弊端

唐朝的法律是有不少弊端的。首先，人治多变数，盛世在人不在法。

《资治通鉴》卷一百九十二记载："上以选人多冒荫，敕令自首，不首者死。未几，有诈冒事觉者，上欲杀之，戴胄谏曰：'据法应流'。上怒曰：'卿欲守法而使朕失信乎？'对曰：'敕者，出于一时之喜怒；法者，国家所以布大信于天下也。陛下忿选人之多诈，故欲杀之，而既知其不可，复断之以法，此乃忿小忿而存大信也。'上曰：'卿能执法，朕复何忧？'"这段对话的大意是：贞观元年（627年）正月，"朝廷盛开选举"，大力选拔人才。一些人趁机谎报自己是功臣后代或祖上为高官来骗取恩荫资格，李世民知道后，下令他们自首，否则，以后查出来要被判处死刑。不久，一个人伪造家世被发现了，李世民想把他杀掉。大理寺少卿戴胄上奏说:"根据法律应该判这个人流放。"李世民非常愤怒,说道:"你想遵守法律而令我失去威信吗?"戴胄回答:"陛下说出的话,只是当时凭喜怒,而法律,是国家用来在天下黎民面前树立威信的。陛下一时发怒,想杀死他,但是不能这样,应该交由法律处理,这正是忍耐小的愤怒而保持威信。"

可见,即便是唐太宗这样贤明的君主也不免因一时的个人喜怒而以言废法,其他的统治者就更不用多说了,幸好太宗身边有戴胄、魏徵这样的谏臣扶正他。不过,戴胄、魏徵之流就能保证一切事皆断于法吗?怕是不能。古代皇帝是至高无上的存在,皇帝可以影响案件的判罚。明朝的张居正肯定了这件事中的"君明臣直,两得之矣。"但张居正也说连法都是皇帝制定的,皇帝下的命令怎么就不能当作临时的法令呢?由此可见,将皇帝的临时决定当作法律来奉行在古代被认为是一种理所当然,这何以保证法的稳定性呢?遇到贤君明主则有盛世,碰上那些昏君则可能颠覆统治,涂炭生灵。可以看出,人治中人的作用之大,同罪异刑、同罪异判是免不了的了。

其次,人治并不公平,对于不同阶层的人,执法者会区别对待。

韩愈把人性分为上中下三品,对待贱民,要使其"畏危而寡罪",也就是用刑法来统治,使人们畏惧而少犯罪,即"以刑止刑",这种思想在唐律中多有体现。而且,据《唐律疏议》中的规定,贵族、官吏犯罪可以通过议请、减、免、赎、官当(通过夺其爵位、除名籍和免官来抵罪)等各种方式免除减轻刑罚。这赤裸裸地暴露了封建社会的特权等级思想,与我们今天提倡的法律面前人人平等的思想是背道而驰的。此外,唐朝的法律制度最终是以维护其封建统治为目的的,所以它严格地遵循封建伦理规则,这是人治的根本,也是人治落后的本质原因。

综上所述,即使是强盛的唐朝,到了中后期,刑法也不可避免地暴露出了很多弊端。由此可见,刑法和政治是分不开的,安史之乱后唐朝的国力每况愈下,刑法的制定和执行出现了很多乱象。

第四章 | 隋唐：局势多变，法制易受政治影响

完成制度化的唐朝法医学

唐朝的法医学已经对致伤因素做了区分，并且能用银针验毒

中国古代的法医学在唐朝实现了制度化，在《唐律》中有明确的界定范围。唐朝的司法检验分为活体检验、尸体检验和物证检验。不过，《唐律》中并没有单独的篇章来描述这些内容，而是错杂地体现在每一篇中。因为在当时人们的心中，司法检验只是审判和侦查的一部分，由破案的官员在断案时执行，所以将司法检验附在法律条文之中更方便官员寻找。

《唐律》把人体致伤因素分成了三种，分别是手足、他物和兵刃。其中，手足指的是用身体的某个部位将别人打伤，比如拳打脚踢。他物指的是用兵刃之外的工具使人受伤。而兵刃指的是用金属工具伤人，无论工具的大小，只要能用来杀人的都算。这是世界上第一次在法律中将受伤区分为钝器损伤和锐器损伤，而且区分的方式非常科学。用兵刃伤人在判刑时要加重刑罚，这和秦朝时用针伤人要加重刑罚一样。唐朝对于"伤"这个字也有了明确的定义，见血即为"伤"。也就是说，人在受伤后有血液流出或者出现肉眼可见的皮下出血，就叫"伤"，这个法律定义被沿用了七百多年。

在唐朝，如果几个人群殴一个人，判刑程度并不一样。如果只是将人打伤，下手最重的人就是重罪，而主谋降一等，其余的人再降一等。如果将人打死，那

么就需要通过法医检验，查出死因是由谁造成的，谁就是重罪，其余的人降二等。比如，殴打某人时张三打了此人的头，李四打了此人的手臂，王五打了此人的腿，最后的法医鉴定结果是死者死于头部重伤，那么死因就是张三造成的，因此在判决时张三是重罪，李四和王五则在张三罪行的基础上降二等。这样的案子就需要依靠法医进行正确的判断，因此促进了当时法医学的发展。

《唐律》中对用毒药杀人也有相关的处理方法。唐朝人用银针验毒，将银针插入食物，如果银针变黑就说明有毒，如果银针未变色就说明无毒，这是世界上最早的毒药检验方法。在唐朝，制作和贩卖毒药是非常严重的罪行。如果出现给别人下毒的案件，卖药的人会被判处死刑，买药的人会被判处流刑，而使用某些毒药构成杀人案的，卖药的和买药的都会被处死。而且，当时的法律对于不同毒药的种类和范围有着不同的规定。

唐朝人也非常重视食品安全。古代没有冰箱，肉类不好保存，非常容易变质。有些人心怀鬼胎，把变质的肉干给别人吃。因此，《唐律》规定如果有变质的肉干，需要迅速焚烧，违者要被杖打90下。如果故意送给别人或者卖给别人吃导致对方生病的，犯人需要判处一年徒刑。如果因此致人于死，犯人要被判处绞刑。如果过期的肉干没有及时处理，被不知情的人吃下去最终致死的，犯人会被判处过失杀人罪。

此外，《唐律》对于强奸也有相关的规定。如果是男女双方通奸，两人都会被判处一年半的徒刑，如果当中有人已经有了配偶，那么就会判两年。如果是强奸，犯罪者会被判处两年的徒刑，如果给被害人造成严重损伤的会加罪。

另外，在唐朝，即使是夫妻俩，也不是随时都可以生孩子的。按规定，如果父母死亡，子女需要守孝三年。在这期间，夫妻是不能生孩子的，不然会被认为不孝。不过，如果是在父母死亡前怀孕的，并不违法。法律规定的时间是从父母死后10个月开始算，往后数27个月，这27个月内夫妻俩是不能生孩子的，这27个月和之前的10个月加起来刚好超过三年。当时，违反这条规定的处理方式是"居父母丧，生子，徒一年"，也就是会被判处一年的徒刑。

《唐律》对于殴打孕妇也有相关规定,"堕人胎,徒二年",即如果殴打孕妇造成对方流产,会被判两年的徒刑。当然这条制度是和保辜制度(下文有详述)挂钩的,如果是在官府视伤情轻重定下的期限内对方流产的,就会被判造成对方流产的罪名;如果不是在这期限内流产的,打人者只会被判打人的罪。

《西游记》的剧情并不是信口开河,唐朝庸医医死人不需要偿命

《西游记》第68回有这样一段情节,师徒四人来到朱紫国,碰巧遇到国王求医。孙悟空立刻毛遂自荐,揭下了皇榜打算为国王治病。唐僧担心孙悟空这样的举动会给他们招来麻烦,就责备孙悟空,孙悟空便反驳说,就算把国王医死了,顶多就是个庸医医死人的罪名,罪不至死。那么在唐朝,庸医医死人真的不需要偿命吗?

在古代,能够读书上学有文化的人比较少,很多人都是文盲,于是就有不少人冒充医者骗钱,造成了很多庸医医死人的案例。另外,古代的医学水平有限,即使是真正的学医之人,造成医疗事故的比例也不低。那么,当时的法律对于医疗事故是怎么规定的呢?

据《唐律·诈伪》记载:"诸医违方诈疗病,而取财物者,以盗论。"意思就是如果有庸医以治病的名义骗取财物,并且没有按照药方正确地开药,就按盗窃罪论处。《唐律·杂律》中记载:"诸医为人合药及题疏、针刺,误不如本方,杀人者,徒二年半。其故不如本方,杀伤人者,以故杀伤论;虽不伤人,杖六十。"这里把医者没有按药方开药分成了两种动机,一种是故意的,一种是不小心的。如果是医者为了骗钱,就按盗窃罪论处。如果是医术不精或者粗心大意,导致配药出现失误的,就要被判处两年半的徒刑。当然,孙悟空所说的医者不会被处死并不是针对所有的情况,如果是医者故意开错药方想害死病人的,那么就相当于谋杀,会被判处故意杀人的罪名,这种情况下医者有可能会被判死刑,就算没有伤人的,也会被杖打60下。

不过，如果是给皇帝治病就另当别论了，皇帝毕竟是九五至尊，如果给皇帝开错药，那就是件惊天动地的大事了。按照规定，医者如果给皇帝配错药方，会被判处绞刑；对于各种草药选择不精的，会判处一年的徒刑。如果这些配错的药或不好的药还没有给皇帝服用，医者的罪行会降一等。另外，皇帝吃药时还有官员在旁边监督整个过程，如果这过程中有出错，这个官员也会受到惩罚。因此，在古代如果想当御医，必须要有出类拔萃的医术，不能出现任何差错，否则就会遭遇牢狱之灾或者杀身之祸。

由此可见，在古代，只要不是故意开错药方谋害病人这种极端案例，大多数情况下，医者把病人医死了，不需要偿命，即使是庸医想骗钱也罪不至死。但是死罪可免，活罪难逃，医者在造成医疗事故后会受到严厉惩罚，这也保护了病人的利益。

唐朝物证检验也提升到了新高度

到唐朝，物证检验发展到了一个新高度。在武则天执政年间，她鼓励官员之间互相检举揭发，出现了很多诬陷别人的案例。唐人张鷟《朝野佥载》卷五载，湖州佐吏江琛想陷害湖州刺史裴光，就把他平日审理案件时在判决书上写的字剪下来，组合、粘贴成了一篇新文章，然后就说这是他与徐敬业串通反叛的往来书信。徐敬业为开国功臣徐世勣之孙，袭封英国公，忠于李唐王室，于光宅元年（684年）起兵反抗武则天而被杀。这种情况下，一旦裴光的谋反罪名成立，必定难逃一死。

武则天派人去审理这个案件，审案的官员发现，虽然字迹是裴光的，但是组合起来的语句并不像裴光平日写文章的风格，认为这其中有蹊跷。因此，武则天一连派的几个人都无法对这个案件作出决断。最后大家都推荐秋官尚书即刑部尚书张楚金，说他明察秋毫，善断疑案。不过，张楚金刚接手这个案子时也是一筹莫展，日子一天天过去。这天，张楚金对着阳光反复观察这张纸，发现纸上的字很像是剪了之后拼起来的。他马上取了一盆水来，把纸放到水里，经过长时间的浸泡，那些拼凑在一起的字慢慢散开。这下裴光总算是洗清了嫌疑，而陷害他的江琛被武则天依照诬告反坐之法，以谋反罪判处死刑。

我们可以看到，唐朝人已经能用书信作物证了。另外，指掌纹在唐朝也已经普及了，签订文书和契约都以掌纹为信。

唐朝已有保辜制度

在唐朝，法律中已经有了针对欺诈作的刑罚。据《唐律·诈病》记载："如不做诚实检验，将受到刑事处分：诸诈病及死、伤受使检验不实者，各依所欺减一等；若实病、死及伤不以实验者，以故入人罪论。"大意是：唐朝的法律要求医者要做出公平公正的检验，防止出现检验结果不真实的情况。如果是被检验的人装病，或者诈伤、诈死，他就会受到严格的惩罚。如果是负责检验的医者作假，那么医者就会受到惩罚。

在唐朝，保辜制度也被写进了法律。《唐律》中规定："诸保辜者，手足殴伤人限十日，以他物殴伤人者二十日，以刃及汤火伤人者三十日，折跌肢体及破骨者五十日。限内死者，各依杀人论；其在限外及虽在限内，以他故死者，各依本殴伤法。"保辜制度在汉魏时期就出现了，古代的医疗和诊断水平有限，有一些伤人事件中的受害者并没有立即死亡，因此人们往往不能准确地判断死者的死因是否和之前受的伤有直接关系。为了能够做出正确的判决，伤者受伤后会被送到官府检验，官府确定伤情后限定一个期限，如果伤者在期限内死亡，就说明他的死亡与伤情有关，如果是在限期外死亡，就说明和伤情无关。

从《唐律》中的这条法律我们能看到，以手足打伤人的期限是10天，用物品打伤人的期限是20天，用刀刃、热水、火伤人的期限是30天，如果受害者肢体受到严重的损害，期限是50天。

这项制度在如今的我们看来就只是一句话，但在当时要制定这条制度是非常困难的，并且要有实践精神，因为这个制度要以丰富的检验经验和医学知识为基础，需要在长期的实践中探索。而法医的检验需要以事实为依据，毕竟死者的死因和伤情有没有关系需要一个明确的答案。

《旧唐书·裴潾传》记载的案子就和保辜制度有关。唐穆宗在位期间（821—824年），长安城内去职官吏曲元衡用棍棒把平民柏公成的母亲打死了。为了躲避官府的追究，他给了柏公成一大笔钱，柏公成也同意隐瞒他母亲的死讯，不将此事报告给官府。但是好事不出门，坏事行千里，最后官府知道了这件事。很快，官府就立案了，但经审讯后发现，死者是在对应的保辜期限外去世的。而且，曲元衡的父亲在朝廷当中当官，可受其父官阶荫护，便让凶手花钱赎罪。而柏公成因隐瞒了母亲的死讯，本来也是有罪的，但刚好赶上大赦就幸免了。此案存在明显偏袒凶手的倾向，后经刑部郎中裴潾力争，唐穆宗下令将曲元衡杖60下并流放，柏公成以不孝之罪处死。

总之，唐朝的法医学具有承上启下的意义，在前朝的基础上完成了制度化，并且一直被后世逐步完善。

第四章 | 隋唐：局势多变，法制易受政治影响

弹劾、监察、检举箱，唐朝成了全员间谍的时代

在唐朝，御史台能够监督百官

唐朝的侦查制度是在秦汉制度的基础上建立的。其中，弹劾制度最能体现唐朝统治者的法制理念。这项制度在维持国家秩序方面发挥了积极的作用，在权力制衡方面起到了重要作用。

御史台的行政长官包括御史大夫，负责监察官员，监督范围从中央的官员到地方的官僚。御史台一旦发现官员有违法之处，就可以立即弹劾。唐朝史料中记载了官员犯罪信息来源的两种方式，一种是由御史台官员自行发现，另一种是由受害者向御史台官员报案。可见，在唐朝，老百姓可以举报官员犯罪。

然而，安史之乱后，唐朝的朝政非常不稳定，御史台的职权范围逐渐模糊。中晚唐时期，由于宦官专权，御史台和弹劾制度遭受重创。御史台对官员犯罪的监察效力削弱，吏部的人事安排也受到影响。尽管如此，唐朝御史台作为一个独立的监察机构，在君主的授权下行使权力，这也避免了宰相对御史台的干预。

为了巩固统治，武则天把所有人打造成间谍

武则天称帝后，弹劾制度在原来的基础上又有新发展。由于武则天取代的是

135

李唐江山，且为女子登基，所以自始至终都有此起彼伏的反对声。一些人表面上忠于她，实际上口是心非。为了找出这些暗地里反对自己的人，武则天推行告密制度，鼓励官员向她告密、检举、揭发，这也是一种检举箱制度。

武则天的这个做法让每个人都成为间谍，以至于有人认为她是间谍组织的创始人。她在朝廷内设了一个铜箱子，供告密者投信。当时有一段时间，人们为了升官发财热衷于告密。

破案有了新方法，派人跟踪窃听

看到这里，大家可能对弹劾制度感到疑惑，难道不怕有人诬告吗？不用担心，唐朝有秘密监察的手段，例如派出线人、跟踪和秘密窃听。这些制度在唐太宗时期就已经制定，到了武则天时期更是普遍施行。

《朝野佥载》卷四记载，唐太宗时期曾发生一起杀人案。官吏将所有嫌疑人集合在一起盘问，事后他单独留下一个老太太，让其他人都回去。他在傍晚时才让老太太回去，并安排人暗中跟踪。此计收效甚佳，在老太太回去的路上，有一个男子拦下她，询问审案情况。紧接着，暗中监视的人就紧紧跟随着这个男子，发现连续三天他都向老太太询问案情。最终，官府将这个男子捉拿归案，审讯后得知他便是杀人凶手。

同书卷五还记载了唐太宗时期的一个案例，涉案人是李忠和他的继母。两人因涉嫌通奸被县令逮捕，在审讯过程中两人都坚决否认。县令无奈之下，将屋内的其他官吏全部支走，只留下二人。两人见室内无人，开始串供，商量如何应对接下来的盘问。然而，他们未察觉床底下藏有一人在暗中监听。就这样，他们的罪行被揭露了。

唐朝的侦查制度起到了承上启下的作用，此后，如宋朝的谲术、明朝的锦衣卫等多是建立在唐朝侦查制度的基础上。

第四章 | 隋唐：局势多变，法制易受政治影响

五代十国，武将掌权，多用重刑

当武将成为刑法的制定者，通常会选择重刑

唐朝灭亡后，中国进入五代十国时期，战乱频仍，民不聊生。这段时期的刑法是非常残酷的，一些酷刑甚至骇人听闻。

五代十国时期的刑法残酷，原因可追溯到唐末乱局。

安史之乱使唐朝的统治陷入严重危机，为平定叛乱，唐朝不得不将权力下放给地方藩镇。虽然此举帮他们平定了安史之乱，但导致了后来的藩镇割据。地方上的势力拥兵自重，甚至敢与中央对抗。黄巢起义的爆发后，曾经辉煌一时的唐朝国势渐衰，终被朱温所灭。朱温灭唐之后，建立了后梁，标志着五代十国的开始。

五代十国的统治者大多为武将出身，这些长期征战沙场、习惯以杀戮掌控权力的武将在制定刑法时，自然不会将人命和人权放在首位。而且，部分武将缺乏对中国传统文化的深刻理解，在制定法律时并不体恤人民。这些武将的观念较为简单，即通过严刑峻法来威慑人民，令所有人都不敢反抗。

然而，严刑峻法并未帮助他们实现期望中的政权长期稳定。短短54年中就有14位皇帝更迭。直到宋朝建立后才结束了这个乱世。

这一时期的每个政权存续时间较短，来不及制定全新的刑法系统，因此这些

朝代大都沿用唐律，同时会颁布新的法规。唯独后汉政权因存在不足四年，且忙于征战，没来得及编撰法规。

在五代十国，包括刺字、断足在内的肉刑被不少统治者恢复。对于偷东西的盗贼，官府会用乱棍击打，甚至会直接将人打死。更有以杀人多为政绩者，导致了很多人无辜冤死。在后汉，卖一寸牛皮都会被判死刑。

在唐末农民起义军当中，有不少起义军领袖是贩卖私盐出身的。或许是为了防止这类情况再次出现，后汉和后周对贩卖私盐的打击很大，盐贩子很容易就被处死。

五代第一明君，终结了严刑峻法，却给宋朝做了嫁衣

要说中国历史上谁最以差点儿就一统天下而抱憾，周世宗柴荣一定会榜上有名。和其他几个与一统天下擦肩而过的人比起来，如苻坚、宇文邕等人，柴荣可以说是最遗憾的那个。因为苻坚没能一统天下，主要是因为在关键节点做出了错误的选择，最终葬送了自己。而柴荣与宇文邕一样，是因为自己寿命不足，自己的孩子又缺乏能力，最终成全了宋太祖赵匡胤。他之所以能差点儿一统天下，不仅仅是因为他会打仗，还在于会治理国家。当时的刑法经过前面几代统治者的随意操弄后已经彻底走样了，柴荣亲手终结了严刑峻法。

柴荣施行仁政，剥夺了官员随意处死犯人的权力，废除了一些酷刑。柴荣规定，监狱要给犯人足够多的关怀，命人定期打扫监狱，保持卫生，让犯人有衣有食，犯人生病了要给予治疗并且允许探望，如果官吏私自杀死犯人要被斩首。对于那些鱼肉百姓的贪官污吏，柴荣更是毫不手软。一些官员以公干的名义游山玩水，被柴荣贬官。

柴荣在位期间，励精图治，统一北方，揭开了一统天下的序幕。然而完成这一切的不是他的子孙，而是曾一起打天下的兄弟赵匡胤。

第五章
宋朝：文官政治下的法制，利弊皆有

文人变成立法者的后果是腐败增多了

和武将比起来,文人没那么残忍,就有了刺配法

960年,后周名将赵匡胤发动陈桥兵变,登基称帝,改元建隆,从此开始了宋朝三百多年的历史。

赵匡胤是武将出身,通过武将干政的手段篡位称帝,所以他非常清楚武将干政的危害性。从安史之乱一直到五代十国时期,武将干政让辉煌的大唐王朝灭亡,还导致五代十国的政权频繁更替。为了防止这些悲剧重演,赵匡胤杯酒释兵权,压制武将,大幅提升文人的地位。因此,宋朝避免了武将干政的情况,在文官的辅佐下,经济文化科技都得到了较好的发展。也正是由于文官主持朝政,宋朝的刑法发生了翻天覆地的变化。

五代十国期间,武将出身的统治者大肆使用严刑峻法,发明了很多骇人听闻的酷刑,让百姓苦不堪言。到了宋朝,立法者从武将变成了文人,一改之前的残酷局面。宋朝统治者立法非常简要,对待臣子和百姓怀有怜悯之心。

不过,死罪可免,活罪难逃。宋太祖赵匡胤新设了"折杖法",以之取代之前的流刑、徒刑和笞刑。在《水浒传》中,柴进等好汉就曾受过折杖。《水浒传》中还出现了刺配法,林冲、武松、宋江都有这样的经历。北宋初期减轻了刑罚,之前的五刑体系只剩下杖刑和死刑,刑法等级严重失调,于是就诞生了刺配

法。其中，"刺"是指在脸上刺字，"配"是指押送到指定场所服役。北宋著名将领狄青早年曾因犯事而被脸上刺字，导致他在成名后一直被其他文官看不起。

然而，并不是所有五代时期的酷刑都被废除，凌迟被保留了下来，还作为法定刑罚。而在五代时期，凌迟是作为法外刑使用的。

文官犯罪可以减刑，盗贼会被严惩

宋朝还有一种刑法叫"编管刑"，就是把罪犯编入外地户口，进行监督管制，限制其人身自由。这种刑法主要针对那些身居朝廷要职却犯了重罪的大臣。据说宋太祖在立国之初就曾定下祖训，不能杀害士大夫，所以后来的皇帝常用这种方式来制约文人。

宋太祖的这条祖训存在着很大的弊端，对文官的保护太过了，甚至文官在犯罪后也能得到减免，这无疑助长了腐败。北宋前期，宋太祖和宋太宗从严治理贪官，经常处死贪赃枉法的官员，但到了后期，贪官污吏的罪行往往被宽恕。

当然，宋朝的刑法并不是对所有的罪行都宽仁以待，对于盗贼仍坚持严厉的惩罚。宋仁宗设立了"重地法"，将几个地区列为重地法区域，在这几个地区内的盗贼会受到更重的刑罚。随着社会的矛盾加剧，重地法划定的区域越来越多。而且，即使不是重地法划的区域，统治者仍可单独制定打击盗贼的法律。

宋朝的刑法是在前朝刑法的基础上建立的，依然沿用包括十恶不赦、累犯加重、自首减免以及区分故意和过失等规定。由于宋朝文化繁荣，这一时期出现了很多刑侦学相关的著作，例如宋慈的《洗冤集录》、郑克的《折狱龟鉴》，这些著作对古代刑侦学做了很好的归纳。甚至有日本学者指出，中国古代的法治在宋朝达到了巅峰。

《洗冤集录》——宋朝法医学之绝唱

宋朝法医学进入了成熟期

要说宋朝在刑侦方面最出色的成就，那一定是法医学。宋朝一直都被认为是中国古代法医学的成熟期，人们之所以会这么认为，很大程度上是因为宋慈所著的《洗冤集录》。

宋慈在序里说："遂博采近世所传诸书，自《内恕录》以下凡数家，会而粹之，厘而正之，增以己见，总为一编，名曰《洗冤集录》。"由此可见，在宋慈之前也出现过很多法医学著作，但由于年代久远和法医学在当时人们心中的地位不高，很多著作并未流传下来。实际上，《洗冤集录》也差点遭遇同样的命运。问世之后，《洗冤集录》被许多学者批注和重编，导致原版差点失传。最终，多亏清朝学者孙星衍将原版书重新出版，原本《洗冤集录》才得以重现于世。

宋慈在编撰这本书的过程中，将检验的法律条文和验尸的方法放在一起，让官员找起来非常方便。他的文笔非常好，既简练又条理清楚、重点分明，让读者一目了然。这让人们在选择刑侦资料时，都愿意选择《洗冤集录》。司马迁的《史记》曾被鲁迅赞为"史家之绝唱，无韵之离骚"，那宋慈的《洗冤集录》就可以算得上"法医学之绝唱"。和司马迁曾经当过官一样，宋慈也当过官，所以他在编写时，把检验方法和做官经验合在一起。这样的写作风格让官员们读起来极为晓畅明晰，后世的相关书籍也继承了这种风格。

从法医学的水平上看，这本书几乎涉及了当时法医学的各个方面，尽管存在很多局限，但在当时非常先进。《洗冤集录》的影响非常深远，以至于后来的元朝和明朝的法医学都没能在这本书的基础上更进一步，直到清朝中后期才再次迎来了高潮。

多亏了这本书，我们才能了解到宋朝法医学的全貌。

《洗冤集录》的具体内容

《洗冤集录》中有对尸斑的记载，古时候并没有尸斑这个词，但是古人已经意识到它的存在和分布特点："凡死人，项后、背上、两肋后、腰腿内、两臂上、两腿后、两腿肚子上下有微赤色。验是本人身死后，一向仰卧停泊，血脉坠下致有此微赤色，即不是别致他故身死。"其中，"血脉坠下"就是指尸斑。

在侦探小说和悬疑剧里，通过尸体腐烂的程度来推测死者的死亡时间是很常见的剧情。而就宋朝的《洗冤集录》可知，当时的法医已经能够比较准确地记录腐败的表征、过程以及影响条件。尸体腐败的过程如下：首先出现微青，接着口鼻会有汁水流出，然后生蛆，尸体开始膨胀，嘴唇翻起，双眼突出，出现疱疹，浑身皮肤开始变黑，最后皮肉开始腐烂，逐渐被消解，露出骨头。

《洗冤集录》中记录的影响尸体腐败的条件有很多。

首先，腐败的速度会受到季节影响，夏天尸体腐烂的速度是最快的，在夏天比春秋快了一两倍，比冬天快了4倍。用比例来表示尸体腐烂需要的天数则是——夏季∶春秋∶冬季=1∶2（或4）∶5。

其次，尸体腐败的速度也和死者的体质有关。例如，年轻肥胖者的尸体腐烂速度会快一些，而年老瘦弱者的尸体腐烂速度会相对慢一些。此外，一些孕妇的尸体在腐烂后，甚至会有胎儿掉出。因为尸体会膨胀，骨头会裂开，死者生前没能产下的胎儿在这时就会从体内掉出来。

另外，尸体在腐烂过程中还容易受到蛇虫鼠蚁的侵扰，会出现皮破无血的情况，皮肤破损处会有被啃食的痕迹。如果尸体是被狗咬的，咬痕会更大一些。《洗冤集录》中对尸斑和腐烂相关的记录比欧洲领先了几百年，欧洲在18世纪之后才有相关的记载。

对于自缢，《洗冤集录》也有更加系统全面的描述。宋慈将系绳的方法分为4种，分别是活套头、死套头、单系十字和缠绕系。索沟的深度和绳索的质量、死者的体质有关。如果死者是自缢死的，伤痕会呈紫红色，有血荫（血液瘀结而隐约显现的印痕）；如果死者是死后再被勒的，伤痕会是白色，没有血荫。如果绳索在喉咙上面，舌头就会抵住牙齿不会吐出，如果绳索在喉咙下面，舌头就会吐出。自缢的尸体还会有其他的特征，包括嘴唇发黑、脸部紫红、两脚脚尖直直地往下垂、小腹和腿部有尸斑、大小便失禁、头脑骨和牙齿会变红等。如果死者是被他人勒死的，那么在临死前会挣扎，头发会散乱，身上会有磕碰擦伤的痕迹。如果死者是被杀死后再假装勒死的，身上会有其他致命伤。

《洗冤集录》还记录了溺亡的死者特征。男人淹死后会仆卧（仆倒卧下）着，而女人淹死后就会仰卧着。皮肤苍白起皱纹，而且由于溺水后胃肠进了水，死者的肚子会膨胀，拍起来会有响声。手脚的指甲缝里还会有泥沙，嘴巴和鼻子里会有泡沫。在水中，尸体会因膨胀和腐烂而浮出水面，尸体从水中捞出来后会加速腐烂。如果官员在检验的时候磨磨蹭蹭，尸体很快就会出现腐烂的水疱。人们看到溺亡的尸体身上有其他生前的伤痕，很容易会误认为是他杀之后抛尸在水中，这是不对的。因为水里难免也会有其他锐器，比如破碎的陶瓷，有可能死者在水里恰好被这些锐物刺伤，当时死者还没咽气，这些伤痕依旧会带血，就很容易被误认为是生前伤。

影视剧里经常会出现凶手用某些东西捂住死者口鼻，造成其窒息而死的剧情，但为了减少血腥元素，让广大观众不产生心理阴影，导演们往往并不会真实地还原死者窒息而亡的情形。那么，如果有人被外物堵住口鼻窒息而死，尸体会是什么样的呢？《洗冤集录》对此也有记载：死者的眼睛会睁开，嘴巴和鼻子里会流出血水,脸呈红黑色,肛门会突出并且大小便失禁,衣物被染脏,舌头上会有咬破的痕迹。试想如果导演们真在影视剧中还原这样的场景,恐怕这些作品就会因过于恐怖无法过审了。

想不到吧,宋朝人已经会使用红外线了

《洗冤集录》中将机械性死亡分为他物手足伤和刃伤。其中,他物手足伤主要是皮下出血,伤口特征是肿而坚硬,能根据受伤的位置推断行凶者和被害者的位置,根据颜色推断受伤的程度。

《洗冤集录》还描述了生前骨折与生后骨折的区别。如果是生前骨折,血会粘在骨头上,而且会有干黑血,骨断处会有血晕色。还可以把骨头对着太阳看,如果有红色,那就是生前被打骨折的。如果没有血荫,那就是死后被打骨折的。此外,《洗冤集录》中还提到了一个非常先进的方法,就是用红外线来判断这些损伤。大家也许会很疑惑,红外线的仪器都是现代才有的,古时候怎么使用红外线呢?古人可是非常聪明的,他们用红油伞对着太阳光,透过伞的光线就包含红外线,比在白光下更易发现骨创的情形,以此来判断损伤。

怎么辨别自杀和他杀,宋慈有办法

在古装剧里,经常会出现一个人走投无路,最后拔剑自刎的情景。其实,古装剧里的很多自刎片段并不符合科学,而《洗冤集录》中对自刎有准确的描述。如果死者是用左手自刎的,那么伤口就会在右耳后面;如果死者是用右手自刎的,那么伤口就会在左耳后面。而且,人的喉骨是很坚硬的,如果自刎的位置恰好在喉骨上,是很难自杀成功的。而且自刎后的伤口起始处较深,收手处较浅。

《洗冤集录》对鉴别生前死后的刀伤也有描述。如果死者的创口张开,各层组织交错犹如花纹,皮肉血会呈红色,那就是在生前被刀砍伤的;如果死者的伤

口平滑没有组织交错，皮肉血呈白色，那就是在死后被砍的。

书中还提供了一些鉴别自杀和他杀的方法。如果死者死于他杀，手上通常会有格斗伤，而且损伤大多位于死者自己够不着的地方。书里还有相关的案例，山里发现了一具尸体，一开始大家都怀疑死者是自杀身亡。但有一个官员站了出来，提出了反对意见，尸体的致命伤在死者的后脑勺上，既然是自杀，死者怎么会伤在后脑勺？于是，衙门按他杀立案，最后果然抓住了凶手。

咬死、冷死、热死、猝死，《洗冤集录》都有记载

《洗冤集录》对咬伤致死也有记载。很多人会很疑惑，人又不是动物，牙齿没有那么锋利，怎么还会咬死人？其实，死者并不是直接被咬死的，而是伤口感染引发破伤风致死。古代的卫生条件不如现代，刷牙也没有现在这么普及，因此牙齿里会存在破伤风菌。甚至还有人咬自己的手指，结果把自己的命也搭进去了。

在侦探小说中，把人冻死和热死是经常出现的行凶手法，《洗冤集录》也记载了高温或低温致死的症状。一个人如果是被冻死的，那他的衣服会很单薄，双手紧抱在胸前，两腮变红，脸部会呈桃红色，口吐白沫。如果一个人是被热汤烫死的，那他的皮肤会脱落，肉会变红并发烂。如果死者是被烧死的，嘴巴里会出现烟灰，皮肤会出现水疱；如果死者是死后被烧死的，就没有这些症状。

书中对猝死也有具体的分类和描述。其中，时气死和伤寒死都和传染病有关；卒中死和中暗风死是因为中枢神经系统出问题，特别是脑溢血和脑血栓；邪魔中风猝死则是由于心血管疾病。死于后三者的尸体特点有：死者大多肥胖，手脚指甲发青，死时会抽搐，口眼歪斜，嘴巴和鼻子会流出白沫。男性在性交过程中也可能猝死，这种情况下男性的下体依然会勃起。

如果死者长期患病而死，那尸体瘦小，肉色发黄，嘴巴和眼睛大多是闭上的，肚子低陷下去，两眼通黄，身上常会有很多针灸的痕迹。遇到病死的情况，

第五章 | 宋朝：文官政治下的法制，利弊皆有

验尸官还需要询问死者身边的人，死者是什么时候患病的，患的是什么病，医者是谁，吃的是什么药，等等。然后，验尸官当众检验，还需要医者提供病历存查。

然而，由于当时的技术条件有限，猝死、病死和中毒死的症状非常相似。光看表征往往很难正确地判断。所以宋慈在书中特地说明当时的官吏不能一看到死状和书中描写的一样，就贸然下结论，要细心地检验反复核实。

《洗冤集录》对于堕胎也有研究。当时，人们已经可以用婴儿的形状来推测怀胎的月数，怀胎一月像白露，两个月像桃花，三个月能够区分男女，四个月就有具体的样子了，五个月就有筋骨了，六个月就长毛发了。如果孕妇因受殴打而造成堕胎，那么审判者需要通过胎儿是否成形来判断行凶者的刑罚轻重。如果胎儿还没有成形，凶手就会被杖打100下；如果胎儿已经成形，凶手就会被判徒刑三年。要判断胎儿是否成形，就看胎儿的头、五官以及指甲有没有健全，有没有脐带。另外，书中还记载了辨别胎儿是死在母亲腹中还是腹外的方法。如果胎儿是在母亲腹中死的，胎盘会呈紫黑色，通体软弱。如果胎儿是在腹外死的，尸体就会是淡红色，不会有紫黑色的痕迹。

此外，书中对如何勘察尸体也有比较科学的规定。首先是断离尸，就是肢体和躯干分离的尸体。书中要求官员需准确记载残骸的环境和距离，手臂脚腿都要一一测量，和躯干的距离也要记录。而且，官员需要将肢体和躯干的断端进行比对，将头与脖子的断端进行比对，要记载断端的周径。

如果遇到无名尸体，官吏需要详细检查尸体的个人特征。其中，最主要的特征就是骨骼和文身。书中记载了一个案例，人们在河里发现了一具尸体，但不知道身份，有一个人说他弟弟是龟胸而且很矮小，官员经过复验后发现死者果然是此人的弟弟。

在古代，官吏在验尸前，要先把尸体干验一遍，然后用温水清洗尸体，再用酒醋涂在尸体身上，这样伤痕就比较容易显现出来，而且尸体的每个部位都要逐一被检验。

在宋朝，怎样当好一名验尸官？

作为一个验尸官，哪些是你的职责范围

宋朝的法医学非常先进，在当时就有了验尸官。

要成为验尸官，首先需要了解职责范围。宋朝的法律规定，凡是杀伤致死、病死以及非自然死亡的尸体都需要检查，后来规定在监狱中去世的犯人也需要检查。另外，对于杀伤致死和非自然死亡的，需要安排复检。

古代的复检是根据案件的性质，按照规定要求进行的，并非官员发现初检有误才会安排复检。因此，往往在初检尚未开始时，官府就已经开始安排复检的官员。有两种情况可以不复检：一是在天热的季节，还来不及复检，尸体就已经腐烂，会影响检查结果，因此官府规定四月到八月不进行复检，其他时间照常；另一种是死因及来龙去脉非常清楚的，如自缢、病逝、溺水等，这些情况不必再费时检查，可以不复检。而且，宋朝官府并没有限制复检的次数，必要时甚至需要复检两次以上。

不同级别的官员，在应对复检时需要采取相应的行动。如果案件发生在州里，那么州级官员可直接进行复检。如果案件发生在县里，则需要向邻县发送请求复检的公文，且公文中不得提及死者的死因。如果临县的官吏以不当理由拒绝，则视为其未履行职责，将受到相应处罚。

第五章 | 宋朝：文官政治下的法制，利弊皆有

此外，存在以下情况时，尸体可免除检验：若是病逝，亲属可提出免检请求；若和尚或道士在即将离世时有亲属在旁，且寺观里的住持可担保无其他死因，则可免除检验；若朝廷官员病逝，无其他死因，由官府调查确认后，可免除检验。

当时的法律规定，所有凶杀案都必须申报检验。但是，有些凶手会选择破财消灾，花钱与死者的家属商量私下解决。如果死者的家属见钱眼开不顾亲情，则此凶杀案就得不到上报。为了杜绝这种情况，官府规定，对于发生凶杀案不报官，而是以金钱交易私下解决的，鼓励知情者向官府告发，一并严惩涉案人员。

关于诬告，情况非常复杂。有的人死了，亲属就诬告他是被别人打死的；有的用人死了，家属就诬告主人是凶手；甚至有人指鹿为马，指着别人的尸体说是自己亲人的尸体。这些情况一律按诬告定罪，罪犯会被杖打80下。如果被诬告的人因监禁而死，处罚将更加严厉。同时，对于误判的检验官，官府也会依法治罪。

在宋朝，验尸官第一次出现在法律中

验尸官在汉朝已存在，但法律上对验尸官的明确规定始于宋朝。宋朝规定，在县里，由县尉担任验尸官；在州里，则由司理参军担任验尸官。司理参军是州的司法长官，县尉是负责维护治安的官吏。如果他们不能到场，副官可替他们履行验尸职责。若副官也无法到场，就由相应官吏递补。无论派遣的是何等级官吏，验尸官必须与案件无利益冲突。

不过，在活体检验方面，宋朝的法律并未明确规定人员。当时的医者并不参与验尸。有学者通过《疑狱集》的记载推测，验尸官不仅进行尸体检验，也进行活体检验。

在宋朝，验尸官的工作无疑很繁重，但有些工作可以由其他人分担。当时，另有一些办案人员，称为仵作。仵作一词在五代时期已经出现，但当时他们的职

责在于帮助验尸官处理尸体。而在宋朝时，仵作需帮助验尸官验尸、搬运和清洗尸体，并根据验尸官的指示向在场群众报告情况。这一官职地位低下，且是临时雇用的，不属于官方职务，因此常被人们轻视。此外，那时大多数的官员都是男性，所以在检验女性死者的下体时，需要坐婆（接生的妇人）负责，但其他的检验工作仍由仵作负责。

当时的法令对验尸官有以下要求，归纳起来就是六个"必须"和三个"不得"：

1. 该验尸的案件必须验尸；

2. 验尸官一旦被指派就必须接受，不能推辞；

3. 接到任务后，必须在两个时辰内出发；

4. 必须带仵作参加验尸；

5. 必须根据实际情况确认死因，如实检验；

6. 必须在验尸当日内汇报结果；

7. 初检和复检的官员不得见面；

8. 不得泄露验尸结果；

9. 不得因受贿而徇私枉法。

如果验尸官违反以上规定，将承担刑事责任，即使是不得已违规，也会被杖打100下。

验尸文件应该怎么写

当时的验尸文件称为验状，是验尸官汇报结果的正式文件。至今为止，考古学家还没有发现验状的原文，而宋慈的《洗冤集录》中有所提及。验尸官需要对尸体进行细致观察和标注，将尸体分成四个部分，并从头到脚标注各个部位的名称，以便在验尸时能够准确地填写损伤及特征。最后，验尸官需要确定致命伤和死因。在填写过程中，还须提及尸体的位置和摆放方式、与环境的关系、穿的什么衣服以及是否有个人特征。

验状是审判杀人案的重要证据，同时也是帮助死者家属辨认无名尸体的重要依据。除了验状，还有其他验尸文件，如验尸格目，它是验状的辅助工具。验尸格目的主要目的是防止验尸过程中出现弊端和欺诈。验尸格目分为初检验尸格目和复检验尸格目，每一次检验都需要记录三份，一份给州县、一份给死者家属、一份给省级司法机关。

格目的内容必须包括以下几点：接受验尸公文的时间、官员出发的时间、验尸官的住宿处与距现场的距离、抵达现场的时间、参与验尸的人员，等等。对验尸格目有五项基本要求，分别是：确定致命伤和死因、当日申报结果、不拖延时间、不徇私舞弊和敲诈勒索，以及检验结束后掩埋尸体。验尸格目相当于验尸官的工作报告，验尸官须保证自己复验和执行相关制度，防止贪官污吏玩忽职守。

此外，验尸后绘制的正背人形图是验状的重要辅助文件。验尸官需根据损伤情况，用红色涂上书画，向群众报告检验出的伤痕情况，并让罪犯观看这个画本。如无异议，签字画押，以防止验尸过程中出现徇私舞弊。

然而，对验尸的规定虽然严格，但执行中却出现了一些问题。例如，有些地方并不会派遣官员验尸，或者拖延时间，并借口称尸体腐烂无法检验。还有一些官员不亲自验尸，而是让下属去敷衍了事。这些行为间接导致了大量的冤假错案。

总的来说，宋朝法医学的发展使验尸官备受重视，对中国法医学的发展影响深远。

阿云案、乌台诗案、卢公达遗产案是如何审判的？

一起杀夫案，居然引发两个文豪的激烈口水战

在宋朝，统治者们设立了诉讼制度来防止冤假错案的产生，那么，具体的诉讼制度是怎样的呢？在介绍诉讼制度之前，先介绍一下宋朝的司法机构。宋朝中央的司法机构有刑部、大理寺、审刑院、御史台，地方的司法机构有路、州、县三级。

诉讼制度的最高等级是皇帝亲审，其次是御笔断罪。这种方式对于纠正冤假错案有一定的作用，但也有明显的局限性。在皇帝一人决定的情况下，若皇帝英明，就有效；若皇帝昏庸，则可能导致更多的冤假错案。宋朝的皇帝中有不少是昏君，他们断案大多不基于法律。皇帝定的结果基本是不可更改的，当事人无法再诉诸其他方式。

《水浒传》中有些冤案反映了这种制度的弊端，尽管并非由皇帝亲自审判，但梁山好汉得罪的人多与皇帝有裙带关系，在宋徽宗的腐败统治下，那些有皇帝撑腰的贪官污吏恣意残害忠良。

宋朝最著名的由皇帝亲审的案例是阿云案，这个案子审理的过程非常曲折，甚至引发了两个文豪的激烈辩论，在《宋史·刑法志》《宋史·许遵传》《续资治通鉴长编拾补》等均有详细记载。宋神宗熙宁元年（1068年），登州（今山

东威海一带），有个叫阿云的女子，她在为母亲服丧期间被家里人强行许配给一个韦姓男子，此人相貌十分丑陋。阿云无法忍受，趁着还未嫁给韦某，决心先杀了他。一天，她趁韦某熟睡之际准备砍杀他，不料只造成轻微的伤势。事发后，执法人员怀疑是阿云所为，抓捕她后欲加刑讯，阿云便坦白交代了。

很快，大理寺和审刑院就认定阿云是谋杀亲夫的罪犯，判处阿云死刑。但是，审刑院详议官许遵认为阿云不该被判死刑。因为之前宋神宗曾经下诏，所有故意杀人的人如果只是将对方弄伤，并且主动自首，可以罪减两等。阿云一被盘问便承认，这在当时属于自首。阿云的所作所为符合这个条件，因此不应被处死。然而，大理寺的一些官员要弹劾许遵，无视了这一规定。

这个案件难以断定的原因还有一个，就是阿云谋杀的是自己的未婚夫，犯了十恶不赦的罪行，任何赦免的规定都对她无效。不过，阿云是在为母服丧期间被许配给韦某，当时规定服丧期间不能成婚，违者甚至要被判处三年徒刑。因此，从这一点看，二人的定婚是无效的。

宋神宗得知此事后，将此事交给两个翰林院士讨论，一个是因"砸缸"而到现在都家喻户晓的司马光，另一个是"唐宋八大家"之一的王安石。俗话说，文人相轻。在这次案件中，司马光与王安石持相反的看法，司马光支持刑部的做法，而王安石同意许遵的意见。很快，两人就为此事争执起来。在朝堂上，两人互不相让。

为什么这件普通的杀人未遂案会让两个大文豪不顾一切地撕破脸皮呢？原来，此案与政治有牵连，变成了一件大事。当时的王安石正准备推行变法，而司法改革也是变法的一部分，王安石自然想利用此事来为变法扫清障碍。然而，司马光反对变法，他始终认为旧法不可废弃，皇权不可凌驾于法律之上。

这场文人之间的博弈以王安石胜利而告终，宋神宗在变法中支持王安石，他亲自下诏："谋杀已伤，案问欲举自首者，从谋杀减二等论。"之后阿云没有被处死，而是被关进了大牢。不久宋神宗颁布大赦令，阿云得以出狱，开始了新的人生。然而，司马光始终放不下这件事，宋神宗驾崩后，司马光立刻进谏新帝，废掉了宋神宗设立的这个规定。

在古代封建社会，刑法的制定都是为了维护统治者的统治，因此刑事案件会成为朝廷内派系斗争的焦点。这样的案例在唐朝便已出现，而到了宋、明、清时期更加常见。一旦案件和朝堂斗争挂钩，如何判决便和刑侦本身没有太大的关系了。

文字狱在宋朝也已为祸甚烈，苏轼就是受害者

王安石的政敌不仅有司马光，还有苏轼。大家对苏轼的诗词非常熟悉，但对他后期的遭遇了解得相对较少。

和司马光一样，苏轼对变法也有自己的看法。很快，他就被其他文官排挤，无法在朝堂上立足。不久之后，苏轼被宋神宗安排到地方上任职。尽管远离了朝廷，苏轼依然反对新法，并经常写诗讽刺新法，结果遭到了报复。

第一个向朝廷举报苏轼的是《梦溪笔谈》的作者沈括，当时沈括在浙江公干，读到苏轼写的讽刺诗，便呈给皇上，不过这次并未引起太多关注。后来，许多文官联手弹劾苏轼。最终，苏轼在元丰二年（1079年）七月底被捕，八月中旬被押进了御史台的监狱。而御史台在十一月底才提交审判结果，也就是说此次审讯持续了三个多月。在审讯过程中，审判官需要查明苏轼的讽刺诗是否牵涉其他人。如果这些诗是苏轼与他人合著或赠送给别人的，那么相关人员也会被牵连进来。在此案中，很多反对变法的文官，不知是真与苏轼有交情还是被变法派诬告陷害，也被牵连了进来。这就是史上著名的乌台诗案。

最后，御史台列出了苏轼的四条罪状。第一条罪状是"指斥乘舆"，即诽谤和冒犯当今皇帝宋神宗。在古代封建社会，仅这一条罪行坐实，就得杀头，但根据李定等人所列的罪证，罪不坐实，他们的阴谋落空了。他们给苏轼定的第二条罪状是"讥讽朝政"。尽管"讥讽朝政"也是杀头的罪，但在王安石变法失败后，宋神宗已把注意力从变法转到改制上，到元丰二年乌台诗案发生时，讥讽新

法已经不会被判重罪了,这使得李定等人的陷害又落空了。御史台罗列的第三条罪状是"勾结皇亲国戚",所举的事例是苏轼与驸马都尉王诜交往,诸如请客送礼、饮酒谈诗等。御史台给苏轼定的第四条罪状是"谤讪中外臣僚",也就是诽谤、讽刺朝廷内外的臣子。

这里列举其中一个事件,熙宁五年(1072年),运盐的官员为了方便运盐,想开凿一条河。这件事肯定是会劳民伤财的,于是苏轼就写了一首诗,讽刺了这样的做法。写完之后,苏轼把这首诗送给了好友。乌台诗案发生后,这首诗被人找到并用来弹劾苏轼。

后来,苏轼承认了这些弹劾,宋神宗感到难以置信,他认为要么苏轼是被屈打成招,要么就是还隐藏着更大的秘密。皇帝询问了审讯官,审讯官声称自己在审讯时没有用刑,也不敢用刑。于是,皇帝就下令再加大力度严查此事。

到了十二月,这起案子被移交给大理寺裁决,大理寺先是判了苏轼两年的徒刑,但又因朝廷发出的赦令,苏轼的罪行应该被赦免。这样的结果肯定是那些变法派接受不了的,自己付出了那么多的努力,就算不能判处苏轼死刑,起码也要让他永世不得翻身吧。反对派立刻上奏皇帝,说苏轼写这些诗用心险恶,千万不能赦免他。但大理寺毕竟是按规矩办事,反对派也指不出大理寺在判决上有什么错误。

这样一来,这起案子就要提交给审刑院进行复核,最终审刑院采用了大理寺的裁决结果。苏轼入狱后,有许多人为苏轼求情,甚至有人还向宋神宗列举了曹操和祢衡的案例——东汉末年,名士祢衡在曹操面前十分无理,但曹操都并未杀他,陛下为什么就容不下苏轼呢?也许是因为苏轼才华出众,远近闻名,最后宋神宗也下旨免苏轼一死。

受牵连的那些人也都受到了处罚,有的被流放,有的被降职,有的被罚款。这个案件之后苏轼的诗词风格也发生了转变,此前他的诗词大多是挥洒豪情的,而此后他的诗词则转向了亲近自然和人生感悟。

这起案件涉及大文豪苏轼,有许多著名的文官参与其中,因此在史书中被详细地记录了下来，我们从中可以看到宋朝相关制度的全貌。苏轼是一位文学天才，同时也是一位关心人民疾苦的政治革新家。正因为如此，他的政敌才从他的文字入手，有意陷害他。乌台诗案的起因是较复杂的，宋神宗赵顼是一位希望有所作为的国君，他于熙宁二年（1069年）任命王安石为相，实行变法。苏轼在宋仁宗时期曾上书言事，也提出了改革吏治的主张，但他的政见与王安石的新法不同，这导致了苏轼与变法派之间的矛盾。由于在朝中十分孤立，苏轼请求外放，先后知杭州、密州和徐州。然而，树欲静而风不止，混入新党的一批奸佞小人把变法改制变为打压异己的政治角逐，他们对嘲讽新政的苏轼更是恨之入骨。因此，这些奸佞小人总想着伺机报复，置苏轼于死地。应该说，政治上，苏轼为政敌所不容，文字上，又授人以把柄，这便是乌台诗案产生的原因。

这起案件与明清时期的文字狱同样荒唐。对于诬陷苏轼的人来说，他们比苏轼更清楚他是冤枉的，但因为与苏轼政见不合，他们就必须不遗余力地铲除苏轼，从而维护他们的政治主张。

"审"和"判"分离，还可以翻异和理雪

宋朝将诉讼分为民事诉讼和刑事诉讼。民事诉讼有时间限制，即"务限法"，也就是在农忙季节，官府禁止民事诉讼，以免影响生产，务限期从农历二月初一到九月三十日。

宋朝采用分司制，审判和判决完全分离，由不同的专职官员负责。负责审判的官员称为"狱司"，负责判决的官员称为"法司"。这样一来，负责检法断刑的官员就不能过问审判，负责审判的官员也不能检法断刑。将一项权力拆分开来，可以有效避免徇私舞弊的现象。

宋朝还有翻异别勘制。翻异指推翻之前的口供，别勘指更换审判官，重新审理案件。当犯人对判决不服并喊冤，或者家属为其申冤时，官府会安排另一个司法机构重新审理该案，或派其他官员进行复审。此外，宋朝还有理雪制度。在判

决生效后，犯人或其家属若不服，可按程序逐级上诉。

宋朝的刑事诉讼非常注重证据，由审讯官负责收集证据。而在民事诉讼中，原告和被告都有提供证据的责任，证据包括口供、物证、人证等。

宋朝已经有律师了

宋朝文化繁荣，文官地位高，法官一职的竞争十分激烈。法官的任职资格和责任皆有严格的规范，一个人若想担任法官，需被人保举，且要具备一定的资历，还要通过考试。

宋朝还出现了律师一职，在当时被称为"讼师"。在古代，百姓中接受教育的人极少，许多贫困百姓甚至目不识丁，当需要诉讼时，他们无法书写诉状，怎么办呢？讼师就自然而然出现了，他们专门帮民众撰写诉状、教人如何打官司。而教人如何诉讼的学问就被称为讼学。在宋朝，讼师是被官府承认的合法职业。

宋朝的遗产案怎么判定

南宋时期发生了一起遗产纠纷案，载于南宋《名公书判清明集》卷八。涉案之人名叫卢公达，官三代出身，由于没有亲生儿子，他过继了同姓卢君用之子卢应申。然而，卢应申品德败坏，在获得官四代的身份后更是变本加厉。他甚至背叛了养父，与亲生父亲一起盗窃。他们父子俩最终被官府逮捕并受到了相应的惩罚。

此时，卢公达已去世，留下了一笔财产，而且卢公达还有一个义子，名叫陈日宣。他与卢应申都拿出了一份遗嘱。引起争议的问题在于，卢应申是否还能被视为卢公达的儿子并继承其财产？对于这一点，陈日宣认为养父卢公达的遗嘱是在临死前病重的状态下写的，不能完全听从。官府最终裁定，卢应申须恢复原本的宗族身份，不能再被视为卢公达的儿子。而对于卢公达的遗产分配，陈日宣作为外姓人，无法干涉和提出诉讼。最终，官府在卢公达的宗族中找到了合适的后人来继承这些遗产。

　　陈日宣和卢应申都无法继承财产，这与宋朝家庭继承人的确立范围有关。古人讲究"不孝有三，无后为大"，为了让无法生子的家庭能够延续香火，官府允许他们抱养同宗中的晚辈。而且，他们还能收养三岁以下的异姓孩子做养子，但必须改成养父的姓氏，并终止与亲生父母的关系，在继承权上，养子与亲生儿子完全相同。在本案中，陈日宣和卢应申都不符合继承人的条件。陈日宣虽是养子却没有改姓，卢应申虽是同宗里被抱养的晚辈，但仍未完全终止与亲生父母的关系。此外，继承人有责任承担养父母的生养死葬，若未履行这项义务，就会被剥夺继承权。结合以上规定，卢应申无法继承财产。

　　许多人会疑惑，卢公达不是立下了遗嘱吗？遗嘱的分量应该最重，为什么卢应申不能凭此继承遗产？原来在宋朝，遗嘱也需要符合特定的条件才能生效。首先，遗嘱必须能被验证是死者本人所立，如果是伪造的，则无效；其次，遗嘱必须反映死者的真实意愿，死者在立遗嘱时必须头脑清醒，具有立遗嘱的能力，如果在头昏眼花、迷迷糊糊的情况下立的遗嘱，则无效；再者，遗嘱必须有官府的印押才具有法律效力；最后，遗嘱的诉讼时效为10年，超过期限将无法受理。因为卢公达的遗嘱不符合其中的一些条件，所以它是无效的。

　　宋朝有着相当完善的诉讼制度，而且法医学也达到了新的高度，却还是会出现很多让人匪夷所思的冤假错案，原因何在呢？

第五章 | 宋朝：文官政治下的法制，利弊皆有

冤假错案频发，皇权惹祸不少

皇权高于一切，官吏无法坚持原则

通过《洗冤集录》，我们可以看到宋朝的法医学非常先进。而且，刑侦制度从秦朝开始历经一千多年的完善，在宋朝有了很大的改进。然而，即便有了比前朝更先进的科技与制度，宋朝依然存在大量冤假错案。在《水浒传》中，就有很多梁山好汉因冤假错案被逼上梁山。即便在真实历史中，我们也知道有很多忠良惨遭陷害，如狄青、岳飞等。那么，宋朝为什么会有这么多的冤案？其刑事司法纠错制度又有哪些缺陷呢？

在中国古代封建社会，皇权凌驾于一切之上，法律并不能约束皇帝，这就是古代司法制度的局限性。宋朝吸取了唐朝末年地方势力强大的教训，加强了中央集权，但也正因为这样，皇权就不可避免地干预刑事司法纠错。

皇帝的诏令拥有至高无上的法律效力，所有官员都必须无条件地执行。《洗冤集录》记载："只要违反了皇帝的旨意，无论是否故意，官员都要承担违制罪（违反以皇帝诏书名义颁布的各项规定），从严处理。这种制度对官员非常苛刻，使他们在办案中难以坚持原则。"

因为皇帝经常将自己的意志上升为国法，导致法律总有巨大的随意性。在宋朝，文人的地位很高，宋太祖赵匡胤立下了不杀士大夫的祖训。所以一些耿介刚

正之臣会站出来反对皇帝，在这种情况下，皇帝通常只是装装样子，表面上受限制。很多被皇帝最终判定的案件即使是冤假错案，也会成为"铁案"，无法激活司法纠错程序。

错案追责体制不完善，司法官员的犯错成本小

宋朝的错案追责制度是为了防止司法官员犯错导致冤假错案而建立的，能追究司法官员的责任，也能减少徇私舞弊的现象。想法很美好，具体实施却是另外一回事。宋朝的法律大多只明确了官吏在审判过程中需要注意的事项和错案追责制度。但是真到追究责任的时候，由于该制度不完善，那些犯错误的官吏总是可以轻易地逃避责任。因此，所谓的追责就成了一句空话。此外，宋朝的司法机构众多，管辖权非常混乱，而且频繁设置临时审判机构，导致纠正错案的效率大大降低。

在宋朝，验尸通常由辅助人员动手操作，官员在旁边指挥，辅助人员一边操作一边向官员汇报结果。这样下来，官员并没有近距离地接触尸体，而且根据辅助人员的汇报来判断结果。如果出现误判，官员需要承担责任。这对验尸官是不公平的，因为他们大多数并不具备法医学知识，而且即使所有的操作都小心谨慎，结果仍有可能出差池。对于这种情况下出现的差错，验尸官是无意的，但法律对故意和无意并不予区分。

宋朝有一个"觉察"制度。如果官员意识到自己犯了错，可以在未被发现前主动承认，会获得从宽处理。但是，如果验尸官在验尸报告的基础上出现误判，则不适用于觉察制度。在这样的规则下，那些意识到自己犯错的验尸官只能尽力掩饰他们的错误。

而且，官员可以轻易减免责任。"觉察"制度适用于检验不当和检验不实，"检验不实"是指官员在审判中出现严重错误、颠倒黑白的情况。这就导致官员在检验过程中即使出现错误也可以轻易被赦免，从而失去了法律的公正性。

第五章 | 宋朝：文官政治下的法制，利弊皆有

胥吏经常徇私舞弊

在宋朝，胥吏处于官和民的交界点，是古代官僚体系的最底层。"胥"是指基层办事人员，大多从平民中选出，帮助官员管理基层；"吏"是指没有官位的官府工作人员。他们负责起草重要文件的初稿、准备例行报告等，还承担了很多司法功能。宋朝的文官擅长经学和诗赋，但朝廷要求司法官员亲自参与司法实践。这些文化人并不擅长处理检验尸体等脏活累活，因此只能交给胥吏去办。

胥吏们大多出身平民，可能会有人见钱眼开。北宋时期，官员贪污腐败的现象很严重，冗官众多，有些胥吏与之同流合污。而且，胥吏熟悉当地的民情，如果他们别有用心，就有很大的操作空间，很难被其他官员监督。更可气的是，有些胥吏不仅自己贪污受贿，还会教犯罪者如何耍花招来扰乱案情以达到自己的目的。在这种情况下，司法成效必定大打折扣。

更加尴尬的是，与现代法治社会鼓励全民知法懂法的做法不同，宋朝政府不允许百姓私藏法律相关的书籍，也不允许他们私自学习法律，而那些朝堂上的士大夫又普遍鄙视学习法律，这样一来，胥吏就成了全国唯一精通法律知识的群体。在这种情况下，即使他们在工作时有违法的行为，其他人可能也不知情。而且，古代很多穷苦老百姓并不识字，在做证人时需要的相关文书只能依靠胥吏来帮他们写。如果胥吏写的文书中有些部分与证人说的不相符，不识字的老百姓也无法看出其中端倪。因此，胥吏一旦想徇私舞弊，能使用的手段很多，操作空间也很大。

宋朝法医学虽然进步很大，领先于世，但技术依然非常有限

相较于前代，宋朝的法医学有了很大的发展，在当时遥遥领先于世界上其他国家。然而，从技术水平上看，由于古代整体科技水平的限制，法医学的发展也受到了一定的影响。

在《洗冤集录》中，辨别自缢和被他人缢死的方法主要是观察死者的手指甲、脖子和绳索等表面特征。但以现代先进的法医学角度来看，仅观察这些是远远不够的。现代法医学还需观察死者的衣服、周围的草丛等特征，甚至需要进行解剖以观察颈部深层的组织。由于当时法医学的局限性，《洗冤集录》这部著作也不可避免地存在一些错误。

之前讲到古代有保辜制度，有的凶手把受害者打伤后，如果受害者在一定期限内死亡，凶手就会被判杀人罪。但如果受害者是在期限外死亡的，凶手只会被判处伤人罪。从现代的视角来看，这个制度是非常荒唐的。首先，这个期限应该是多久？其实是非常难确定的。而且，伤后死亡的原因很复杂，时间长短有很大的不确定性。如果伤到了重要器官，伤和死之间一定有直接的因果关系，但距离死亡的天数有很大的偶然性，有的是几天，有的要几十天甚至更长。伤者有可能死于因伤而发的疾病，那伤和死之间就是间接因果关系。有的伤者本身就有某种疾病在潜伏期，因为受伤而发作了。所以，即使伤者在期限内死亡，也不一定是因伤而死；在期限外死亡，也有可能是因伤而死。因此，这项制度缺陷是无法避免的。不过，古代科学水平有限，以当时人们掌握的知识水平，设立这项制度是在情理之中的。

宋朝最大的冤案——岳飞之死

要说宋朝最大的冤假错案，那一定是岳飞之死。"青山有幸埋忠骨，白铁无辜铸佞臣"的历史故事可以说是妇孺皆知。

北宋灭亡后，南宋的不少爱国名将都发起过北伐，其中就包括岳飞。金国在接连灭掉辽和北宋之后，在与南宋的对决中，再也拿不出那种"女真不满万，满万则无敌"的所向披靡的气势。尤其是面对岳飞的岳家军时，金国人吃尽了苦头。无奈之下，金国只能和南宋议和，提出的条件便是杀掉岳飞，此时南宋朝廷内也有不少奸臣弹劾岳飞，诬陷他谋反。

很快，岳飞就被夺去兵权。秦桧派人收买了岳飞手下的将领，让他们一同诬陷岳飞。他们甚至还逮捕了岳飞麾下将领张宪，对他严刑逼供。张宪不愿和他们同流合污，奸臣们对他无可奈何，只能捏造口供。有了这些口供，他们就能把岳飞下狱。不久，岳飞和他的儿子岳云都被逮捕。

面对审讯官，岳飞露出了背上的四个字——"尽忠报国"。当时，审讯官深受感动，想如实报给上级。然而，这事被秦桧知道后，立刻更换了审讯官，让自己的亲信担任。岳飞受尽严刑拷打，始终不屈。这期间，有不少忠臣良将和平民百姓前来为岳飞求情或证明他无反意，但这些人也遭到了奸臣的迫害。

岳飞一生精忠报国，却落得如此悲惨的下场，这与宋朝的制度有何关联？在宋朝，皇权至上，当时的皇帝赵构执意要除掉岳飞，这已注定了岳飞的悲剧命运。关于赵构非要除掉岳飞的原因，历史上曾有传言——岳飞提出收复失地，迎回宋徽宗和宋钦宗两位皇帝。宋徽宗是赵构的父亲，宋钦宗是赵构的哥哥，如果他们回归，可能会对赵构的皇位构成威胁。因此，赵构必然要打压主战派，以稳固自己的皇位。

然而，这种说法是经不起推敲的，因为当时宋徽宗已经去世多年，而宋钦宗和赵构是同辈。如果他回国，赵构没有义务把皇位交还给他。几百年后，明英宗在与瓦剌的战争中被俘虏，为了稳定政局，明朝另立新帝。后来，明军在战争中反败为胜，瓦剌把明英宗送回国。这并没有改变他的处境，回到故土后，新皇帝没有把皇位还给他，而是将他软禁。即使宋钦宗平安无事地回到南宋，他的命运可能和明英宗一样，甚至可能被赵构杀害。因为靖康之耻降低了他的威望，他之前培植的政治派系都被俘虏到了金国，他没有任何能和赵构抗争的资本。

很多人拿这事说岳飞的军事水平很高但是政治能力很低，这是充满了主观臆测和个人偏见的判断。事实上，岳飞的政治能力也很高。金国人为了打败南宋，就想在俘虏的北宋王室中找个人当傀儡皇帝。这时，岳飞马上请求赵构立储，击碎金国人的狼子野心。显然，岳飞是站在赵构这一边的。既然如此，赵构为什么要除掉岳飞？

最合理的解释就是，赵构想防止武将干政。从唐朝末年一直到五代十国，由于武将干政，政权更替十分频繁。宋太祖赵匡胤为了防止此类现象在宋朝重演，就重用文人，打压武将。这样的做法虽导致宋朝在对外战争中总是吃亏，但却保证了宋朝的皇权没有受到任何威胁。

此时，南宋在与金国的战争中处于优势，金国无法击败南宋，因此金国人对赵构的皇权没有任何威胁。但是，不少武将在宋朝与金国的战争中大显身手，其中就包括岳飞、韩世忠等爱国名将，他们深受百姓和士兵的拥戴。在赵构看来，这些将领既有战功又得人心，如果不压制，恐怕就会出现汉唐末年那样皇权旁落的危局。因此，赵构必须除掉他们。

同样的例子还发生在北宋的狄青身上，狄青从一个士兵，历经百战成为一名大将，但文官非常看不起他，还不断进谏皇帝要提防他。狄青不断被文官集团打压，最终抑郁而死。

一代才女，被朱熹陷害入狱

南宋时期，文官唐仲友因为反对朱熹的理学遭到报复。据《宋史·朱熹传》记载，朱熹连续六次弹劾唐仲友，而且几次把一个名叫严蕊的女子牵扯进来。严蕊是南宋中期的歌妓、女词人，她从小家境贫寒，不得已成为歌妓。后来，她有幸遇到唐仲友，唐仲友伸出援手帮她赎身。

不久，朱熹派人逮捕了严蕊，并对她严刑逼供，严蕊宁死不屈。这件事很快就传到了皇帝耳朵里。皇帝立刻调走了朱熹，新来的官员经过调查发现严蕊是无辜的，就将她无罪释放了。不过，被朱熹弹劾的唐仲友仍然被降职。

岳飞和严蕊的冤案与苏轼的乌台诗案相似，他们被人陷害都是因为政治斗争。当案件与政治挂钩时，判决是否公正并不重要，实现统治者的政治目的才是最重要的。

第五章 | 宋朝：文官政治下的法制，利弊皆有

便服密探和谲术

大家都知道明朝的锦衣卫，却很少知道宋朝的便服密探

要得到更多对破案有用的线索，不仅需要法医学，还需要侦查技术。宋朝的侦查技术与前朝相比有很大改进。

宋朝的统治者为了挖出更多对案件有用的线索，常常派遣耳目。但他们获得的情报只能作为线索，不能成为直接证据。另外，宋朝还发布悬赏通缉令，把盗贼的赃物作为悬赏发给捉贼有功的人。通缉令须包含以下信息：案件简介、通缉对象的基本信息（姓名、性别、年龄、外貌特征、逃跑时间和可能逃往的地方）、被通缉人的画像。州郡通常会设立激赏库（专供边防将士军需物资之用，后兼管供应朝廷和官吏所需用的物资的官署）。奖赏成功捉拿犯人的百姓。

在宋朝，为了更好地获取情报，调查人员往往乔装打扮，深入民间。

宋朝虽然结束了五代十国的乱世，但并未完全统一全国，四周强敌林立，先是辽和西夏，后来又有金和蒙古。宋朝的经济贸易十分繁荣，京城的外国商人与旅客众多，其中难免会有敌国的奸细。朝廷想挖出他们十分困难，因为这些奸细都具有一定的反侦察能力，大张旗鼓地找无疑会引起他们的警觉，因此只能由便服密探（俗称为"察子"）来暗查。

宋朝经济文化发达，但平民百姓的生活仍然非常艰苦。因此，在两宋时期，

165

农民起义频繁发生。便服密探还负责深入民间侦查那些私议朝政者。如发现批评朝廷或密谋造反的人，密探会将他们绳之以法。这与明朝的锦衣卫类似，让人们深感恐惧，因为无意中说出的话都可能招致杀身之祸。

宋代的谲术

在古代的案件中，如果证据比较充足或者犯罪嫌疑人愿意坦白，那破案就比较容易。然而，在大多数情况下，罪犯并不愿意承认自己的罪行。而且，由于古代的技术水平有限，没有监控和DNA检测等办案手段，往往无法获得确凿的证据。这让办案人员面临很大的困扰。有些官员为了尽快结案，对犯罪嫌疑人严刑拷打，迫使对方认罪，这种方式很容易形成冤案。为了解决这些证据不足的疑案，宋朝出现了一种名为"谲术"的办案方法。使用此法能消除罪犯的防备心，很多时候能让犯人自投罗网。此外，在审讯过程中，审判人员也可以运用谲术，巧妙地让犯罪嫌疑人吐露实情。

不过，要在实践中完美地运用谲术并不容易。首先，一切都要秘密进行，不能让任何嫌疑人和相关涉案人员事先得知。其次，行动必须迅速，不给任何人通风报信的时间。宋朝有许多运用谲术的案例，最著名的是包公破获的案件。

在很多文学作品中，包公被描绘成目光如炬、执法如山的青天大老爷。然而《宋史·包拯传》记载的包公破获的案件，只有一起割牛舌案。有一个人发现家里牛的舌头被割了，牛失去了舌头就无法干活了。他想杀了牛办全牛宴也不行，因为当时的法律规定私宰耕牛是违法的。这个人进退两难，便把这起案件报告时任天长知县的包拯。包拯了解情况后，立刻让他回去放心大胆地宰杀牛。到了第二天，有人来向包拯状告此人私宰耕牛。包拯立刻逮捕了这个人，经过审讯发现，就是这个人割了牛的舌头。包公巧妙地运用谲术，设下圈套让罪犯自投罗网。

司马光《涑水纪闻》卷七记载了宋真宗景德二年（1005年）发生的一起非

常离奇的案件。有一位和尚想在一个村民家借宿，但村民不允许。但和尚找不到其他地方可住，就请求他让自己睡在门口的车里，村民同意了。夜里，和尚还没有入睡，突然有一个盗贼进了村子，出来时带走了一个妇人和一个包裹。和尚担心村民怀疑自己是盗贼，将自己送交官府，便匆匆逃走了。

暗夜急行，和尚不慎掉进一口井里。巧的是，那个妇人的尸体也在这口井里。和尚的衣服都沾上了她的鲜血，他自己也困在井里出不去。第二天，村民发现了这口井中的异状，并将和尚送交官府。和尚经不住拷打，只能承认自己和妇人通奸。他说，妇人引诱自己一起逃跑，自己为了防止事情败露就将妇人杀死扔到井中，自己不小心也掉进了井里，赃物和凶器在井边，但不知道被什么人拿走了。

就在大家都觉得可以结案的时候，河南府知府兼西京留守向敏中却认为真相未必如此。他亲自询问了那个和尚，和尚说自己是屈打成招，并且说出了自己知道的一切，向敏中便派人去调查真相。办案的官吏到村里的小店吃饭，老板娘得知他身份，便向他打听这起案子。他就告诉老板娘那个和尚已经被处死了，之后即使出现其他的犯罪嫌疑人，也会由于案子已经了结而不进行审问了。老板娘信以为真，就说出了真凶是谁，住在哪里。这下，官吏立刻将罪犯逮捕，并且找到了凶器和赃物，于是和尚就被无罪释放了。

167

第六章
元朝：宽刑慎法，法制维护贵族

"元以宽仁失天下",朱元璋的这句评语对吗?

从成吉思汗到忽必烈,蒙古刑法经过了好几次变革

关于秦朝灭亡的原因,有很多种说法,其中一种认为是秦朝的严刑峻法导致的。这种说法恐怕并不准确,因为在秦朝灭亡一千多年后,元朝实行宽仁政策反而导致衰亡。朱元璋在《皇明宝训》中曾经这样评价元朝:"朕观元朝之失天下,失在太宽。"这与人们对元朝的传统印象大相径庭。那么,朱元璋的这句话是否属实?秦朝采取了严刑峻法,只延续了两代,而元朝实行了宽仁刑法,为什么也只存在了不到一百年?

成吉思汗统一蒙古后南征北战,建立了庞大的蒙古帝国。成吉思汗去世后,蒙古帝国分成了几个汗国,这些汗国之间存在着内部纷争,最终忽必烈消除了纷争,中国也实现了自唐朝末年以来的又一次统一。作为中国历史上第一个由少数民族建立的大一统王朝,元朝自然拥有许多少数民族的特性,但为了统一全国,蒙古人不仅拉拢了很多汉人,还进行了汉化。这样一来,元朝在唐宋制度的基础上形成了自己的制度。

在成吉思汗统一蒙古之前,蒙古人就在刑法上实行了多次变革。最初,蒙古人还只能生活在游牧的部落时,只是依靠历史上长期形成的习惯法来互相约束,这和中国的原始社会非常相似。这些刑法非常简单粗暴,稍不注意就要处死犯

第六章 | 元朝：宽刑慎法，法制维护贵族

人。而在成吉思汗统一蒙古之后，蒙古人就制定了成文法，名为《大札撒》，又称《成吉思汗法典》。

这部法典的刑罚方式主要有四种：处决、没收财产、流放和用柳条责打。由于成吉思汗在蒙古人心中地位非常高，蒙古国的大汗们对《大札撒》绝对遵循，《大札撒》对蒙古的社会关系，尤其对成吉思汗家族内部关系的调整能力得以提高，治国价值越发突出，这和古巴比伦的《汉穆拉比法典》、法兰西第一帝国的《拿破仑法典》在本国的地位相似。在成吉思汗之后，蒙古国陷入群龙无首的境地，而成吉思汗的遗产《大札撒》就发挥了很大的作用，代表成吉思汗的传承和统绪，对《大札撒》是否熟悉也成为宗王能否继承蒙古汗位的条件之一。在第三任蒙古帝国大汗死后，宗王中只有成吉思汗四子拖雷的长子蒙哥知晓成吉思汗的《大札撒》，因此只有立他为下一任大汗，才有利于蒙古帝国的统治。于是，蒙哥被众人推立为第四任大汗。

最后，值得一提的是元朝时期的刑罚。这一时期的刑罚以五刑为基础，沿用了唐宋时期的刑罚。随着元朝的建立，政治中心南移，元世祖忽必烈能更便利地接触中原传统法文化，但他并没有更多地采用中原的法律来治理天下，反而从至元初年开始更倾向于祖制，表现出极力维护《大札撒》等蒙古旧法的一面。这里面主要有三个原因。

首先，忽必烈借鉴了金世宗的治国经验。忽必烈即位之初就令省臣编辑《大定政要》，把这位被誉为"小尧舜"的帝王作为自己的治国楷模。不久，《大定政要》就被汉臣进呈。金世宗在实行汉法时，看到了全盘汉化造成女真民族行将消亡的危险，当时金国选择汉化后，很多女真人使用汉字，改穿汉服，甚至改姓汉姓，和汉人通婚，这让女真自己的文化出现了危机。因此他采取了一系列措施来倡导和恢复女真民族的旧俗文化，以维护女真族的特性。忽必烈借鉴了金世宗在这方面的政治经验，为了防止蒙古人也因过度汉化而使得蒙古文化出现危机，他需要打压汉族文化，他充分认识到维护和遵循以《大札撒》为核心的蒙古传统法在保持蒙古民族性方面的价值。

171

其次，一些元军的汉族将领投降南宋，导致忽必烈对汉人产生了不信任，而且元廷中也缺乏推行中原法律的强大力量。在宋元战争中，有很多汉人选择了投降元朝。但是其中有一些并不是死心塌地地为元朝效忠，而是墙头草两边倒。元世祖中统三年（1262年）二月，驻扎在山东的江淮大都督李璮投降南宋，此事牵涉他的岳父——身居相位的平章政事王文统。李璮之所以会叛乱，是因为他自己本身就是个军阀，唯利是图。此时元朝在与南宋的战争中很难腾出手对待他们这些降将，他便抓住机会反叛元朝。而他的岳父王文统为忽必烈建立元朝立下了许多功劳，忽必烈对他非常信任，曾经力排众议任他为宰相。李璮叛变让忽必烈意识到汉人不能百分百信任，需要对他们进行提防，此后忽必烈开始全面削弱汉人世袭的权力，疏远汉族朝臣和地方官吏。

随着汉臣在元朝统治高层中的势力被削弱，元廷中推行中原传统法律的力量也逐渐减弱，相反，维护《大札撒》的力量在增强。元廷依据《大札撒》来处理叛乱事宜，处死王文统后，元朝颁布诏令，重申了《大札撒》等法在处理重大国事中的作用。

再者，西北和东北诸王对忽必烈推行汉法发出责难。窝阔台和拖雷为成吉思汗的三子和四子，海都是窝阔台的后代，对大汗之位由拖雷的后人忽必烈继承心怀不满。海都以夺得大汗之位为目标，积极扩张势力。由此可见在缺少《大札撒》制约之后，成吉思汗家族内部也出现了纷争，忽必烈继大汗之位的合法性也受到了动摇，成吉思汗的其他后代都开始觊觎汗位。至元五年（1268年），海都联合其他几个势力的联盟者，宣誓保持蒙古传统的游牧风俗习惯，并遣使至元廷质问忽必烈："本朝旧俗与汉法异，今留汉地，建都邑城郭，遵用汉法，其故何如？"大意是：本朝习俗与汉人的不同，现如今我们占据着汉人的土地，建都建城，礼法制度为何要遵用汉人的？

在接下来很长一段时间里，元朝内部陆陆续续发生了许多由成吉思汗的子孙发起的叛乱。从这些叛乱可以看出，在推行汉制后，成吉思汗家族内部存在着反对忽必烈的强大势力，极大地挑战了忽必烈的权威。在维护蒙古旧俗的旗帜下，那么多蒙古贵族们联合起来反对推行汉制的忽必烈，这足以说明他们对忽必烈在汉地遵用汉法的不解和不满，同时这种不解和不满在一定程度上是蒙古贵族群体的共同心声。

面对责难，忽必烈做出让步，以继续推行《大札撒》等蒙古旧法，来化解各方矛盾。更何况，在西北、东北诸王反叛时，已独立出去的钦察、伊尔诸汗国和窝阔台汗国、察合台汗国一样，继续遵循《大札撒》等旧法。而元廷在名义上处于蒙古人的宗主地位，要想巩固元廷作为蒙古汗国共主的地位，遵循《大札撒》是他唯一能走的路。

元朝的宽仁并不针对所有人

朱元璋所说的元朝宽仁，是指对元朝的官吏宽仁，并不是对所有人。对于广大老百姓，元朝统治者为了防止他们反抗，制定了不少严刑峻法。元朝的五刑主要是笞刑、杖刑、徒刑、流刑和死刑，和前朝比起来更加残酷。

元朝的笞刑分成六个等级，从7下到57下，中间每个等级以十下为进位，尾数都是7。杖刑也是如此，从67下到107下分成了五等。至于为什么元朝统治者在制定刑法时特别喜欢用"7"这个数字，官方史料中并没有解释，民间比较流传的一种说法是忽必烈为了向世人展现他的宽容，制定刑法时就规定天饶恕犯人一下，地饶恕他一下，皇帝饶恕他一下，于是，刑罚就从以十为整数减成以"7"为尾数。不过，这种说法在史书中没有根据。

关于徒刑，元朝分为五等，从一年到三年，每半年为一等。元朝流放犯人是按民族来区别的，汉人和南人会被流放到北方，蒙古人和色目人会被流放到南方。元朝的死刑主要是斩和凌迟，绞刑被废除。

另外，元朝还有附加刑，主要分成两种，一种是身体刑，以刺字为主；另一种是财产刑，分为罚、赎、没。其中，"罚"是针对官吏的，会罚钱币或俸禄。"赎"也是针对官吏，一般作为恤刑。不过，对于罪行较重或者屡次犯罪的犯人,"赎"刑并不适用。"没"是指没收罪犯的财产,这种惩罚方式可以充实国库,统治者非常喜欢。

元法是如何体现宽仁的呢

接下来,我们来探讨元朝法律中"宽仁"的一面。元朝实行了一项名为"烧埋银"的制度,如果蒙古人杀了人,可以用钱来补偿死者家属以赎罪。这是一种命价赔偿制度,但只适用于蒙古人,其他民族的人与该制度无关,这体现了当时民族间的不平等。而且,蒙古人在刑法中享有许多特权。例如,刺字等附加刑不能用于蒙古人身上,如果司法官判处蒙古人刺字之刑,将会受到77次杖打和免官的惩罚。

元朝法律宽仁有利统治的一面在元末农民起义时得到了体现。许多官员主动招兵买马,帮助元朝平定叛乱,维护其统治。其中,还有一些人选择为元朝殉难,也有不少人在明朝建立后拒绝出仕。

综上所述,元朝的宽仁主要针对的是蒙古人和官吏,对于他们,刑法没有进行有效约束。因此,一些贪官污吏更加肆意妄为,变本加厉地鱼肉百姓,导致广大民众深感不满,社会矛盾日益加剧。此外,蒙古人的立法粗糙且思想不成熟,刑法体系也十分混乱,这使得刑罚在实际执行中出现很多问题。

第六章 | 元朝：宽刑慎法，法制维护贵族

在元朝，给犯人定罪成了难题

刑事统一，民事多元

元朝的宽仁还体现在诉讼程序方面。正是由于诉讼程序的严密性，使得最终真正能定罪的案件非常少，从而显得元朝很"宽仁"。

元朝的刑事审判制度看起来好像毫无条理，实际上并非如此，对于审判制度，蒙古人有着自己的规矩。刑事案件上自从忽必烈建立元朝之后就开始走向统一，民事案件则呈现出了多元化。这也很好理解，元朝统治时期中国是一个多民族的环境，不同的情况需要采用不同的原则。

在元朝前期，由于多民族的环境，以及职业的高低贵贱，不同职业和民族的人有不同的诉讼管辖。在元朝建立前，大宗正府是主要的审判机构，它的司法权力很大，被蒙古的王公垄断，主要审理蒙古人、色目人以及元朝宗室的案件。而汉人如果犯了特别重的罪，也会被大宗政府审判。但元朝建立后，它的权力被削弱，只会审理蒙古人跟色目人的案件。致和元年（1328年）后，大宗正府地位又被降低，其审判权又一次一落千丈，只能审判上都和大都这两个城市的蒙古人和色目人。在人命重案上，大宗正府的权力也没有以前那么大了。这也和当时的历史背景有关，元朝后期皇帝更替特别频繁，整个元朝扣除元世祖忽必烈在位的24年和末世元顺帝在中原统治的36年，中间37年内换了9个皇帝。皇位如此频繁

地更替势必会削弱朝廷的实力，以至于到了后期农民起义不断，有些地方甚至不再听命于元廷，大宗正府势必也会受到影响。

在元朝，定罪必须要有物证

诉讼是要讲证据的，蒙古人特别积极地贯彻了这一点，以至于走向了另一个极端。

在元朝，诉讼证据主要分为三类：本人词理、干证人和赃仗。"本人词理"指的是原告和被告的陈述词。在诉讼中，官府会听取双方的陈述，并以此作为判定案件的重要依据。如果被告人在审讯中承认罪行，那么案件就可以据此定案，无需其他证据。"干证人"则是指人证。在元朝，如果被告人否认罪行，那么就需要寻找干证人对证。被传唤的证人必须立刻到场，如果无故不到，将会受到相应的惩罚。"赃仗"指的是物证，其中"赃"是指罪犯通过抢劫或偷窃得到的东西，"仗"则是犯人作案时使用的工具。如果没有"赃仗"，那些案子就会因为证据不足无法下结论。即使被告人再可疑，他的陈述词哪怕是前言不搭后语，"干证人"说得再信誓旦旦，把整个过程说得再有鼻子有眼，被告人也会因无法下定论而被释放。这个规定有利于罪犯，因为只要他们成功销赃并且销毁作案工具，然后在公堂上死不承认，就会更有可能因证据不足而被释放。

元朝时只有男人可以诉讼

元朝的刑法明文规定，诉讼权利一般情况下只能由男性拥有，而且男性中年幼、年老、残疾或体弱者，包括70岁以上的长者、15岁以下的幼童，以及身心有障碍者也无法自行提起诉讼。当他们需要寻求法律救济时，必须依靠他人代为诉讼。如果实在无法找到合适的代诉人，孤苦无依的女性也有权自行提起诉讼。至于在职和已退休的官员，他们无需亲自出庭，其家人可以代替他们行使诉讼

第六章 | 元朝：宽刑慎法，法制维护贵族

权利。

元朝还有专门负责撰写状词的人。古代很多老百姓并不识字，即使是有文化的人可能也不懂写状词的相关规定，这就需要专业人士来操作了。这些人不仅要了解状词的格式，还要具备充足的法律知识。他们的任职资格需得到地方政府的认可，这就跟现代很多职业都需要相关的证书一样。他们对状词的撰写必须严谨，因为如果所写的状词不合格，官员是可以拒绝受理的。官员可以拒收的状词包括：内容不清楚的、无法提供相应证据的、被认定为诬告的。另外，在宋朝就已出现的讼师，即古代的律师，在元朝依然扮演着重要角色。

在元朝，官府传唤被告人后，会将他们关押在监狱里。因此，监狱里面关押的人主要是犯罪嫌疑人，而不是罪犯。被告人往往会被关押数月甚至几年。这给贪官污吏提供了机会，在此期间他们会勒索被告人和当事人，由此产生了司法上的腐败。

元朝的审讯很宽仁，以至于定罪很难

元朝的审讯分为言词审讯和刑讯。言词审讯是常规手段，而刑讯仅用于重大案件。与前朝相比，元朝在刑讯的使用上显得格外审慎，遵循严格的程序和限制：首先，刑讯仅适用于证据确凿的重罪犯人；其次，刑讯的实施需经同一衙门官员共同商议，并将商议结果形成书面材料并签字确认。

尽管经过了严谨的审查和审批程序，仍然不能保证所有案件都能成功定罪。对于一些性质严重、影响广泛的案件，必须经过多级官员的层层审批和签字确认，才能最终定罪。如果在这个过程中，有任何一位官员对定罪结果持有异议，并拒绝在文件上签字确认，那么他的意见将会被如实上报。随后，相关案件将被重新审理。这样一来，那些真正的罪犯反而容易从这些制度中获利，而伸张正义则变得困难重重。

不少人会疑惑，既然元朝的诉讼制度这么复杂，还较为宽仁，那为什么《窦

177

娥冤》却创作于元朝，为什么窦娥还会冤死呢？首先，这个故事是虚构的，而且窦娥的原型是汉朝人。其次，再先进的制度，只要官员腐败成为常态，也起不到任何作用。况且，正是元朝宽仁的制度，使得贪官污吏更加肆意妄为地鱼肉百姓。这样的制度具有两面性：由于定罪变难了，冤假错案降到最低，但这样一来，很多真正的罪犯没能得到应有的法律制裁。

看到这里，就能理解朱元璋所说的"元朝之失天下，失在太宽"了。元朝的审理程序非常复杂，一旦有一环不符合要求就无法定罪，因此元朝能够判死刑的案子就非常少。但也正因为元朝的宽仁，不少真正罪大恶极的人逃脱了惩罚，使得社会更加混乱，矛盾加剧，最终造成了元朝的灭亡。

第六章 | 元朝：宽刑慎法，法制维护贵族

蒙古人带来了一股新风

在元朝做官需要拥有法医学知识

元朝的统治虽然充满了压迫，但也打破了中国古代封建社会固守儒学的沉闷，带来了很多新风。在法医学方面，出现了许多贴合实际的制度。元朝之前的王朝都特别注重儒学，很多文人都轻视实践，认为法医的工作是低等的。而元朝的统治者蒙古人对于这些汉族人认为是低等的工作并没有任何歧视。在之前的朝代，"士农工商"的等级观念已经深入人心，而蒙古人并没有这个观念，因此原本被视作社会底层的群体如商人、法医等，在元朝有了翻身的机会。遗憾的是，元朝存在的时间较短，这些新制度没能得到很好的发展。明朝初年，这些制度多被重视文人礼教的朝廷废除。

在元朝初期，承自宋朝的检验制度存在许多弊端。验尸官不亲自验尸，得到结果后也不核实，甚至有许多下级官员在复检时直接照搬初检结果。这些不负责任的行为导致众多冤案产生。为了改变这一糟糕的情况，元朝的统治者决定进行重大改革。

在元朝，检验过程仍然以官员为核心，官员必须了解基本的检验法规、检验方法和检验文书。这样一来，就大大增加了仵作徇私舞弊的难度，极大地推动了法医学的发展。若有官员在检验过程中失职，则会受到严厉处罚。

这种现象的出现，很大程度上是因为儒学和文人的地位降低了。元朝是由游牧民族蒙古族建立的王朝，入主中原之后虽然积极地汉化，但却对"独尊儒术"等封建传统不屑一顾。这些封建传统在当时的汉人心中已经根深蒂固，但是对于蒙古人来说却没有遵守的必要。在这样的背景下，法医学得到了发展的空间。如果这种趋势能够持续得更久一点，现代法医学很有可能会在中国出现。正是在元朝法医学的蓬勃发展之下，《无冤录》这样的法医学著作得以诞生。

当时元朝规定，如果因验尸官工作进展慢，尸体腐坏无法检验的，验尸官和下属都要被杖打。如果验尸官不亲自监视，而是委托给下属，任意增加尸体伤痕或者颠倒尸体伤痕的轻重程度的，将根据情节轻重决定是否免职或降职。如果验尸官接受别人贿赂，将按贪赃枉法罪处理。

元朝的验尸文件非常简便

元朝人把宋朝的三种验尸文件，也就是验状（验尸报告）、验尸格目（验状的辅助文件）和检验正背人形图，融合成了一种检验法式，去除了繁琐的部分。在检验时，官员需要把检验法式依样制版印刷，编立字号，然后发往各级州县，这些改变已经和现代的一些检验时的做法非常相似。遇到验尸的任务，官员需要在文本上注明时间，并且带着下属和仵作去停尸处。在验尸时，所有验尸人员和犯罪嫌疑人都要在现场，由验尸官现场监督，然后由仵作仔细检查。一旦检查出损伤，要在尸图上标明，要写清楚长宽深浅，判断致命伤和死因。检验法式需要制成多份，其中，一份给死者家属，一份存档，一份上交给上级。复检时的步骤也是相同的。这一制度一直沿用到清朝初期，还被邻国朝鲜取用，和元朝以前的验尸文件比起来，这种检验法式非常简洁。

总的来说，元朝时期，法医学迎来了新的变革。然而，随着朱元璋建立明朝，这一新风立刻终止了，中国的法医学未能得以进一步发展。

第七章
明朝：皇权专制下的法制，乱象迭出

四起惊天大案

空印案，朱元璋大怒，严刑惩治

1368年，朱元璋推翻了元朝在中原的统治，在应天府称帝，改元洪武，开启大明王朝近300年的统治。朱元璋是一个出身于草根的皇帝，或许是因为他觉得"元以宽仁失天下"，在他的统治期间，发生了多起令人震惊的案件，许多人被牵连处死，举国上下一片腥风血雨。

明朝规定，各级地方政府须向户部呈报财政收支和税款账目。各级地方政府的账目必须与户部的完全一致才能结项，否则就会被驳回，需重新填报并盖上地方政府的章。然而，古代的税款大多是粮食，从全国各地运到首都南京的过程中难免会有损耗，数字有差异是难免的事。而且，一些路途遥远的地方，把粮食带回去重新填报和盖章会浪费很多时间。因此，有些官员会在空白书册上预先盖好章备用。这种方式在元朝就已经有人用过，当时官方并未禁止。

然而，朱元璋强烈反对这种做法，因为他从小就深受元朝官员贪污腐败之苦，他的家人因贪官污吏腐败不作为而被饿死。朱元璋多次警告过群臣不得贪腐，这并非仅停留在口头上的威慑，还体现在具体处理案件时，他不达目的决不罢休，他的凌厉手段让贪官污吏不寒而栗。对于官员空印的现象，朱元璋下令处死主印官员，下级官吏则杖打一百下充军。

当时，有一个人叫郑士利，他的哥哥因空印案被判入狱。为了不让别人认为他出于私心，在哥哥出狱后，他才上书朱元璋，提出以下观点：首先，盖了空印的文书即使流传出去也无法造成实质影响；其次，偏远地区往返一趟需要一年多，这些官员采取这种措施也是权宜之计；再者，法律并未禁止这种行为，那些官员也不知道自己犯了罪，如果强行给他们定罪，势必会有人不服；最后，国家培养一名官员不容易，如果轻易将他们处死或流放，对于国家而言也是得不偿失的。

朱元璋看完这封信后立刻大怒，还要追查指使郑士利写信的人。最终，郑士利被流放，他的哥哥也重新被逮捕到牢狱中。

关于此案具体发生的时间和死亡人数一直存在争议，一个普遍的说法是，在空印案和下文即将分析的郭桓案中，被处决的人数约为8万，其中不知有多少冤魂。

胡惟庸案，丞相就此告别历史舞台

早在朱元璋南征北战时期，胡惟庸便投靠了他，之后逐渐升迁。在朱元璋登基6年后，胡惟庸担任了右丞相，4年后晋升为左丞相，可谓是一人之下，万人之上了。

然而，胡惟庸专横跋扈，在任期间大量培植自己的党羽，极力打压异己。刘伯温是受胡惟庸打压的最著名的人物之一。刘伯温准备告老还乡时，他向朱元璋警告，胡惟庸有异心。胡惟庸得知后对刘伯温怀恨不已。后来，刘伯温病重去世，历史上有许多说法是胡惟庸派人毒死了刘伯温。

随着淮西集团在朝势力的不断增强，再加上胡惟庸骄横跋扈，掌握生杀大权，很多时候未与朱元璋商议便自作主张，这让朱元璋决定除掉胡惟庸。朱元璋出身平民之家，没有贵族出身的皇帝所拥有的政治势力做后盾。在他生前，朱元璋凭借领导能力和个人威望能够掌控手下的大臣们，但如果他去世了，这些大臣将会给他的继承人带来巨大威胁。因此，他要在有生之年铲除这些居功自傲的功臣，为子孙铺平道路。

胡惟庸案的具体经过在史书上存在许多矛盾之处。此案可以简单概括为：有人告发胡惟庸谋反，恰好淮西集团此时有人惹上了事，导致胡惟庸被牵连，许多功臣也被波及，最终有3万多人被杀。事后，朱元璋废除了丞相制度，大权独揽，皇权得到强化。

据《明史》记载，胡惟庸在担任丞相期间就有了"谋反"意图。他早在至元十五年（1278年）就投奔到朱元璋的麾下，在洪武三年（1370年）被任命为丞相。他从洪武六年（1373年）开始专权，六年之后被告发谋反。因此，如果说朱元璋之前不知道胡惟庸是个"奸臣"，那肯定没人相信。朱元璋不可能用20年的时间才认清胡惟庸的真面目。

更令人起疑的是，胡惟庸在洪武十二年（1379年）入狱，并不是因为谋反，而是因为刑事案件（怒杀家仆）和行政上的错误（将罪妇分配给文臣为妾）。蹊跷的是，胡惟庸入狱后，突然有人指控他谋反，最终胡惟庸被定罪处死。说胡惟庸谋反，有许多不实之处，疑点颇多。

有一种说法是，胡惟庸案是朱元璋为了废除沿袭千年的宰相制度找的一个合理的借口。相权在唐宋以后开始下移，行政系统逐渐分割了相权，由于财政和军事两部门的增加，六部的权力愈来愈大。宰相的权力范围内只剩下军国大事、高级官吏的任免和新出现的重大事务，而这些都是要经过皇帝批准的，宰相一职逐渐变得多余。

朱标死了，蓝玉惨了

在朱元璋统治后期，与胡惟庸案相似的一起案件是蓝玉案，这一切都要从太子朱标说起。朱元璋非常喜欢长子朱标，指定他为继承人。为此，朱元璋努力地培养朱标。朱标擅长处理政务，而且朝中大臣愿意听从他的指示，其中就包括大将蓝玉。如果朱标没有早逝，可以想象，之后朱棣若是依然发动靖难之役，一定没有胜算。

不幸的是，朱标英年早逝。朱元璋需要重新考虑继承人的问题。洪武二十五年（1392年）九月，按照嫡长子继承制，朱元璋立朱标的长子朱允炆为皇太孙。然而，年幼的皇太孙从未处理过政务，缺乏太子那样丰富的治国经验，与文武臣僚的感情也不如太子深厚，他与蓝玉的关系自然没有太子密切。

此时，蓝玉的处境变得尴尬。他为人自大，朱元璋和朱标还能制得住他，但到了朱允炆这一代，就无人镇得住他了。而且，蓝玉打败元军之后还与元妃有染，他还经常滥杀无辜。如此专横跋扈，出现在朱元璋的铲除名单中并不意外。

在南征北战中，蓝玉立下了赫赫战功。大明王朝建立后不久，他手握重兵，手下的士兵能征善战。因此，如果蓝玉想谋反，对于新建立的王朝将是致命的打击。从史书的蛛丝马迹中并未找到蓝玉有谋反的打算，但朱元璋还是先发制人，一举消灭了蓝玉和他的势力。洪武二十六年（1393年），锦衣卫指挥蒋瓛告发蓝玉谋反，随后朱元璋很快将蓝玉下狱。在这起案件中，超过1.5万人被杀，蓝玉本人被朱元璋剥皮。

总之，蓝玉案是明初皇室政治斗争的结果。蓝玉、傅友德、冯胜等功臣与皇室联姻，必然会卷入皇权斗争的旋涡。朱元璋深知，太子如果没死，对诸王而言，他是长兄，又经过朱元璋长期的培养，继承帝位后不会发生大的变故；而皇太孙则不同，诸王都是他的叔父，他年纪轻，经验又不足。因此，太子死后不久，朱元璋开始大杀蓝玉等开国功臣。然而，最终还是朱棣以武力夺了帝位，朱元璋的心机都白费了。皇室与功臣联姻加剧了统治阶级内部矛盾，因此之后明朝皇室很少再与功臣联姻。

郭桓案，大写数字诞生

元朝末年，官僚机构十分腐败，贪官污吏横行。朱元璋建立大明王朝后，要求所有官员廉洁奉公，为民服务，并用重刑杜绝贪污。一旦官员贪污被发现，就可能面临被剥皮的下场。此外，朱元璋还设立锦衣卫暗中监察官员。然而，在这种情况下，朝廷仍发现有官员贪污，此人便是郭桓。作为户部侍郎，郭桓贪污的数额巨大，导致此案影响广泛，许多官员被卷入其中，全国许多地主也被抄家破产。

从另一个角度来看，此案的影响一直持续至今，它促成了大写数字的诞生。人们在银行等地常见的大写数字，源自朱元璋。因为过去的数字使用汉字书写，贪官污吏很容易通过篡改数字来谋取私利，例如将"一"加一横，变成"二"，而使用大写数字后，可以防止这种行为。

不过，朱元璋的做法并不能阻止官员贪污。明朝后期，经济崩溃，朝廷缺钱，很重要的原因是官员徇私舞弊，导致朝廷无法收到足够的税收，这也成了明朝灭亡的原因之一。

明朝一开国就发生了四起惊天大案，然而，这只是一个开始。

第七章 ｜ 明朝：皇权专制下的法制，乱象迭出

重典治国

轻其轻罪，重其重罪

看了这么多明朝的案件，大家需要了解一下当时的刑法。或许是因为元朝刑法宽仁，朱元璋建立明朝之后实行重典治国，颁布了很多严刑峻法。

明朝实行"轻其轻罪，重其重罪"的原则，实际上是对那些可能威胁皇权和统治者利益的犯罪进行严厉打击；而那些对统治者危害较小的犯罪，如不孝或伤风败俗等，惩罚力度比前朝小。例如，在唐朝时，不孝会被判处徒刑三年，而在明朝只会被杖打100下；父母去世而不发丧的，在唐朝要流放两千里，而在明朝只需要杖打60下。

明朝统治者之所以这样做，并不是因为他们仁慈，而是为了适应时代环境。明朝已是封建社会晚期，加上偶有西方思想传入，儒家传统的忠孝观念在老百姓心中的地位逐渐降低。因此，明朝为了缓解社会矛盾，不得不调整了对犯罪的惩罚力度。

朱元璋想灭尽天下的贪官污吏，手段残忍

而针对贪污罪行，明朝的刑法比以往的朝代更为严厉。由于朱元璋是底层老

百姓出身，小时候深受贪官污吏之苦，因此在成为皇帝后，他对贪官污吏深恶痛绝。他会严厉地惩罚官员的渎职和失职行为。他还规定，百姓可以进京控告欺压民众的地方官员，沿途官员必须放行，不得阻挠，否则将受到严厉惩处。

虽然朱元璋的这些规定取得了一定的效果，但却违背了法律制度的正常原则，甚至在这些规定下，官员经常在法律之外使用刑罚。因此，这些规定存在着很大的弊端，既不科学，不符合法治发展规律，也无法长期推行。朱元璋去世后，他的孙子建文帝废除了许多刑罚。遗憾的是，明朝在解决贪官污吏的问题上一直未能找到正确的方法，明朝末年贪官污吏横行，国家经济崩溃，大明王朝的统治也因此土崩瓦解。

此外，朱元璋还禁止大臣结成朋党。这并不难理解，一旦大臣们团结起来，就会对皇权构成严重的威胁。另外，以明朝为背景的影视剧中经常出现充军和枷号，即将犯人上枷标明罪状示众，这是明朝新增设的刑罚。

对于明朝的司法机构，人们最熟悉的是东厂、西厂和锦衣卫。这三个机构是明朝为强化皇权而特别设立的，被赋予了许多司法权力，因而能凌驾于其他司法机关之上。三个机构负责侦察缉捕、监督审判以及执行法外刑。此外还充当着特务角色，如果有人胆敢说出对统治者不利的话，就会被侦知法办。因此，明朝百姓常常生活在恐惧之中。

在明朝，也有文字狱。明朝皇帝之所以这么做，是因为他们要禁锢思想，维护自己的统治，铲除异己，压制对自己不利的言论。

朱元璋时期发生的文字狱广为人知，但是这些故事的真实性值得怀疑。有学者研究指出，许多在朱元璋时期因文字狱被处死的人物，在正史中记录的生卒年份与故事中的描述并不相符。有些人甚至在故事中死亡后的第二年还在为他人撰写墓志铭，还有一些人甚至活到了朱元璋去世后。此外，即使故事中的有些人真的被朱元璋处死了，也有许多是出于其他罪名而非文字狱。在朱元璋统治时期，因文字狱而死的人并不多。由此可见，朱元璋虽然用文字狱来打压异己，但远没有到"大兴"的程度。

第七章 | 明朝：皇权专制下的法制，乱象迭出

朱棣发动靖难之役，打破了朱元璋生前对未来的构想

朱元璋之所以采用严刑峻法，是因为天下刚刚安定，需要用重典治国。他将建文帝视为接班人，是因为他希望建文帝能在天下稳定后，放宽刑罚。然而，朱元璋未能料到，仅仅在他去世4年后，他的儿子朱棣便发动了夺取皇位的靖难之役。明成祖朱棣登基后，继续沿用朱元璋时期的严刑峻法，甚至变得更加残暴，使朱元璋的计划未能如愿。

朱棣攻入南京城后，建文帝在一场大火中销声匿迹，而大臣方孝孺也被关进了监狱。方孝孺是当时有名的大儒。建文帝每次在国家大事上有拿不定主意的地方，便会请教方孝孺。早在朱棣攻克南京之前，他的谋士中就有人求情，说攻克南京后千万不要杀方孝孺，否则就是与天下读书人为敌。朱棣一开始是答应的，但他要求方孝孺为他写继位诏书。方孝孺对建文帝非常忠诚，得知建文帝下落不明后非常伤心，现在朱棣要他写继位诏书，他坚决不答应。于是，朱棣就对他威逼利诱，而方孝孺用笔在纸上写了4个大字："燕贼篡位。"朱棣立刻怒发冲冠，将方孝孺凌迟处死，并且诛他十族，这是把本来的九族加上他的朋友门生凑成十族。这起案件中被害的就有几百人。

朱棣之所以采取这么残暴的措施，是因为他取得皇位的方式并不正当。因此，他需要使用严酷的刑罚来维护他的统治，所有敢挑战皇权合法性的思想和行为都会受到严酷镇压。在方孝孺的案件之前，历史上从来未有过诛杀十族的情况，最多只有九族，从来没有把朋友和门生算作一族。这起案件的影响非常深远，在很长一段时间里，方孝孺的文字都被封禁。如果有人被发现私藏他的诗文，就会被处以死刑。一些人迫不得已，只能将他的诗文改名，才得以保存下来。所有与方孝孺有关的文字都被禁止，甚至诗集中所有指代他的称呼都被删除。

西方人来中国传教，发生很多摩擦

与明朝同时，西方世界发生了巨大的变化。明朝中后期，许多外国人来到中国传教，明朝制定了一些与外国人相关的制度。然而，由于文化差异，明朝人和西方传教士之间发生了许多摩擦。

在16世纪，为了增强天主教在东方的影响，许多传教士来到中国传教。但是天主教的教义与中国的传统文化存在着显著的差异，引发了明朝百姓和外国传教士之间的矛盾。在此期间，一些传教士遭到殴打、侮辱、下狱和驱逐出境，这些冲突大多发生在地方上，影响较为有限，很快就被平息了。

万历十年（1582年），天主教耶稣会传教士利玛窦被派至中国。他入乡随俗，非常熟悉汉文化。他致力于找到中西方文化的结合点，因此得到了一些文官的好感，这便于他更好地传播教义。然而，一些狂热激进的传教士认为这种做法会损害宗教的纯正性，并且传播速度过慢。在利玛窦去世后，他们采取了激进的方法传教，表现出对儒家思想的排斥，并禁止中国教民祭祖和拜孔子，这种激进的传教方式引发了许多百姓的质疑和反感。

万历四十四年（1616年），一位朝廷官员向皇帝进谏，列举了这些传教士的众多罪状。也有官员为传教士辩护，比如徐光启，但皇帝仍下令驱逐传教士。在此过程中，不少传教士被杀，许多传教士撤退到澳门或者躲在信徒家里。他们不能公开传教，只能在暗地里开展宗教活动。

在这起事件中，西方传教活动遭受了重大的打击。但在崇祯皇帝登基之后，他又允许传教士进入中国，传教活动得以恢复。后来，明朝在与清朝的战争中节节败退，明朝需要从西方购入先进的火炮抗击清军。这些洋人就得到了很好的发展机会，这些宗教活动甚至一直持续到了南明小朝廷和清朝。

第七章 | 明朝：皇权专制下的法制，乱象迭出

一个神秘案件，成为朝廷大臣互相攻击的借口

到了明朝中后期，派系斗争越来越激烈，一些刑事案件往往会引发朝廷内部大规模的明争暗斗。

在万历元年（1572年）正月的某一天，当时年仅10岁的万历帝去上早朝。当他路过乾清门时，发现一个形迹可疑的太监。于是，皇帝身边的侍卫立刻将此人拿下。结果发现，这个人并不是太监，更令人惊讶的是，他身上带着一把刀和一把剑。经过审查，这个人的名叫王大臣，他是抗倭名将、当时正镇守北方边境的戚继光手下的一名逃兵。但无论官员如何审问，他都不回答他是如何进宫、为什么进宫以及身上带着兵器的问题。

负责审理此案的内阁首辅张居正感到苦恼，戚继光与他有着密切的关系，如果将这起案件聚焦在戚继光身上，自己也会受到牵连。王大臣显然必死无疑，因为大家怀疑他企图刺杀皇帝。这样一来，这起案件就很容易变成官员攻击政敌的借口。因为此时此刻，无论谁被卷入此案，都将面临极度危险的处境。

张居正立即将王大臣从普通监狱转到了东厂的监狱，东厂的人让王大臣背诵提前写好的供词，声称一切都是前任内阁首辅、数月前已被张居正等人排挤回河南老家的高拱指使他这么做的。王大臣并不认识高拱，但本着好汉不吃眼前亏的想法，觉得何必为了这个素不相识的人承受严刑拷打呢，于是他按照东厂的要求说了。

然而，大家都知道王大臣被关押在经常陷害忠良的东厂，而且高拱没有动机刺杀皇帝，更何况这么做，新皇帝肯定会将他碎尸万段。这下张居正成了众矢之的，更令他想不到的是，在公开审判时，王大臣竟然翻供了，这让张居正的处境更加尴尬。原来，在这段时间里，高拱阵营中有人做出了努力，有一个很厉害的人潜入东厂，成功拉拢了王大臣，最终使得王大臣在朝堂上翻供。张居正是在此时意识到，必须尽快结束这个案子，否则他会被越抹越黑。最终，王大臣在三天后被处死。

一代才子，居然杀死了自己的妻子

另一起案件的主人公是明朝有名的书画家、文学家徐渭。据《明史》本传记载，虽然他才华横溢，但个性孤傲张扬，加上明朝激烈的派系斗争，因而命运多舛，仕途蹭蹬。最终，他变得疯疯癫癫，甚至杀害了自己的妻子。

提到徐渭，就不得不提那位毁誉参半的封疆大吏胡宗宪。正所谓成也萧何，败也萧何，徐渭能够平步青云正是依靠胡宗宪，但他后来变得痴狂，也和胡宗宪有关。

明朝中后期，倭寇屡次骚扰中国海疆。胡宗宪是抗倭英雄之一，他非常赏识徐渭的才华，想让徐渭当自己的幕僚。然而在派系斗争中，胡宗宪站在了大奸臣严嵩一边，徐渭非常不喜欢严嵩，但又非常钦佩胡宗宪抗倭的胆略，再三抉择下，他进了胡府，成了胡宗宪的幕僚，这也为他今后的悲剧人生埋下了伏笔。

最终，严嵩在党争中败下阵来，他这一边的很多人都受到了牵连，也包括抗倭英雄胡宗宪。同时，胡宗宪身边的很多幕僚也遭到了迫害。不过，徐渭还算比较幸运，没有被迫害，但这为他的人生蒙上了一层阴影。由于徐渭的性格比较偏激，之后的日子里，他总是担心自己会受到迫害，自杀过好几次，都未成功。很快他就变得疯疯癫癫，以至于怀疑自己的妻子不贞，最终杀害了她。于是，徐渭就被关进了监狱达7年。他被判的关押时间可能比7年还长，但由于好友解救和皇帝大赦天下，他提前获释了。然而，徐渭出狱后的生活十分穷困潦倒，最终在悲愤中去世。

综上所述，我们会发现明朝刑法的特点是统治者重典治国，而且大案往往都会和派系斗争挂钩。

第七章 | 明朝：皇权专制下的法制，乱象迭出

直诉制度——明朝政治的缩影

明初百姓曾经可以把贪官绑起来押进京城

　　明朝的诉讼制度大多沿袭唐宋，相关内容前面章节中已提及，因此这里着重讲述明朝特有的直诉制度。

　　朱元璋出身贫苦，深知贪官污吏对底层百姓的压迫。所以，他制定了直诉制度，即直接向最高统治者陈诉案情的制度。上到达官贵人，下到平民百姓，所有人都能监督百官。在遇到祸害百姓的地方官时，百姓可以进京告状，沿途官员必须放行。这个制度让大臣们感到惶恐不安，在一定程度上规范了官员的行为，在明朝初期非常有效。后来，随着工商业的发展，这项制度逐渐稳定下来。

　　当出现官员下乡扰民、欺压百姓、强取豪夺或欺压商户的情况时，那些德高望重的老村民或族长可以带领年轻人将该官员绑起来送往京城。朱元璋亲手写定并颁布的《御制大诰续编》记载，洪武十九年（1386年），嘉定地区的两个百姓要去京城控告县里的官员欺压百姓。当他们到达淳化镇时，当地的两个官员不知道是特别缺钱还是不懂法律，竟然敲诈勒索他们。这两个官员的违法行为给自己带来了灭顶之灾，其中一位官员被斩首示众，另一位被砍去双足，并被枷号示众。

儒学昌盛的时代，你不能控告你的尊长

明朝儒学繁荣，审判制度中包含了深厚的儒家思想。朝廷规定，年龄较小的晚辈不得告发长辈，否则即使长辈的罪名成立，晚辈也会受到惩罚。明朝统治者为强化皇权，要求官员处理案件时，如果遇到法律类推（处理案件时，遇到在法律上没有出现的情况，对照最相类的法律条文处理）的案件，必须上报皇帝得到同意才能执行。

关于再审，朝廷明确规定，只有与前一次判决相关的衙门完成审结，并且实质地审理判决后，才能进行再审。复审的程序更加严格，朝廷明确规定了哪些案件需要复审，根据刑罚的轻重来决定需要申报到哪个部门，以及一些特殊的案件和死刑案件应该如何复审。

热审通常在每年酷暑来临之前举行，针对的对象主要是刑罚在死刑以下的囚犯，热审由司礼监、刑部和大理院主持。大审每五年举行一次，主要针对多次喊冤的囚犯，主要在南京和北京两地举行，地点通常在大理寺。明朝刑罚的执行方式与前代相比多有变化和发展，但是对刑罚的种类和适用条件规定得非常详细，对监狱和刑具也有相应的规定。

此外，在明朝的审判制度中，军人和百姓是分开审判的。明朝有专门的官员对军人进行司法审判。如果军人犯法，军事机关会进行审理。明朝统治者之所以这么做，是为了保持军队的独立性，防止出现军政合一的情况。这项举措对于维护皇权和加强中央集权起到了很大的作用。

明朝中后期阳明心学的兴起让许多审判者在审判案件时会考虑情理。特别是在海瑞之后，官员们都遵循海瑞总结的办案经验：在有争议的案件中，如果难以判断真相，宁愿委屈兄长，而不委屈弟弟；宁愿委屈叔伯，而不委屈侄子。如果争议的是产业，宁愿委屈乡宦，而不要委屈平民，以纠正弊端。如果争议的是言貌，宁愿委屈平民，而不要委屈乡宦，以维护体统。这些都体现了儒学的礼教思想。

然而，在法治社会中，过于强调情理是不可取的。在刑事案件中，明朝统治者采用"法律为主、情理为辅"的原则；而在民事案件中，很多时候则是情理高出了法律。明朝州县的司法官有自主裁决权，往往会选择在不违法的情况下，大事化小，小事化了。毕竟，只讲法律，不讲情理，法律就缺乏人情味；但是太讲情理，又会降低法律的地位，可能导致人们不遵纪守法。因此，在实践中，明朝的司法官往往需要在法律和情理之间找到平衡点。

大臣们当着皇帝的面将人殴打致死，却大快人心

在明朝，发生了一起大臣们当着皇帝的面将人殴打致死的案件，这件事的起因要追溯到土木堡之变中被俘的明英宗。明英宗非常信任太监王振。他长于深宫，却渴望成为明成祖朱棣那样开拓疆土的帝王。王振鼓励明英宗亲自带领大军北伐瓦剌，但明英宗不会想到，他这一北伐，下一次回到北京就要在很多年后了。

结果，这一仗打得明英宗颜面尽失，自己被敌人俘虏，明朝大军损失殆尽，随行的百官大多战死。而皇帝被抓后，朝堂上的文武百官一时不知所措。不过幸运的是，兵部尚书于谦在这时站出来力挽狂澜。他力主明英宗异母之弟、郕王朱祁钰继承皇位，并且要求朱祁钰立即铲除王振集团。

《明史·王竑传》记载，当时在朝堂之上，一个大臣上奏要求将王振满门抄斩，他的一番陈词让在场的许多大臣都痛哭流涕。然而，朱祁钰一直犹豫不决。在大臣们苦口婆心地劝说下，他才勉强要求让锦衣卫都指挥使马顺去办这件事。但马顺本就是王振集团的人，所以这个安排还是为了包庇王振。因此，文武百官不能接受这个安排。

偏偏就在此时，马顺站出来挑衅，喝令大家立刻走开。之前有明英宗和王振的保护，马顺敢胡作非为也就算了，现在明英宗被抓，王振已丧命，他还站出来咄咄逼人，这彻底激怒了大臣们。户科给事中王竑首先站出来击打马顺，接着群

臣一拥而上，把马顺给活活打死了。大家一不做，二不休，又打死了王振派系里的两个太监。

虽然说被打死的三个人罪有应得，但就实质上讲，毕竟还是一起在朝堂上恶性斗殴的事件，如果走正常的程序这些大臣都要受到严惩。这时两袖清风的于谦站了出来，说大家这么做是为了江山社稷迫不得已，请皇帝赦免他们的罪行。皇帝也听从了于谦的意见，宣布今天在场的所有人都没有罪过，这件事之后就不追究了。正是这起事件给整个大明王朝带来了积极的影响，之后大家万众一心，打赢了北京保卫战。由此可见在那段时间，群众的力量在法治上也是不容忽视的。

到了明朝后期，直诉制度的弊端暴露无遗

直诉制度的优点明显，能够显著地减少冤假错案，惩治贪官污吏，除恶扬善。然而，到了明朝后期，直诉制度的弊端暴露无遗。明朝后期对直诉案件限制严格，很少有直诉案件能真正到达皇帝面前并得到平反。此外，当时人治大于法治，皇帝昏庸，吏治腐败，官员和权贵间相互包庇，许多官员在审判前收受贿赂，案件无法得到公正审判。古代的交通极不方便，百姓前往京城往往需耗费大量时间和金钱，甚至可能在途中遭到拦截。

以袁崇焕案为例，袁崇焕被捕后，上至大学士，下至平民百姓，有许多人为袁崇焕求情。根据明朝的制度，若有人鸣冤，须走程序重新审理案件。但崇祯皇帝刚愎自用，不仅不听从这些人的意见，反而将其中一些人免职或处死。袁崇焕被杀一案在历史上一直备受争议，有人认为袁崇焕擅自杀害毛文龙、私自议和、欺君罔上，的确犯了死罪。但无论袁崇焕案件如何定论，崇祯皇帝对那些求情者的做法终究是不人道的。

崇祯皇帝给袁崇焕的罪名有以下9条：

托付不效，专恃欺隐，以市米则资盗，以谋款则斩帅，纵敌长驱，顿兵不

战,援兵四集、尽行遣散,兵薄城下,潜携喇嘛,坚请入城。

第1条主要是因为袁崇焕向崇祯皇帝承诺5年内平定辽东,结果平定辽东的事还没见到明显成效,反而皇太极的军队兵临北京城,这让皇帝非常失望。严格来讲,这一条无法将袁崇焕定罪,因为5年的时间还远远没到,但是相关的某些罪行还是成立的。例如,当他率领大军抵达北京后,并没有立即投入战斗,而是在一旁观望,导致北京城的老百姓和守军在乱军的攻势下伤亡惨重。此外,袁崇焕没有集中优势兵力给敌人致命一击,而是让各路援军各自为战,导致战斗缺乏组织性。在这一仗中,明朝著名的将领满桂牺牲了,国家遭受重大损失,而造成这一损失的罪魁祸首正是袁崇焕。

袁崇焕私自斩杀了毛文龙,也是罪状之一。毛文龙是抗击后金的名将,与袁崇焕一样拥有尚方宝剑,却被袁崇焕未经请示就处死。袁崇焕给毛文龙列的罪行与后来崇祯皇帝给袁崇焕列的罪行有很多相似之处。

例如,袁崇焕说毛文龙从未收复过失地。但是要知道,后金和明朝相比,最大的劣势就是人口,因此毛文龙的战术是歼灭敌军的有生力量,这个战术是正确的。只要尽可能地消灭后金军的有生力量,后金就会陷入战争泥潭中,迟早会溃败,到时就能收复所有失地,这正是"存人失地,人地皆得;存地失人,人地皆失"的道理。

但是,朝廷在讨论战功时只关心收复了多少土地,对将领的战略则不太关心,如果丢失寸土就会受到制裁,因此毛文龙不可避免地被扣上罪行。而且,毛文龙这个人很爱贪污,他向朝廷虚报人数,冒领了很多军饷。事实上,崇祯皇帝得知袁崇焕斩杀毛文龙后,他的内心是复杂的,一方面他对毛文龙也不是很放心,另一方面他觉得毛文龙毕竟是一员得用的干将。

除了袁崇焕,崇祯在位期间还杀了很多人,其中包括儒将、西洋火炮专家孙元化和兵部右侍郎郑崇俭,这些人大多数是忠臣良将。崇祯皇帝处死这些人时,明显没有经过诉讼程序。即使有人提起诉讼,在那个充满党争的朝堂上,审判出来的结果也不会是公正的。崇祯皇帝的性格是既刚愎自用而又多疑善变，急功近利而又优柔寡断，极好名声而又缺乏担当，专横滥杀而又刻薄寡恩。尽管他为了挽救明朝做了很多努力，但这些努力又大多把明朝推向了更深的深渊，最终成了亡国之君。

一起民事纠纷，竟然惊动了朝廷

在明孝宗弘治年间，彭城卫千户吴能将女儿满仓儿的婚事托付媒婆，不料媒婆却将满仓儿卖给乐户张氏，并骗张氏说此女是皇亲周彧家的人。然后满仓儿又被多次转卖，最后被卖给乐工袁璘，成了歌妓。吴能不久病死，其妻聂氏四处察访，终于找到了满仓儿。但是，满仓儿对家里人当初把自己卖掉一直耿耿于怀，她谎称聂氏不是自己的母亲。无奈之下，聂氏和儿子强行将满仓儿带走。

袁璘觉得满仓儿是自己花钱买来的，聂氏要带走她得花钱赎回，但遭到了聂氏的拒绝。于是，袁璘就把这件事告到了官府，但刑部侍郎丁哲和其他几个官员认为此事是袁璘在强词夺理，便命人笞打他。打他的人下手太重了，袁璘回家后就一病不起，不久便一命呜呼了。最终，官府在验尸后做出判决，聂氏得以要回自己的女儿。

这起案件目前看来非常荒唐，而更荒唐的还在后面。原来，东厂太监杨鹏的侄子杨彪曾和满仓儿有过私情，知道此事后觉得可以就此大做文章，报复丁哲。于是他指使袁璘的妻子向杨鹏申诉冤案，又让乐户张氏认满仓儿为其妹，并又命令贾校尉嘱咐满仓儿串供。媒婆便称聂氏之女先前曾经卖给周姓皇亲家。但是在审案过程中，却发现皇亲周彧家并无满仓儿此人，乐户张氏与满仓儿只得从实招供。但谁也不敢得罪东厂太监杨鹏叔侄，这样一来，刑部侍郎丁哲就摊上了因公行刑致人死亡的罪名，其他几个官员和聂氏母女也会被判处杖刑。

这样的处理结果明显不公，刑部典吏徐珪愤然站了出来，揭露东厂仗势欺人，还请求皇帝撤销东厂，将在案件中涉及徇私舞弊的东厂官员和满仓儿判处死刑。然而，东厂的势力仍过于强大，徐珪最终被皇帝判刑，他花钱赎罪后被贬为平民。丁哲同样被贬为平民，满仓儿被杖责后送入浣衣局。这起载于《明史·徐珪传》的案件终于画上了句号，但是它也透露出当时东厂、西厂和锦衣卫的胡作非为、司法体制不力以及民间买卖少女的乱象。

东林党人弹劾魏忠贤，反而被魏忠贤诬告

明朝天启年间，太监魏忠贤权倾天下，祸国殃民。东林党人杨涟向天启帝弹劾魏忠贤，列举了他的24条罪状。然而，魏忠贤的势力庞大，有人从中阻止弹劾。于是，杨涟打算在早朝时亲自将奏折交给皇帝。然而，那一天皇帝并未召见大臣。杨涟决定等到皇帝上朝后再实施计划，但魏忠贤连续多日阻止皇帝上朝，导致杨涟的弹劾奏折一直未能送到皇帝手中。

在杨涟多次无功而返之际，魏忠贤开始密谋陷害东林党人。此时，他已手握大权，便假冒皇上的名义，捏造罪名逮捕了杨涟和其他东林党人。此事曝光后，许多读书人和百姓十分悲痛，在路边连声哭泣。魏忠贤命令手下对杨涟刑讯逼供，最终杨涟被活活打死。

从这起案件中可以看出，明朝的制度非常不合理。东厂、西厂和锦衣卫的权力过大，在司法上有太多特权，甚至还能法外施刑。他们所用罪名之重、用刑之广都到了登峰造极的地步。

明朝中后期，厂卫频繁干预司法，对政治制度造成了严重的破坏。他们主观性地随意进行司法审判，一时间腐败盛行，刑讯逼供和残酷的刑事处罚成为常态。宦官们通过厂卫机构对百姓实行残酷的统治。

明朝的诉讼制度是当时政治的缩影。在早期，诉讼制度确实发挥了作用，然而到后期已失去了本应发挥的作用。

仵作在明朝的地位更低了

崇尚儒学的时代，法医的地位又回到以前

和宋元时期法医学的迅速发展比起来，明朝的法医学发展难以述说地缓慢。在检验制度方面，明朝只是将条文变得更加详细，具体内容没有大的改动。在技术方面，明朝也没有取得新的突破。

元朝法医学有所发展是由于儒学地位的下降。明朝统治者为了巩固统治而帮助儒学重新发展起来，导致法医学家的地位回落到元朝以前的水平，甚至更低。

由于法医学家地位的下降，检验命案死尸的仵作的地位变得更加低微。明朝的法律将某些职业定义为卑贱职业，这些从业者的子孙三代不得参加考试或担任官职，仵作便是其中之一。

明朝法医地位的降低导致检验人员在被发现不称职时，受到的惩罚比前朝更轻。如果检验出错，检验人员将受到杖刑，而且这种刑罚还可以用金钱赎抵。由于减轻了惩罚，检验的正确率也相应地大打折扣。

另外在某些情况下，尸体是能够免检的，包括自缢死、溺水死、官府已经审查清楚且家属急于安葬的、死者是被强盗杀死的、官府已经观察了损伤情况且家属要求免检的、犯人在狱中病死且官府和家属对死因没有任何争议的。但如果死者是被杀死的，即便家属要求免检，官府也不会批准。

保辜制度变得更加不合理

明朝沿用了之前的保辜制度，并有所改动，但改动后这个制度变得更不合理了。在明朝，如果一个人被殴打，他需要立即写出告辜状，自诉损伤性质与程度，请求保辜。如果受害人没有写出告辜状的，在被殴打致死的情况下，只有在被打后三天之内死亡才会进行检验，否则官府将不会批准检验，而是会按诈伤行骗或以自殴诬陷别人论处。

这个改动非常荒唐，因为很多人被殴打后无法立即写出告辜状。此外，当时许多人并不识字或因为路途遥远而无法马上前往相关部门，所以无法满足这一要求。这条制度显然是为了方便官员而不顾百姓的权益。

不过，明朝对保辜制度也做了一些积极的改动。例如，当时的统治者发现，有些人死亡时虽然超过了保辜期限，但仍死于被殴打后留下的伤势，因此决定延长保辜期限。如果伤者在法定的保辜期限内未能恢复健康，则将增加额外的"余限"。在当时那样一个医疗水平和科学并不发达的年代，这是一个比较积极的改进。

法医学在明朝的发展非常有限，而此时的西方正发生着翻天覆地的变化。随着欧洲文艺复兴和工业革命的兴起，西方的法医学开始领先于世界。后来，清朝统治者开始注重发展法医学，但和西方的现代法医学比起来还是差距很大，以至于在清朝末年，中国古代法医学被西方现代法医学取代。

壬寅宫变——宫女们愤怒的反击

喜怒无常的嘉靖皇帝

嘉靖皇帝不仅在政治上表现差劲,在管理后宫上也同样糟糕。在治国方面,他统治时期的大明王朝逐渐走向衰败;而在后宫中,他虽有佳丽三千,却喜怒无常,经常惩罚宫女,甚至直接用木棍打死宫女。这样的皇帝让宫女们感到生命随时受到威胁,她们决定反抗。

根据史料推测,嘉靖皇帝对宫人虐待成性,主要是以下几个原因造成的:首先,嘉靖皇帝家庭不幸,年少时父亲病逝,只剩他和母亲相依为命。在他离开封地前往北京时,他与母亲抱头痛哭。在母亲入宫时,大臣们要求她走偏门,但嘉靖皇帝坚决不同意,甚至以不当皇帝相威胁。后来,嘉靖皇帝病重,他的母亲一直亲自照顾他,直到把自己累病。后来,母亲去世了,可以想象,这对嘉靖皇帝的打击巨大,导致他变得喜怒无常,对后宫女人犯错绝不容忍。其次,嘉靖皇帝长期服用丹药。药性发作时他的情绪就会变得不稳定。

而最重要的原因,应该是"大礼议"事件的影响。正德帝没有子嗣,因此他去世后,堂弟朱厚熜被立为皇帝,也就是嘉靖。按照皇室的规矩,嘉靖帝必须过继给正德帝的父亲弘治帝,称弘治帝为父亲,称自己的亲生父亲为叔父。但嘉靖帝很孝顺,他坚决不肯过继给弘治帝,坚持称弘治帝为皇伯父,并想把自己的父亲兴献王追封为皇帝，这显然违背了明朝皇室的规矩和祖制。于是，大臣们分成了两派。一边是以张璁为首的大臣支持嘉靖帝的决定，另一边是以杨廷和为首的大臣坚决反对，主张不要违背祖制。这件事争论了两年多，派系斗争愈发激烈，史称"大礼议"事件。反对嘉靖帝决议的大臣们集体在上本、接本的皇宫左顺门跪谏。嘉靖帝大怒，最终下令四品以上大臣夺俸，五品以下受杖，受杖者有180多人，17人死亡，史称"左顺门血案"。在嘉靖帝的雷霆之威下，支持皇帝的大臣们获得了胜利。在左顺门血案中，嘉靖帝战胜了反对的大臣们，从那时起，他就认为要制服反对自己的人必须崇尚暴力，于是经常毒打身边的人。宫女们在这样可怕的环境下无法承受，最终起了杀心。

壬寅宫变后的斗争

嘉靖二十一年（1542年）十月二十一日晚，嘉靖帝正在床上熟睡，十几名宫女来到皇帝床边，企图将其勒死。然而，由于她们长期生活在宫中，不熟悉打结，慌乱中系成了难以紧闭的死结，无法勒死皇帝。于是，她们在房间里寻找所有可以击杀皇帝的锐器，试图将皇帝刺死。然而，嘉靖帝并不喜欢武术，若房间里有刀剑，他可能真的难逃一死。老天爷并未收走他，因为这些宫女中出现了一名叛徒，这个宫女去向方皇后告了密。方皇后马上带人前来解救皇帝。

嘉靖帝虽然逃过一劫，但仍然气息微弱。太医们费了很大的劲，使用了许多药物才让他醒来。在之后的几天里，方皇后安排太监对宫女们进行了审问，所有人的回答基本一致，参与这起案件的人都被一一抓获并判处凌迟之刑。这是后宫内部事务，所以史书记载的内容非常有限。

这起案子最大的疑点就是曹端妃是不是涉案人员。曹端妃非常受嘉靖帝宠爱，而案件发生当晚，嘉靖帝正好就在曹端妃的宫里过夜。从动机上讲，她并没有杀死嘉靖帝的理由。毕竟，其他宫女是因为活不下去了才想杀死嘉靖帝，而曹端妃在后宫过得好好的，没必要杀皇帝。但案件发生在她的宫里，她就注定和这起案件脱不了干系。在方皇后的添油加醋下，曹端妃最后被判了死刑。

在古代，宫廷内部发生的案件往往与权力斗争脱不了干系，方皇后在事件发生后一定会抓住机会打击竞争对手，无论曹端妃是否参与到案件中，都会被方皇后构陷。方皇后看似是这起事件唯一的赢家，但权力斗争是非常残酷的，今天她算计了别人，以后她也会被别人算计。五年后，方皇后的宫里起了大火，方皇后葬身火海，去见被她害死的曹端妃了。

壬寅宫变对大明王朝产生了非常消极的影响。逃过一劫的嘉靖皇帝并没有改过自新，反而开始懈政怠政。他认为自己这次能侥幸逃脱是因为自己信奉道教，对神灵虔诚所致。因此，之后他更加坚定地信仰道教，荒废了朝政。由于嘉靖皇帝的怠政，严嵩等奸臣愈加专权乱政，大明王朝由盛转衰，一步步走向了深渊。

第七章 | 明朝：皇权专制下的法制，乱象迭出

李福达案引发的君臣博弈

扑朔迷离的李福达案

明朝是由朱元璋参加农民起义而建立的，在元末农民起义中，宗教发挥了至关重要的作用，如明教和白莲教都是抗元主力军。然而，大明王朝开国后，为了防止有人利用宗教发动叛乱，统治者将许多教派判为邪教并大力封杀。

到了嘉靖年间，李福达案引发了君臣之间的博弈。有一年，山西发生了旱灾，老百姓得不到官府的援助，最终只能铤而走险。一些邪教首领抓住机会利用宗教的名义号召许多人造反，他们甚至计划联合蒙古王子，但信件还未送到蒙古，阴谋便被人揭露了。

明朝统治者立即派大军前来镇压，这场阴谋很快就被瓦解了。参与者有的被杀，有的被打，有的被流放，但有一个人逃跑了，他就是李福达。李福达被判充军，但他在充军过程中逃脱了。重获自由后，李福达继续传教并试图东山再起，没有成功，但他再次逃脱了惩罚。

嘉靖六年（1527年），山西官府接到报案，报案人叫薛良，他举报一个叫张寅的人，称他是个逃犯，真名叫李福达。山西官府立刻展开调查，但要查清楚很难，因为薛良提供的线索都是道听途说，而且加了一些自己的主观臆测，都不能成为定罪的证据，而且李福达造反也是二十多年前的事了，连人证也找不到，

所以山西的官员调查了一年多都没有查出结果。但他们调查薛良发现，他和张寅有私仇，于是他们推断薛良的说辞是诬陷。

这个案子原本可以就这样早早了结的，没想到却引发了轩然大波。原来，张家的儿子曾经拜托武定侯郭勋，让他帮忙打个招呼让案子草草结束。这种互相请托在当时是十分常见，因为明朝中后期官员之间的腐败很严重。但这件事被出按山西的巡按御史马录上报到朝廷，这下朝野上下都知道了这个案子。而明朝中后期的派系斗争很严重，郭勋又是朝廷重臣，这下他的政治对手们纷纷抓住机会打击他。

嘉靖皇帝无奈之下，只好派人重审这个案件。很快，他们就找到了几个人证，能够证明张寅就是李福达。但这些证据中有很多矛盾的地方，也能证明张寅不是李福达，比如两人的年龄对不上，生活轨迹也相差很大。然而，这起案子涉及朝廷的派系斗争，再审官员多多少少也受到了这些场外因素的干扰，就忽略了这些矛盾点。最终，张寅被判凌迟处死。

对于应该如何处置郭勋，嘉靖皇帝认为郭勋在"大礼议"事件中鼎力支持自己已属劳苦功高，而且在这起案件中，郭勋也不是故意想做小动作，只能说他小节有亏，因此嘉靖帝想对郭勋网开一面。这下群臣可不答应，他们接二连三地给皇帝上奏，说郭勋犯了十恶不赦的罪行，必须立即处死，甚至还有人造谣郭勋手握重兵，如果皇帝再不果断地下决定，郭勋就要造反了。但嘉靖皇帝很喜欢郭勋，而且郭勋是开国元勋的后人，家族中有很多人和皇室联姻。此外，嘉靖皇帝看到群臣这么团结地想置郭勋于死地，认为在审案过程中肯定少不了阴谋。于是，嘉靖皇帝立刻下令派人进行会审，还把会审的规格提到最高。

这个决定还真出了奇效，那些证人都没见过如此大的排场，立刻就有人翻供了，说之前的口供都是假的。经过调查，薛良当初举报的内容也都是假的，而且其他证人的口供也是有疑点的。这样一来，嘉靖皇帝更加坚信这起案子就是群臣用来攻击郭勋的。而主审官员两边都不想得罪，就想到一个折中的办法，说因证据不足，张寅罪减一等。但嘉靖皇帝不答应，立即更换了主审官。看到皇帝这么急于给郭勋平反，那些证人全部翻供。这样一来，一开始负责调查这起案件的官员们全部受到了严惩，而且那些地方官员的结局很惨，他们和朝廷的派系斗争并没有任何联系，弹劾郭勋只是受当时派系斗争的氛围影响，结果都被判处充军。

不过，这起案件到此还没有完全结束。到了嘉靖四十五年（1566年），四川爆发了农民起义，但很快起义就被镇压。起义军首领被捕后说自己的师傅是李福达的后人，而且他能准确说出李福达家族成员的名字，和张寅家族成员的名字一模一样。碰巧在同一年年底，嘉靖皇帝去世。于是，徐阶就对这起案子进行了翻案，释放了一些被囚的官员。李福达案作为朝野关注的大案，其始末在朱国桢《皇明大事记》、谷应泰《明史纪事本末》中及大量明清笔记中都有记载。

一起民间纠纷就能引发朝堂内的派系斗争，这在明清两朝屡见不鲜。皇帝和官员经常利用这些案件去打压异己，巩固自己的势力。这起案件对于嘉靖皇帝而言，案件结果是否正确并不重要，重要的是他能否实现掌控朝局的目的。而那些被充军的小官员们，大多是这场政治斗争的牺牲品。

明朝发生多起科举舞弊案，唐伯虎也牵涉其中

中举的全是南方考生，北方考生坐不住了

自隋朝创立科举制以来，平民百姓有了步入仕途的途径，金榜题名成为所有考生的梦想。为了实现这一梦想，许多人孤注一掷，不择手段地采取各种作弊行为，这些行为无疑是犯罪。明朝发生了许多令人震惊的科举案，让我们来看看古人是如何处理这些案件的。

要讨论朱元璋惩治的"贪官"案，最著名的便是南北榜案，《明史·选举志》对此有详细记载。

在洪武三十年（1397年）的科举考试中，中举的全是南方考生。这让北方考生非常不满，他们认为考官存在地域歧视或收受贿赂，希望朝廷审理这起案件。"贪官"之所以被打上引号，是因为我们无法判断主考官是否真有问题。毕竟，当时南方的经济文化比北方更发达，中举的全是南方人也并非不可能。朱元璋得知后，立刻派人调查，最后调查显示考试结果没有问题。

然而，北方的考生仍不服气，制造舆论向朝廷施加压力。比较巧合的是，这期考试的主考官在几年前曾为胡惟庸鸣冤，这就让朱元璋新仇旧恨一起算，将考官发配到西北，并派人重新审批试卷，最后录取的全是北方人。为了防止这种情况再次发生，之后便有了分地取士制度，即按地区分配录取名额以保证全国各地

的学子都有机会入仕。

才华横溢的唐伯虎，因为一个案件没能进入仕途

唐伯虎是江南四大才子之一，然而遗憾的是他没能入仕。在明朝这个重视科举考试的朝代，唐伯虎没有如愿是因为他牵涉到一桩科举案。唐伯虎从小就展现出了过人的才华，年纪轻轻便名满天下。孰料一场科举舞弊案，从此改写了原本前程光明的唐伯虎的人生。

《明孝宗实录》卷一百四十七至一百五十一记载了事情的始末：唐伯虎去京城考试，到达京城后他和好友徐经去拜访了一位学者——程敏政。当时，程敏政还不是考官，就毫无负担地帮他们押题。当时，唐伯虎还是位大名鼎鼎的书法家，很多考生就慕名来购买他的书法作品。于是，唐伯虎就把程敏政押的题写下来，给了那些人。巧的是，程敏政后来被任命为这次考试的考官，他在出试卷时就选择了之前给唐伯虎押的题。

这下出大事了，很多考生怀疑程敏政将考题卖给了唐伯虎等考生，认为他们考试作弊，这在当时可是重罪。与唐伯虎一起赶考的还有他的好友徐经，他是闻名后世的明末地理学家、旅行家徐霞客的高祖。徐经家财万贯，于是就有人传闲话，说是他出钱帮唐伯虎买考题。最后，唐伯虎、徐经和程敏政被抓起来等候审问。

发生这起案件主要是因为所有的巧合都凑在了一起，如果是经过正常的审讯，没有人从中阻挠，也许事情的真相很快就能澄清。但遗憾的是，与程敏政同为试官的工科都给事中林廷玉向朝廷官员透露，在公布录取结果时，程敏政非常紧张，而且当得知朝廷派人复审他出的试卷后，他让那些答出考题的考生全部落榜。还有，唐伯虎和徐经在拜访程敏政时都送了礼物，这在当时也被不少人抓做把柄。最终，唐伯虎和徐经被判刑，但可以用钱赎罪。他们被剥夺了举人的身份，并被要求在衙门服役。程敏政后来被释放，但经此一番变故，心力交瘁，不

久后就病逝了。

  这起案件对唐伯虎三人并不公平，因为考官并没有泄露考题，唐伯虎和徐经也没有花钱买题，但他们却受到了严厉的制裁。原因很简单，因为对于皇帝来说，一个才子的命运和一个考官的死活并不算什么，但是皇帝要通过对该案的处理，达到恢复或坚守科举考试公正性的目的，所以必须杀鸡儆猴，唐伯虎等人就成了政治的牺牲品。

第七章 | 明朝：皇权专制下的法制，乱象迭出

外国人是如何看明朝办案的？

最高司法权在皇帝一人手里，这显然不合理

明朝中期，欧洲发生了巨大的变化。随着文艺复兴运动的发展和新航路的开辟，欧洲步入了大航海时代。与此同时，西方势力逐渐渗入中国，许多外国人来到中国传教。有一个叫利玛窦的传教士，他将在中国的所见所闻写成了书，名为《利玛窦中国札记》。在这本书中，他揭露了明朝后期司法制度的弊端，成为后世学者探索和研究明朝司法的珍贵资料。

书中记载，在明朝万历年间，朝堂上关于太子人选的问题引起了群臣的激烈争论。几年前，万历帝曾有意册封次子为储君，然而此举违背祖制，招致朝野上下的强烈反对和谴责。万历帝因此大发雷霆，罢黜了多名官员以示惩罚。然而，即使面对这样的惩戒，那些直言进谏的大臣们并未退缩，他们商定在某一天集体进宫，脱下官袍，以示抗议。同时，他们派出一名代表前往通知皇帝：如果万历帝一意孤行，他们将辞官回乡，不再参与朝政，让皇帝随意选择自己喜欢的人来担当国家重任。万历帝得知这一非常举动之后，就表示自己在立储这件事上已改变了主意。

在京城的喧嚣中，一封匿名信的出现引起了不小的震动。信中的内容直指皇权的继承问题，指出万历帝立长子为太子是出于无奈，而实际上已经为次子篡权

夺帝位铺平了道路，将来会有靖难之事发生。明成祖朱棣发动的靖难之役是他一辈子的污点，也是皇室不愿提及的事。这封信的言辞严厉，颇有讽刺意味。万历帝得知此事后勃然大怒，命厂卫大力搜捕写信的人。然而，随着调查的深入，这场搜捕行动逐渐演变成了一场无休止的诬告与株连。无辜的人们被卷入其中，遭受严刑拷打，甚至有些大臣因此丧命。整个京城一时间陷入了一片恐慌之中，人人自危，担心自己会成为下一个被抓捕的对象。

关于此事件，《明史·神宗本纪》有简明的介绍，而利玛窦则从外国人的角度，以基督徒的身份描述道："在追查匿名信真相的过程中，朝廷采取了极端手段，许多人因此遭受酷刑。任何看似与案件有关的线索，无论多么微不足道，都被当作确凿证据进行深入追查。然而，随着时间的推移，当官吏们无法找到真正的犯人时，万历帝开始严厉地斥责他们，指责他们玩忽职守。在这段日子里，整个京城陷入了前所未有的悲惨境地。无辜的人们被冤枉入狱，百姓们生活在恐惧之中，不敢轻易出门。原本热闹的街市变得冷清萧条，人们不敢对这件事稍加议论，生怕引来不必要的麻烦。皇帝的密探无处不在，使得京城笼罩在一片阴霾之中。"

此案还牵涉一位名叫达观的高僧，《明史·郭正域传》提及此人时只说因有嫌疑被捕，而利玛窦却因宗教原因，对达观的死亡作了详细描述，这正好成为后人分析研究明朝司法制度的材料。"和尚们在这场风波中受到了极大的怀疑，他们的文件被仔细搜查，却并未发现与那封匿名信有任何关联的证据。然而，一些官员却声称找到了其他严重的罪行证据。他们从和尚们的信件中发现了一些对当朝天子不敬的言论。在信中，和尚们对皇帝进行了激烈的指责，原因是他反对敬奉佛祖，并且对母亲未能尽孝道。这些官员将所有的材料呈报给皇帝，皇帝下令依法惩治这些毁谤者。和尚们遭受了残酷的鞭打，当他们试图再次给和尚们戴上枷锁时，达观已经因受刑过重而死亡。"

利玛窦在书中还举了另外一个案例。万历二十九年（1601年），传教士一行人从南京出发，前往北京寻求皇帝的支持以建立传教中心。他们沿着大运河北上至临清，然后太监马堂以检查他们献给皇帝的礼品为由，将他们送入天津卫，并派士兵日夜监守。太监们罗织罪名，指控他们企图用毒药谋害皇帝，给他们戴上脚镣手铐，准备将他们遣送回国。然而，有一天，皇帝突然想起了之前收到的一份奏疏，询问身边人奏疏中提到的外国人赠送的钟在哪里。皇帝随即下令将传教士召至北京。这一道命令，不仅将利玛窦等人从监禁中解救出来，还让他们能够立即前往北京。

"官员们为这次北京之行精心准备了八匹马和三十名脚夫，确保旅途的顺利。他们每天都在驿站更换马匹，以确保行进的速度和舒适度。在这次旅途中，神父们受到了各地官员的热情款待，他们被安排住在各地的府邸中。与之前的遭遇不同，这次他们受到了每个人的尊敬，因为大家都知道他们是被皇帝亲自征召入京的。"利玛窦还说："尤其是负责管理自鸣钟的太监，他们非常担心在皇帝面前出任何差错。因此，他们对神父们极为恭敬，几乎奉若神明。因为在皇帝面前犯错的太监，无异于将自己置于极度危险的境地。据说这位皇帝在这方面非常严厉，即使是为了一点小小的过错，有时甚至会将可怜的人处死。"

司法官办案充满了主观随意性

利玛窦还在书中批评了明朝官员在办案过程中的主观随意性。在中国期间，利玛窦与当地民众有一些冲突，发生了多起案件。其中，有两起案件被记录得最详细，能充分说明司法官吏办案的主观随意性。

第一起案件发生在万历二十年（1592年）七月的韶州。夜幕降临，教堂内灯火通明，一场盛大的仪式正在举行。然而，就在这时，一群手持长刀、长矛的强盗突然闯入，将教堂中人团团围住。混乱中，几个仆人受伤，一个神父受轻伤。然而，强盗们似乎并未真正发起攻击，不久便自行离去。次日，代理知县的韶州推官迅速下令追捕罪犯，并判定邻居即为昨晚的强盗。随后，邻居们被带至衙门受审。在无人承认罪行的情况下，推官挑选出一位住在离教堂最近的人，对其用刑并诱之以利，承诺只要招供便予以释放。在严刑拷打下，这位邻居先承认了自己的罪行，随后又供出另外一帮人。最终，所有涉案人员被绑至公堂，遭受刑罚。在推官的严刑逼供下，"罪犯"们被迫承认犯下了强盗罪。

由于缺乏确凿的证据，审案过程十分荒唐。被捕者被要求依次试戴在现场发现的一顶帽子。结果发现其中一位的头部与帽子完美吻合，于是他被认定为主犯。官员随即宣布了初步的判决：主犯被判处死刑，其余人被罚为官奴。在将案件送至省城进行最终审批时，复审官员未经二次审理便批准了原判。对最终判决结果感到不满的五十余名被告亲属，寄希望于钦差大臣能给予公正的判决。他们向钦差递交了一份诉状，指控神父修建堡垒、组织军队、策划叛乱，并请求驱逐洋人。同时，他们还邀请了一些有声望的绅士出面作证。最后，钦差宣布这些人实为盗贼，每人打二十竹板后释放。

万历三十四年（1606年），葡萄牙人在澳门建造堡垒，引发了中国人的强烈反感。不久，在澳门地方官员的引导下，中国官员焚毁了一座房屋并驱逐了传教士。在此期间，葡萄牙人粗暴地殴打了中国官员，这使老百姓的愤怒更加强烈。一时间，居住在澳门的中国人纷纷返回广东的家乡，并盛传澳门建造堡垒、组织军队，可能会成为进攻广州的据点。听到这些消息后，广东总督立即下令集结全省的水陆军队，在广州进行军事戒严，并拆除了广州城墙外的所有民居。他还发布了公告，禁止中国人同葡萄牙人进行贸易，封锁澳门，实施粮食禁运政策。任何被发现与外国人接触或收留外国人的人，都将被视为奸细。

就在此时，一名在澳门出生的中国传教士黄明沙到了广州，结果被当地的捕快以奸细的罪名逮捕。广州同知[①]立即对他进行审讯，还使用了夹棍等刑具。黄明沙始终紧闭双唇，未曾吐露半句口供。据原告称，黄明沙购买了炸药，从广州向澳门运送了大批枪支弹药。这个案件随后被上报给海道，海道再次进行审讯后证实黄明沙是来自澳门的传教士。于是，他被当堂宣判死刑，他在广州的房东因

[①] 同知为知府的副职，正五品，负责分掌地方盐、粮、捕盗、江防、水利以及抚绥民夷等事务。——编者注

窝藏罪也被判处死刑。但黄明沙否认购买炸药和枪支的指控，于是他再次受刑，在被抬回监狱的途中死亡。

收受贿赂的情况特别严重

行贿受贿是明朝后期官僚机构的通病，在判案中更是如此，而各级官吏在判案中的独断专行，更是助长了这种贿赂之风。

外国人希望在中国长期定居，这与明朝的基本国策相违背。然而，为了实现传教的目标，传教士们必须在中国居住。为了在中国合法居住，他们必须首先获得皇帝的许可。为此，传教士们竭尽全力：他们努力学习中文、掌握汉语官话、了解儒学礼仪、穿着儒服、认同儒家思想、广泛结交官僚士大夫，并大量赠送各种西洋礼品。甚至，他们行贿的对象还包括了万历帝。在西方传教士踏入中华大地后，他们带来了自鸣钟、三棱镜与世界地图。这些宝物成为打开中国封闭国门的关键。利玛窦以其独特的眼光，将这些礼物敬献给万历帝，于是皇帝破例允许外国神父进入皇宫，并特许神父们每年四次无须申请即可进宫。

皇帝还同意让神父们长期在北京居住。起初，礼部官员曾数次向皇帝进言，建议不得让外国传教士在北京逗留，然而万历帝对此并不以为然，选择了无视臣子的忠告。神父们最关心的是确保他们不再被迫离开北京，之后才考虑争取更大的传教自由。最终，由利玛窦的一位"挚友"向皇帝进言，请求允许他们在北京驻留。皇帝并未给予正式的书面批复，而是以口头的形式做出了决定。神父们不仅被允准留下，还得到了官府的津贴，每四个月发放一次。在当时的明朝，这是一笔可观的收入。利玛窦等传教士通过巧妙地贿赂皇帝，顺利实现了在北京居住和传教的目标。

在广州，传教士们也通过贿赂获得了居住权。万历十年（1582年），传教士试图从澳门进入广东，两广总督陈瑞收下了他们的礼物。利玛窦曾评价说："中国人所珍视的纯丝衣料，当时还未被国人掌握其制作之法，还有水晶镜子等

刑案里的中国史

珍品，总价值超过一千金币。在未见到这些礼品之前，他蔑视并威吓传教士们，然而，当这些礼品呈现在他眼前时，他的傲慢态度顿时烟消云散。"这传达给传教士们一个重要的信息：明朝的官吏贪婪无度，只要给予他们礼物，便能够敲开明朝的大门。于是，他们不遗余力地向肇庆知府、香山知县等地方官吏赠予礼物。甚至连地位最低微的士兵也欣然接受贿赂，竭尽全力为他们效劳。一听说有报酬可拿，有人便立刻以译员的身份向总督递交申请，请求在城内为传教士安排一处住宅和一块用于建造房屋与教堂的地皮。

然而，随着时间的推移，西洋人在中国的劫掠行为引发了沿海地区人民的普遍仇视。同时，倭寇的骚扰进一步加剧了这种敌对情绪。在这种背景下，广东人开始将所有的洋人统称为"番鬼"，将在肇庆教堂附近建造的塔称为"番塔"。随着新教堂的落成和传教士的入住，民间反洋教的情绪愈发高涨，频繁发生向教堂投掷石头的事件。有一次，教堂的仆人抓到了一个向教堂投掷石头的小孩。这位仆人不仅将孩子拖进屋里威胁，还告诉孩子的父亲，法官曾经收受过他们的贿赂，所以一定会狠狠惩罚仇视教堂的人。这种司法不公引发了民众对洋人和传教士的进一步敌视。

明朝后期，官场贪贿成风。这种普遍存在的弊端使整个司法制度失去了表面的公正性，彻底沦为某些人敛财的工具。

利玛窦对刑讯逼供的看法

在明朝时代，刑讯逼供是司法审问的惯常手段，常常是庭审时不可或缺的环节。杖刑是最常见的刑罚，执行时脱去犯人外衣，用竹板或竹棍痛击其大腿和屁股。另一种常见的刑讯方式是使用夹棍，受刑者的腿被紧紧地固定在两根木杠间，狱吏会用重槌敲其足胫令其疼痛难忍。夹棍通常只夹一条腿，若第一天未能获取口供，第二天则会夹另一条腿。黄明沙在第二次遭受此刑后失去知觉，最终在抬回监狱的路上离世。他的遗体被埋在墙外，身穿囚衣，手脚戴着镣铐。还

第七章 | 明朝：皇权专制下的法制，乱象迭出

有一种刑讯逼供的手段是枷号示众。举个例子，利玛窦曾在书中这样描述钟鸣仁修士在韶州的遭遇："法官对被告的话语充耳不闻，毫不犹豫地做出了鞭刑的判决。此外，还增加了一种更加残忍的刑罚：衙门有一块特制的木板，形状如矩形，中间挖空以便套住犯人的脖子。这个木板可随意打开或关闭，使得犯人的头部被固定在上面，而双手却够不着嘴巴。在这种状态下，犯人既无法进食也无法饮水，除非别人主动喂食。这位修士被判在衙门口戴着这种刑具站立一整天，这种惩罚在本地是家常便饭。"

利玛窦还写道："对于涉及外国人的案件，明朝的判刑都很重。例如，明朝百姓但凡与外国人通商，做外国人的译员、奸细，窝藏外国人，都将被判处死刑。即使是朝鲜这样与明朝关系密切的国家，其国民也不得进入中国。我在这里居留期间，从未在中国看到一个朝鲜人。未经皇上亲自批准，就与外国人打交道的明朝人，将受到严厉的惩罚。"

死刑有许多种，明朝会对犯谋逆罪的人处以酷刑。利玛窦的这本书生动具体地记载了两种酷刑。第一种是写匿名信诽谤皇上的人被处以凌迟，立即执行。犯人会被缚在桩子上，狱吏们将从他身上切下一千六百片肉。这种残忍的酷刑不伤及筋骨和头颅，让他遭受痛苦之外，还被迫眼看着自己被肢解。最终，在被缓慢地割成碎片之后，他就会被斩首。之后，狱吏们还要把他的头在各地示众。另一种酷刑是犯了谋反罪的犯人被处以枷号刑。书中这样写道："在1606年的一天，一位主犯和其十五位同党被逮捕，罪名是谋叛。为了惩罚他们，官员们用圆形的金属枷号套在犯人的脖子上，并紧紧锁住。这个沉重的枷号给犯人带来了巨大的压力，它压在他们的肩上，仿佛是一座无法摆脱的大山。由于枷号的制约，犯人的手无法触碰到自己的嘴，这意味着他必须依赖他人的喂食才能维持生命。他日夜站在那里，承受着沉重的枷号的重量，有一些人忍受了十五天的痛苦才最终离世。"

刑案里的中国史

明朝的"包青天"——袁可立

两个权贵为非作歹险些引发民变,袁可立稳定局面

在文学作品和影视作品中,包拯和狄仁杰是著名的断案高手。然而在正史的记载中,他们与破案有关的经历并不多。明朝末年,有一个官员的断案经历非常丰富,可以与民间传说中的包拯、狄仁杰相媲美,这个官员就是袁可立。

万历二十二年(1594年),浙江湖州乌程县有两名权贵,一位是奸相严嵩的同党,曾任礼部尚书兼翰林学士的董份,另一位是嘉靖辛丑科状元,曾任国子监祭酒的范应期。这两人退居乡下后广占田产,纵容他们的子孙和奴仆们强夺民产、横行霸道,激起了很大的民愤。

据《明史·王汝训传》记载,此时巡按浙江的监察御史彭应参正好出巡湖州,这位清正廉明的官员接到被董、范两家祸害的百姓递来的诉状后,非常气愤,立即要求乌程知县张应望秉公查办。在彭应参的支持下,"芝麻官"张应望不惧强权,抓捕了范应期及其子范汝讷等人,并将他们关进牢狱。

曾为国子监祭酒的范状元,不堪忍受身陷牢狱的耻辱,在狱中自杀了。于是,范应期的妻子吴氏恶人先告状,跑到万历帝跟前"诉冤"。范应期是嘉靖帝钦点的状元,又曾做过万历帝的老师,竟在狱中自杀身亡,万历帝非常恼火,立刻将彭应参和张应望治了罪。

第七章 | 明朝：皇权专制下的法制，乱象迭出

万历二十三年（1595年）三月，万历帝将彭应参削职为民，将张应望流放到边远烟瘴之地。此案震动朝野，连举荐彭应参的吏部尚书孙丕扬和都御史衷贞吉都受到牵连，史称"董范之变"或"湖州事"。

之后，这个案件逐渐升级，百姓聚集起来申冤，情绪激动，不停地告状，引起了很大的轰动。万历二十二年（1594年），苏州府推官袁可立一边让董范两家见好就收，保护弱势民众，一边宣布将董范两家所占田地退还原主，以平息民怨。此案过后，董家便一蹶不振了。

董范之变涉及的时间长，涉及的人员众多，案情曲折复杂，从皇帝到黎民百姓，社会普遍关注。尤其是"芝麻官审状元"的情节，成为百姓津津乐道的佳话。在明神宗当政时期，政治腐败严重，官宦权贵、富豪地主贪婪地剥削劳动人民。在浙江湖州这个鱼米之乡、膏腴之地，劳苦大众也怨声载道，这说明当时的阶级矛盾异常尖锐，董范之变就是社会矛盾斗争的产物。

琉球人被诬陷为倭寇，袁可立还他们清白

袁可立生活的时代，倭寇在中国东南沿海横行，为祸不小，朝廷加大了打击倭寇的力度。一些当地官员为了政绩，不分青红皂白就随便抓人，然后上报称抓住的是倭寇。被捕的人一旦被扣上倭寇的帽子就百口难辩。后来，袁可立来到这些地方主政，试图改变这种局面。

孔贞运《明资政大夫正治上卿兵部尚书节寰袁公偕配诰封夫人宋氏合葬墓志铭》中讲述了袁可立为琉球人洗刷冤屈的事情。

万历二十二年（1594年），袁可立奉命巡海，一李姓千总邀袁可立共饮，席间有武官送他三把武士刀。袁可立致谢后将刀奉还。他靠自己的经验判断这些刀来自同为大明属国的琉球，而不是从倭寇手中夺取的倭刀。

五月十三日，明军上报在崇明县擒获倭船一只，军方指称上有倭寇34名。地方上报中央时，为了夸大战功，说这场战役中明军击毙了上百个倭寇，俘获大量

219

物资船械。事实上，船上那些人并不是倭寇，军方为了掩盖真相想杀人灭口，要将他们就地处决。而袁可立发现军方的报告中从未提及俘虏的口供，他怀疑其中有蹊跷，于是命令军方不得处决俘虏。军方一计不成，又生一计。不久，船上有两人被杖打致死，其余的人都被下毒，最后不能说话了，偶有能语者"皆鸟语不可辩"。在这种情况下，袁可立只能亲自去调查船上人员的随身物品，竟发现，有三把"倭刀"很是面熟，仔细勘验后发现就是几个月前那位武官想送给自己的那三把"倭刀"，现在它们又被当作战利品上报了。他赶紧招来那位武官，但对方拒不承认。

直到十一月二十五日此案才出现转机。那日有琉球贡使来朝贡，袁可立赶紧请他们来指认，船上的"倭寇"一见贡使至便大哭，贡使也认出这些全都是某次在海上遇大风而失踪的琉球国民众。于是，袁可立派人将案件推翻，重新审理，最终这些人得以获救。

审理结果上报京城后，万历帝二十二年十二月十三日徇批："今后沿海地方获有夷人船还要详译真伪，毋得希图功赏枉害远人。"

招兵买马保家卫国，却被当作谋反抓起来

万历年间，为了抗击骚扰中国东南沿海的倭寇，有三个好友决定招募私兵以保卫家园。如桃园三结义一般，这是一件伟大的事情。然而，一起突发事件让他们的理想破灭了。他们的军队在招募时混入了一个恶霸小混混。这个问题本不严重，只要他愿意改邪归正、报效国家，就可以既往不咎。然而，这个小混混得罪了太多人，其中包括一个富豪。这个富豪得知小混混加入这支军队后，便诬陷这三人招募军队是图谋不轨，还声称他们在一家酒楼里结拜，抨击当今皇帝大逆不道。这下，三人很快就被当地官员抓了起来。

万历帝得知后，想派人查清此事。但当地官员知道自己可能判了个冤假错案，为了防止别人发现真相导致自己被免职，就抢先判决了这三人，一个被判处

第七章 | 明朝：皇权专制下的法制，乱象迭出

死刑，一个被关进大牢，还有一个被发配充军。就在这时，袁可立意识到这件事绝不像地方官汇报的那样，便用自己的官职担保，要求暂缓执行刑罚。

袁可立经过仔细调查后，发现案件中许多情节都是无中生有。至于三个人在酒楼里拜把子，还说对皇帝不敬的话，只不过是一个说书人在酒楼里说书，讲的正是赵匡胤发动陈桥兵变的故事。而当地官员早就对江南的世家大族不满，再加上对戏曲不了解，就弄出了这样一个冤假错案。而那三人中有两个已死在了狱中，只有一个人活到了沉冤昭雪的日子。

虽然经历了这样不幸的遭遇，当初和自己一起立下誓言的两人也已经天人两隔了，但是活下来的那一位报效国家的信念并没有改变。后来他参了军，并且在明金战争中出战，最后在萨尔浒之战中英勇牺牲。《大明熹宗悊皇帝实录卷之二百七十》记载了这桩案件。

崇祯六年（1633年），袁可立去世。他的人格魅力非常大，许多官员和书画大家为他写墓志铭，或为他的题碑作赞。袁可立在这个时候去世或许也是一种幸运，没有亲眼看到明朝灭亡的那一刻。在他去世11年后，李自成的大顺军攻入北京，崇祯帝上吊自杀，明朝灭亡。

悬案频发，尽显亡国之相

一个人手持木棒闯入太子宫，折射出了当时政治斗争的复杂性

大明王朝因为律法严苛、臣君不谐、党争激烈等问题，朝廷内部经常发生重大案件。在明初，发生了洪武四大案；在中期，发生了宫女刺杀皇帝的宫变；在明朝即将灭亡时，又发生了明末三案。这三案折射出当时社会的混乱，也昭示着明朝灭亡的必然性。

万历年间，发生了一起案件，史称"梃击案"。万历帝的皇后没有生儿子，而王恭妃有一个儿子，名叫朱常洛，郑贵妃也有一个儿子，名叫朱常洵。按照祖训，立嗣要优先立嫡长子，如果皇后没有儿子，就从其他妃嫔的儿子中立年纪最大的那个。

朱常洛比朱常洵年长，因此他的地位高于弟弟。不过，万历帝更喜欢朱常洵的母亲郑贵妃。王恭妃原本只是个宫女，生下朱常洛后地位上升，但万历帝并不喜欢她，他想让朱常洵当太子。这一违背祖训的行为遭到朝中大臣和东林党的反对，最终万历帝只能让朱常洛当了太子。按照祖制，未当太子的朱常洵应被封为藩王，离开京城赴任。但郑贵妃一派并未放弃，在万历帝的允许下，朱常洵迟迟不离开京城，等待机会。

万历四十三年（1615年）五月初四的黄昏，一位叫张差的男子持棍闯入太子居住的慈庆宫，打伤了守卫的太监，他很快就被逮捕了。万历帝得知后，命令刑部、都察院、大理寺这三法司迅速审讯。但张差突然装疯卖傻，审判官只问出了他的名字和籍贯。于是，他被移交给刑部审问。

到刑部后，张差又说他被邻居欺负，想前往京城告状，路上有两个人给了他一根木棍，说用这根木棍可以申冤。他走到京城后，犯了迷糊才打伤了人。审讯人员认为张差像个疯子，便将此事回禀了万历帝。

此时，管理监狱的刑部提牢主事站出来表示，他在给犯人分发饭菜的过程中看出，张差绝对不是疯子。他想出一个办法试探张差。他对张差说，如果不说实话就不给他饭吃。张差挨不住饿，很快便说出了一件令人震惊的事。他原本是个赌徒，欠了一身的债急需钱还。有一天，他在路上遇到了一个太监，那太监说只要按照他的指示行事，就能获得大量的田地，张差就很愉快地接受了。这个太监将张差带到了紫禁城，给了他一根木棍，让他冲进去见一个就打一个，如果见到穿黄袍的人（太子）一定要打死，还告诉张差不必害怕，"即使被抓住我们也会来救你"。当审问人员问那个太监是谁时，张差却拒绝回答。

刑部员外郎陆梦龙继续审问。陆梦龙对张差说，如果他能画出进入皇宫的路线并说出所有遇到的人，就可以免罪。张差立即供出了郑贵妃手下的太监庞保、刘成。陆梦龙立刻派人去取证核实，发现这一次张差说的是实话。

这件事曝光后，朝廷内部一致认为，这件事的幕后黑手就是郑贵妃，她试图谋杀太子。郑贵妃意识到自己成为众矢之的，便向皇帝哭诉求情。万历帝让郑贵妃去找太子求情，朱常洛说，只需要处死一个张差即可，不必牵连其他人。万历帝本就宠爱郑贵妃，不想让这起案件再继续审下去。最终，张差被处死，庞保、刘成一开始未受惩罚，但后来被皇帝派太监秘密处死。直接参与这起案件的人或是被处死，或是被发配，真相也就更无从得知了。后来，还有人猜测这是太子自导自演的苦肉计，嫁祸给自己的敌对势力以巩固自己的地位。这起案件发生后，太子的地位更加稳固了。

然而，躲得了一时，躲不了一世。在此案中逃过一劫的太子朱常洛，登基后还没来得及好好享受皇帝的幸福生活,就在另一起案件中一命呜呼了。

历经艰险得到了皇帝宝座,却只坐了一个月就死了

万历四十八年(1620年),万历帝去世。他不会想到,仅一个月后,他的太子朱常洛就会与他相见于九泉之下。

在登基后的9天里,朱常洛的身体非常正常。他发放银子犒劳在边关抗击后金军的明朝将士,还免去了很多税款,成立了新的内阁。这些都显示出此时朱常洛的雄心壮志,他渴望成为一代明君,将大明王朝从困境中拯救出来。

然而,上天似乎与朱常洛开了一个玩笑。在他当皇帝的第十天,突然得了重病。朱常洛病急乱投医,掌管御药房的太监崔文升为他开了一剂药方,是否为泻药不得而知,只知皇帝一晚上去了三十几次厕所,之后便昏迷不醒。朱常洛醒来后询问身边的内阁首辅方从哲,鸿胪寺是否有官员进药[1],为何还没有送到。方从哲回答说那是仙方,不能信任。朱常洛听后生气地说,那些太医无法救治,仙方也不能相信,难道他要坐以待毙吗?说完,他便命令鸿胪寺丞李可灼送药丸来。皇帝服完药丸后,身体确实有所好转,甚至能下床活动。朱常洛感到十分欣喜,却不知这一切只是回光返照。几天后,朱常洛突然在夜间死去。

皇帝去世后,内阁首辅方从哲成了最大的嫌疑人。而且方从哲素来与郑贵妃关系密切。于是,人们猜测这起案件可能是郑贵妃势力中那些心怀不满的人所为。方从哲立刻拿出证据,证明服用药丸是皇帝的个人意愿,与他无关。但很多人并不相信他,无奈之下,方从哲只能离开京城。当时的朝廷内部本就存在严重的派系斗争,这起案件更为东林党人提供了打压对手的机会。同时,也有官员推测这起案件与梃击案有关联。

---

[1] 鸿胪寺丞李可灼听闻皇帝病重时曾到内阁要求进献仙丹。被拒后,他又前往皇宫思善门进药。太监不敢擅自作主引他入宫,但他进献仙药的消息可能由太监传递给了皇帝。因此皇帝后来问起此事。

方从哲离开京城后，虽然远离了政治中心，但仍无法完全摆脱这起案件的影响。他写信给即位的天启帝朱由校，表示自己也应对这起案件负责任，因为他未能阻止庸医进药。他希望皇帝能削去他的官阶并将他流放边疆，以平息众怒。天启帝被方从哲的诚心打动，加上有当时在场的人做人证，事情经过一清二楚。

此时，一位很有威望的大臣站出来表示，虽然方从哲被怀疑了许久，但真正向皇帝进药的崔文升和李可灼没有得到惩罚。这两人虽然乱用药，但也是听从皇帝的命令进药，惩罚不宜过重，他还建议不要再深究此案。大家听从了他的建议，最终崔文升被发遣至南京，李可灼被遣戍边疆。由于朝廷内部的派系斗争错综复杂，对这起案件真相的调查戛然而止。此案许多疑点都未解开，许多后来者试图通过考证来查清真相，都没有结果。

这一案史称"红丸案"。在天启和崇祯年间的派系斗争中这起案件又被反复提及，甚至到了南明时期，这起案件仍然是党争的主题。

皇帝突然去世引发了连锁反应

朱常洛突然去世，虽然他有着明确的继承人朱由校，也就是后来的天启帝，但皇帝这样突然离开，势必也会引发不少震荡。朱由校的生母已于万历四十七年（1619年）去世，朱常洛的原配太子妃也于万历四十一年（1613年）去世，等朱常洛一死，朱由校已成孤儿，这在明代历史上是从未有过的。宫中与朱由校有关系的只有曾受宠于朱常洛的李选侍，她曾抚育过朱由校、朱由检兄弟，朱常洛在临终前曾"命封选侍为皇贵妃"。这样在内廷唯一能够起到节制作用的只有李选侍一人。但按照当时的规定，李选侍需要离开皇帝的住地，移居到专门给宫女养老的地方。但是此时正是权力真空的时期，李选侍想当皇太后，控制朝政。于是，她和魏忠贤就密谋控制十五岁的朱由校，独揽朝政。大臣们为了皇帝的安全，就让十五岁的朱由校暂时住在太子宫里，派人专门保护他，李选侍的阴谋落空了。大臣们要求李选侍离开乾清宫，却被李选侍拒绝了。就这样，李选侍和大臣们明争暗斗，矛盾日益激化。

眼看朱由校的登基大典就要到了，但李选侍丝毫没有离开乾清宫的意思。那些大臣只好持续向她施压，最终在大臣们的威逼下，李选侍不得不做出让步，但是双方的斗争依然没有结束。

李选侍的失败，可以说是明朝封建集权制度的必然结果。在中国封建王朝，外戚经常会威胁皇权，这在汉朝、晋朝、唐朝，还有清朝特别明显。然而在宋朝和明朝，外戚对皇权的影响小了很多，很大程度在于宋朝和明朝是文官治国，加强了中央集权，对外戚的限制特别明显。而明朝对后宫有着严格的管理制度，明太祖朱元璋规定后宫不得干政。另外，明朝还有完善的内阁，这一起案件中，他们发挥了举足轻重的作用。像这种皇帝刚去世而新皇帝还未登基的时候，正是权力真空的时候，这在其他朝代正是外戚掌权的大好时机，只可惜李选侍生在了明朝，她的野心无法得逞。

这就是明末著名的移宫案。移宫事件中，文官集团为天启帝顺利登基发挥了很大的作用。孰料天启帝登基后却重用魏忠贤，大力打压这些文官。许多大臣遭到了宦官集团的迫害。这些宦官祸国殃民，使得大明王朝一步步走向深渊。

从明朝末年的三起案件中，我们可以看到明朝灭亡的必然性。当时的大明王朝可以说是内忧外患，内部朝政腐败、经济崩溃，外部明军被后金军打得节节败退。形势如此危急，朝廷内部却不能众志成城、一致对外，反而忙于派系斗争。这几件悬案正是因为内部斗争错综复杂，才没能查清真相，使当时的司法制度也没能发挥应有的作用。

第七章 | 明朝：皇权专制下的法制，乱象迭出

大明山河破碎，南明奇案未止

崇祯帝死后，南明上演"太子案"事件

明朝灭亡后，其残余力量在南方另立新帝，历史上称这些政权为"南明"。然而，即使在这"山河破碎风飘絮"的时候，南明军民不但没有团结一致抵御清军，反而内斗不断。南明时期发生的两起奇案就足以折射出当时的乱象。

崇祯十七年（1644年），李自成率领大军攻入北京城，崇祯帝在煤山上吊自杀，大明王朝由此灭亡。后来，吴三桂投降清朝，清军攻入关内。为了反清复明，南方忠于大明的各方势力纷纷拥立新帝。在这种动荡的局势下，便有人冒充明朝的皇室成员，于是就发生了明清之际有名的"太子案"事件。

要理解这个案件，我们首先需要了解真正的太子——朱慈烺。他出生不久就被立为太子，崇祯帝对他从小就精心培养，希望他将来能继承皇位，挽救大明王朝。然而，这个愿望并没有实现。当崇祯帝快要成为亡国之君时，有人提议让太子南迁监国以延续明朝的火种，崇祯帝拒绝了，让朱慈烺错过了当皇帝的机会。

之后，李自成攻破了北京城。李自成并没有杀害朱慈烺，反而派人保护他，并封他为宋王。但是，随着山海关之战清军大败大顺军，北京城陷于清军之手，朱慈烺从此下落不明。

明朝灭亡后，万历帝朱翊钧之孙、崇祯年间袭封福王的朱由崧在南京被拥立

227

为皇帝，即弘光帝。据明末清初的编年体史籍《南渡录》卷五记载，在他登基后的第二年，有消息称民间有人在浙江见到了崇祯帝的太子朱慈烺。弘光帝立刻派两个曾经见过朱慈烺的太监去辨认，不料这两个太监在确认那人就是太子后竟被弘光帝处死了。

之后，弘光帝又召集一帮遗老前往辨认，却未有定论。为防不测，弘光帝将这个年轻人带到宫里，命锦衣卫严加看管。不久，有位大臣想到了一个好办法，命人把紫禁城的地图拿到这个少年面前，再问他一些曾和太子有过密切接触的人的名字。这一问果然真相大白，这个少年并没有全部答出这些问题，于是大家就认定此人并非太子。

这起太子案与大悲案、童妃案史称"南渡三案"，对南明朝产生了极大的负面影响。南明朝的政局中一直充斥着内部斗争，由于崇祯帝临死之前没有指定继承人，因此南明朝无论谁当皇帝都会有反对的声音。特别是崇祯帝的太子回归的消息传来后，原本就不牢固的弘光政权再次受到打击，凝聚力进一步被削弱。不久，清军攻破了南京城，弘光帝仓皇出逃，在芜湖被俘。

然而，这个神秘的太子不仅影响着南明朝，也影响了清朝的政局。清朝也出现了很多自称是崇祯太子的人，但都被清朝统治者认定为假冒太子并被杀害。之后，还有一些试图反清复明的人制造了与崇祯太子有关的传闻。这个生死不明的崇祯太子，就像一团无法散开的迷雾，笼罩大清王朝的统治之上。

南明的内讧——十八人之狱

南明朝最初的几个政权很快就被清军消灭了。顺治三年（1646年），桂王朱由榔在广东肇庆就任监国，建立永历政权。尽管局势越来越恶化，但南明内部的派系斗争依然没有减少。朝廷里有不少人拥护将领孙可望，想拥立他为皇帝。孙可望本是张献忠起义军的将领，后来明朝灭亡，张献忠去世，孙可望就和另一个将领李定国继续抗击清朝，并投靠了永历帝。但孙可望一直心怀不轨，企图以武力挟制永历政权。

由于孙可望的势力过大，对永历帝来说是个威胁，于是皇帝就和自己的手下商议如何铲除孙可望。这时候有人提议，把李定国召回来对抗孙可望。计划一开始实行得很顺利，但永历帝这边出现了内鬼，他把所有的计划都告诉了孙可望。事情就这样败露了，当初和永历帝一起商议的几个手下为了保护皇帝，就说这些阴谋都是自己策划的，和永历帝无关。

很快，孙可望就把这些人全部处死，史称"十八人之狱"。这起案件只是南明朝廷严重内斗的冰山一角，很多派系想自立为王，连皇帝都无法节制他们，这样的政权如何能对抗清廷。后来，孙可望向清朝投降了，而永历帝在南明节节败退后逃到了缅甸，最后被吴三桂俘获并杀害。

南明的这两起案件仅仅是当时混乱局面的缩影，这样的政权是无力抵抗清军南下的。南明仅仅存在了不到20年就灭亡了，不久，清廷统一了全国。

第八章
清朝：封建社会末期，法制逐渐崩裂

贪污腐败案、谋杀案频发

为了拉拢汉人,吸收汉族法律文化

顺治元年(1644年),清军入主中原,并用了几十年的时间一统天下,建立了中国历史上最后一个封建王朝——清朝。

清朝入主中原后,共持续了268年,同为少数民族政权的元朝仅存在了100年,相比之下,清朝的存续时间要长得多。这很大程度上要归功于清朝统治者积极地吸收了汉文化。

在立法上,清朝全面吸收了明朝的法律,并根据自己的特点和社会现实情况,制定了适合自身的法律体系和制度。清朝的法律以《大清律》为代表,在《大明律》的基础上稍加改动,被认为是古代法典的集大成者。清朝前期频繁征战,开疆拓土,收降了很多少数民族,为此还制定了针对各个少数民族的法律。

由于清朝处于封建社会末期,社会中本就暗藏许多危机,而且清朝统治者作为少数民族入主中原,许多人不服他们的统治。为了稳定统治,清朝不得不采用严刑峻法。

清朝的统治者加重了对"十恶"罪行的惩罚,尤其是那些威胁到皇权的罪行,并且扩大了界定谋反和大逆的范围。同时,朝廷还禁锢思想,严惩反动思想,大兴文字狱。

在清朝统治时期，西方各国的资本主义革命正在如火如荼地进行，清朝却反其道而行之。为了扼制资本主义在国内的发展，清廷颁布禁海令，阻止海商贸易，并加大商税抑制民间商业。

清朝设有八旗制度，清律给予了旗人很多优待。旗人在法律上享有许多特权，而且即使触犯了法律，也有特殊的审判机构来专门审讯。

清代《续增刑案汇览》卷四记载，一个叫孙得禄的人吸食鸦片，被抓后不肯供出贩卖鸦片的人。如果是普通人犯了这些罪行，将被判处杖打100下和徒刑3年。但孙得禄是旗人，可以获得减免，只需带着枷号40天即可。后来，人们认为这样的惩罚太轻，便又增加了一个月的监禁。

自首可以罪减一等

《刑案汇览三编》还记载，有一年，一栋民宅起了火，火势很快蔓延到附近的监牢，犯人们立刻乱作一团。火被扑灭后，狱吏们发现少了11名犯人。确实，监牢着火是个不错的越狱机会。正当狱吏们在想如何将犯人抓回来时，这11个犯人却主动回来了。这些犯人们说他们在着火时意外走散，并没有想逃跑。

看到这里，读者可能会疑惑，为什么这些犯人不抓住机会逃走，而是要回来继续承受牢狱之灾？原来，清朝有自首制度，凡是自首的人，都可以减轻罪责。这条规定对监狱服刑的犯人同样有效，如果犯人在逃跑后主动回来自首，也能减轻刑罚。这11个人大多因为杀人被抓进监狱，犯的是死罪，过不了多久他们就会被执行死刑。不过，由于这次自首，他们得以减轻罪责，死刑被转为流刑和杖刑。

自首减刑制度是古代中国立法者的一项高明决策，有助于分化犯罪分子、降低执法成本，加强对社会的控制，同时也体现了统治者轻刑慎罚的一面。

一次捐款，居然引出了一个惊天贪污案

200多年来，对于乾隆皇帝，人们一直是褒贬不一。许多人认为他是一代明君，延续了康乾盛世；但也有不少人认为他是一个败家子，所谓的盛世靠的是消耗雍正朝的家底，康乾盛世在他的统治下走向了终结。确实，在他统治的前期，大清国力达到了鼎盛；而在他统治的后期，贪污腐败盛行，农民起义不断。

在乾隆统治晚期的甘肃，一场农民起义引发的捐款牵出了一起惊天贪污案，暴露了当时社会的种种弊端。这起贪污案的开端可以追溯到乾隆三十九年（1774年），《清史稿·王亶望列传》中有记载。乾隆四十六年（1781年），边疆爆发了反抗清朝统治的起义，皇帝立即调兵镇压起义。然而，战事没能速战速决，军费开销巨大，朝廷逐渐负担不起。这时，甘肃布政使王廷赞的官员拿出了4万两白银，想捐献给国家，助清军渡过难关。

乾隆皇帝虽然晚年有些昏庸，但毕竟是一代雄主，他一眼就看出了问题，王廷赞一个藩司，不偷不抢不贪污，怎么可能拿出这么多钱？此时，乾隆想起一年前浙江巡抚王亶望在南巡时捐了50万两银子给浙江的工程。这二人都曾在甘肃担任过布政使，怎么在甘肃任职的官员都发财了？

巧的是，这段时间前线的军队经常遇雨，影响了战事。乾隆又想起甘肃的官员总是上奏说甘肃很少下雨，经常干旱，需要朝廷赈灾，皇帝意识到其中肯定有人撒谎。于是，乾隆一边调兵遣将镇压起义，一边派人到甘肃追查那些贪官污吏。

在清朝，国家允许那些想当官但未能考上秀才的富家子弟通过捐钱或捐粮获得国子监学生的资格，甚至做官的资格，这被称为"捐监"。王亶望成为甘肃的布政使后，为了快速获得乾隆的好感，他向乾隆夸大了捐监的数量。此外，他还要求当地官员将捐粮改为捐钱，以便他们贪污。然而，纸包不住火，虚报的数字太多迟早会被外界发现。因此，王亶望想出了一个办法，他向朝廷谎称甘肃发生了旱灾，需要立即打开仓库救济百姓。这样一来，他就能将别人捐来的钱全部分

给各级官员，让大家一起贪污，最终达成"官官相护"的目的。乾隆得知真相后愤怒不已，立刻停止甘肃的捐监，下令处死王亶望和其他几十名官员。这个案子揭示了乾隆统治后期出现的体制问题，监察制度一度形同虚设。

吹牛差点引来杀身之祸

顺治年间，有个叫胡成的人与朋友冯安喝酒，喝醉后就开始吹牛。家境贫寒的胡成声称自己能轻松赚到百金，他说自己昨天抢了一个富商的钱财，并将对方扔进了一口井里，他还拿出一些金子来炫耀。然而，事情的真相是胡成的妹夫最近将财物暂时放在他家里，胡成便取出其中一些金子来吹牛。但他的朋友冯安将信将疑，便将胡成告上了衙门。

县令立即带领一些衙役前往胡成所说的井里查看，结果发现里面真的有一具无头尸体。这下胡成无法解释清楚了，就被捕入狱还遭受了重刑。不过，县令意识到胡成可能只是吹牛，碰巧赶上了井里有尸体。于是，县令命手下将尸体留在井中，并通知各村寻找死者的家属前来认领尸体。

一天后，一名妇人自称是死者的妻子，并坚称她的丈夫携带大量银子出门做生意，被胡成杀害。县令怀疑那具尸体并非她的丈夫，但妇人坚信不疑。县令立即命令手下将尸体从井中抬出，妇人看到后伤心欲绝。县令对妇人说，虽然已经抓到凶手，但由于尸体无头，无法证明她丈夫的身份，衙门需要找到全尸才能给凶手定罪，到那时妇人才能改嫁。

几天后，有个叫王五的人前来报官，他声称自己知道死者的头在哪里。经过验尸，头颅与尸体相符。几天后，王五去向那个妇人提亲。本来是大喜之日，两人却在中途被官府抓到了公堂上。县令揭露了一个惊人的真相，这起凶杀案的凶手并不是胡成，而是王五和妇人。

原来，县令设计了一个圈套。在尸体尚未出井时，妇人便一口咬定死者是她丈夫，县令就开始怀疑她的说辞，因为死者身上的衣服破旧，不像有做生意的大量钱财。而且，在县令告诉妇人找到全尸就能改嫁后，王五很快就找到了死者的头颅，然后迅速向妇人提亲。这实在可疑。经过一番审问，真相水落石出。原来妇人和王五通奸，合谋杀害了死者。正好赶上胡成在喝醉酒后吹牛，他们就想方设法把案件的嫌疑全部推到胡成身上。最终，胡成被无罪释放，冯安因诬告而遭受了鞭刑，两个凶手也受到了相应的刑罚。该案例出自《清稗类钞·狱讼类》。

总的来说，清朝的律法非常严峻，但在判案过程中仍出现了许多漏洞。此时，中国已经进入了封建社会的晚期，政治腐朽，社会矛盾激烈，这些在清朝的案件中都暴露得淋漓尽致。

第八章 | 清朝：封建社会末期，法制逐渐崩裂

《大清律》一颁布，仵作终于有存在感了

清朝法医学迟来的高峰

在清朝，法医学得到了发展，并且得益于西方先进技术的传入，迎来了一个高峰。然而，这个高峰来得太晚，后来西方列强用洋枪洋炮打开了中国的大门，更先进的西方现代法医学也传入中国，中国传统的法医学就此画上了句号。

清朝的验尸官在办公时只能携带一名仵作和一名书吏，马匹和食物都要自己准备，不得麻烦地方。在之前的朝代，仵作一职的社会地位非常低下，就连法律中都没有和仵作相关的规定。但在《大清律》中，仵作终于有存在感了。在清朝，仵作的地位与之前相比没有太明显的变化，但要当个清朝的仵作并不容易。

清朝仵作的名额有限，而且需要学习和考试，工作中也有相应的奖励和惩罚。各州县的官员们都要严格遵守这些规定，否则会被处分。大县能设置三名仵作，中县能设置两名，小县只能设置一名，各县还可以在名额之外再招两个人跟随学习，以作备选。仵作平时学习的教科书是《洗冤集录》，每年会有一次考试，题目是讲解其中的一个章节。如果讲得好就会有奖励，如果讲得不好那就糟糕了，不仅自己会下岗，其所在的州县也会因为招募的人不合格而受到追究。另外，如果仵作还在学习过程中，那他的薪水只有成手的一半；如果能为受害者成功洗冤，就会获得十两银子的奖励。

清廷对验尸官这个职业非常重视。如果验尸官轻信仵作，将有伤误判为无伤，将砍伤误判为摔伤，或者相反，都会被降两级调用；如果未将尸体的主要伤痕全部上报，会被降一级调用；如果漏报尸体上的非致命伤痕，将会被罚一年的俸禄。清朝初年，官府沿用了元朝的检验法式，后来清朝又创造了自己的验尸单格和尸图（关于尸体受伤部位的报告书）。尸格和尸图使得原本简洁明了的法式变得更加复杂。

清朝的法医学并非完美无缺，存在许多讹误之处。尤其是当西方先进的解剖学和医学传入中国后，人们发现中国传统的法医学存在许多缺陷。遗憾的是，人们对此提出的意见并未被官方采纳。

麻城杀妻案中，验尸官被坏人利用

雍正年间，麻城人涂如松娶了杨氏为妻。然而，夫妻两人并不恩爱，杨氏经常回娘家。但杨氏有次离开后便消失了，杨氏的弟弟杨五荣怀疑姐姐被姐夫涂如松杀害了，于是亲自进行调查。

在调查过程中，杨五荣遇到了一个无赖，这个无赖成心戏弄他，说就是涂如松杀死了杨氏。杨五荣一听，立即将他带到衙门当证人，状告姐夫涂如松杀害了自己的姐姐。然而，事情的真相是杨氏躲在了自己的情人家里。

涂如松杀妻的消息很快就传开了，杨氏的情人不得不向杨五荣坦白真相。这样一来，杨五荣的处境变得十分尴尬。即便这起事件是由无赖的一句玩笑话引起的，但报官诬陷好人的自己肯定也会受到惩罚。

于是，杨五荣找到一个名叫杨同范的秀才帮忙。杨同范也喜欢杨氏，于是将杨氏藏在自己家里，并让杨五荣坚持声称是涂如松杀害了杨氏。

过了一段时间，麻城附近的一条河突然出现了一具尸体。按照规定，知县汤应求派出的仵作正准备前来验尸，但遇到了恶劣天气，无法及时赶到。这让杨同范看到了机会，他试图贿赂仵作，但被拒绝了。等知县赶到现场时，尸体已经无法辨认,只能掩埋。杨五荣立即带领十几个人到现场起哄,指责他们渎职。于是,湖广总督另派广济县代理知县高仁杰前来验尸。此人是候补知县,还在试用期,杨同范这次贿赂成功了。高仁杰报告说死者是女性,是被人谋杀致死的。汤应求随即被免职,由高仁杰全权处理此案。

这下涂如松就倒了大霉,他立即被严刑逼供,受刑不过,屈打成招。涂如松的家人想方设法地为他申冤,但这时山洪暴发,尸体被大水冲走了,"尸"无对证,这下涂如松跳进黄河也洗不清了。

然而,杨氏还活着,只要有外人发现她,杨五荣和杨同范的阴谋就会立刻暴露。后来,杨同范的妻子生产时难产,杨氏想出来帮忙,被产婆看见了。产婆马上将这件事报告给官府,案件这才真相大白。

之后,这个案子被上报到朝廷,群臣对如何裁定案件产生了激烈的争论。最终,杨同范、杨五荣全部被判处死刑。审理此案、深受其害的知县汤应求,将该案公牍编成《自警录》,但篇幅过长,流传不广。反而袁枚作为同时代人记录此案的《书麻城狱》一文,因被选入《折狱龟鉴》和《续虞初新志》,成为该案更广为人知的版本。

死于狂犬病,却被误认为是被砒霜毒死的

清代学者李元度编撰《国朝先正事略》记载了邓廷桢任西安知府时智断馒头案的事例。嘉庆年间,有一位姓宋的县民吃完馒头暴毙,嘴唇发青,似中毒之相。恰好在当日,一个叫郑魁的士兵买过砒霜,于是他成了嫌疑最大的人。不久,郑魁的邻居和卖馒头的小贩都被当作证人带到了官府,证据确凿,郑魁无法辩解。

西安知府邓廷桢认为此案蹊跷,肯定有隐情。邓廷桢是位杰出人物,后来参与了鸦片战争,抗击英国侵略者,成了民族英雄。邓廷桢立即叫来卖馒头的小贩,问他一天卖多少个馒头,小贩答两三百个。他又问一个人一般买多少个馒

头，对方答三四个。邓廷桢继续追问，来买馒头的近两三百人，是否记得样貌、姓名和买的时间，小贩说不记得。邓廷桢怒而反问，为什么你偏偏记得郑魁买过馒头？

这下小贩就露出了破绽，原来郑魁已经被当地官府屈打成招，但因缺少卖馒头的商贩作证，官员便将这小贩叫到衙门。他不敢得罪当官的，只能答应作伪证。后来，邻居也承认自己作了伪证，但卖砒霜的人一口咬定郑魁买过砒霜。而且，死者去世前正好与郑魁发生矛盾，两人大吵了一架，因此大家一致认定郑魁就是凶手。然而进一步调查后发现，郑魁买砒霜是为了毒死家里的老鼠，而宋某嘴唇变青是因为狂犬病发作。最终，郑魁被释放，之前判错案的官员受到了严惩。

第八章 | 清朝：封建社会末期，法制逐渐崩裂

清朝的文字狱成了文人们的噩梦

皇位来得太不容易，不许文人说闲话

明清时期大兴文字狱广受诟病，但许多关于明朝文字狱的故事很可能是后人夸大其词，而清朝的文字狱则有真实的记载。

清朝大兴文字狱主要是从顺治时期到乾隆时期，这段时期的皇帝大都政绩卓著。顺治帝完成了从入主中原到康乾盛世的过渡，在位期间消灭了南明反抗势力，而康熙帝、雍正帝、乾隆帝则是封建盛世的缔造者。后面的皇帝大多是平庸之辈，文字狱的数量也减少了许多。

出现这种现象的一个主要原因是，清朝是少数民族建立的政权，为了维护自己的统治，多采取强硬的措施来打击反对自己的言论，杀一儆百成了必要的手段。另一个重要原因是，清初几位皇帝争取和巩固皇位的过程都十分坎坷。顺治帝在登基前面临多尔衮等人的挑战，康熙帝登基后面对的是鳌拜这样的权臣，而雍正帝经历了九子夺嫡的残酷斗争。这些皇帝继位后难免会有不支持的人说闲话，这些闲话不利于他们的统治。于是，为了控制言论，他们大兴文字狱。

一位富豪想写明史，却连累了70多人的性命

　　康熙年间，浙江有一位富豪庄廷鑨，他爱好著述，立志要写一本史书。于是，他广聘名士，开始自行编写明史。然而，他怎么也想不到，自己的行为将会害死70多个人。此书以明朝首辅朱国祯的原稿为底本，对清廷多有不敬之语。后来，归安知县吴之荣被罢职后看了这本书，他感到升官发财的机会来了。于是，他立刻去敲诈勒索这个富豪，但富豪不为所动。吴之荣就把这件事报告给了巡抚，但巡抚收受贿赂后只要求编者修改一些敏感词汇，并没有在这件事上大做文章。

　　俗话说不怕贼偷，就怕贼惦记。这个阴险小人看到自己的计谋落空了，就一不做二不休，把这件事告到了京城。朝廷震怒，立刻捉拿并处死了全部的涉案人员。此时，那位富豪已经去世，朝廷就派人把他从坟墓中挖出来进行鞭尸。富豪的家人很多受到了牵连，当初在编史过程中帮助过富豪的人也都难逃一劫。或许是这起案件太荒唐，审讯官特别同情这个富豪，想隐瞒他儿子的年龄，保住他儿子的性命。但富豪的儿子大义凛然，不愿苟且偷生。最后，在这起案件中被杀死的就有70多人，涉案人员的妻儿大多也被发配边疆。该案例出自《清稗类钞·狱讼类》。与此案类似的还有一个戴名世案，因他在自己的作品《南山集》中引述了南明抗清事迹被捕入狱，最终惨死。此案牵连了300多人，其中许多人是无辜的。

　　清朝初期，清朝统治者对文人作品中的内容非常敏感，只要有牵强附会到明朝的文字，就会引起强烈的反应。例如，顺治年间有位学者只是在文章中写了一句"将明之才"，就被顺治帝削去其浙江布政使之职，流放黑龙江宁古塔，最终死于戍所。

一代名将年羹尧之死，也与文字狱有关

　　近年来清宫剧非常受欢迎，雍正年间的抚远大将军年羹尧也被观众熟知。他

为国征战，最终却惨遭杀害，令人唏嘘。历史上，年羹尧之死也与文字狱有关，这是怎么回事呢？

年羹尧是汉军旗人，虽为国家平定了边疆的叛乱，在政治上却十分幼稚。在功高盖世之时，年羹尧并不懂得掩盖自己的光芒，反而骄横跋扈，胡作非为，这让雍正帝决心除掉他。但他为国家立下了大功，想除掉他必须有一个合适的理由。

据《清史稿》记载，雍正三年（1725年）三月，年羹尧在上贺表时把"朝乾夕惕"写倒了，写成了"夕惕朝乾"。这本是一件很平常的事情，甚至都不是个事。因为在汉字成语中，一些前后两字是并列关系的成语，可以前后颠倒顺序，比如"半夜三更"和"三更半夜"。但年羹尧进士出身，曾任翰林院庶吉士，不应犯此明显错误，更何况还字迹潦草。雍正帝早就想除掉年羹尧，便斥责他这样做是对皇帝大不敬。如果是其他人，皇帝只因为这种事就处死他，势必会招来朝堂上的一片骂声，但年羹尧之前为所欲为，得罪的人太多了，这些人一看雍正帝有杀年羹尧的想法，都抓紧机会上书弹劾年羹尧。就这样，雍正帝判处了年羹尧大逆之罪，一代名将就这样被皇帝赐死了。

与顺治帝、康熙帝为了消灭反清复明势力而大兴文字狱不同，在雍正朝，清廷的统治已经逐渐稳固，皇帝大兴文字狱更多的是为了铲除异己。清朝的文字狱对于当时的文化发展打击很大，使很多知识分子不敢过问政治，阻碍了当时社会的发展。

科举舞弊案屡禁不止,连皇帝都头疼

清朝如何处理科举舞弊案

在清朝,同样有很多人为了金榜题名,不惜以身试法,让我们看看清廷是如何处理这些科举案的。

明清时期,由于考生数量庞大,仅靠正副两名主考官无法批阅所有试卷,因此需要先由同考官筛选试卷。被同考官挑中试卷的考生,录取概率特别高。朝廷会在考前两三个月确定同考官人选,这样就给行贿留出了时间。

顺治十四年(1657年),顺天乡试发生了丁酉科场案。当时参加顺天乡试的考生有5700多人,而录取名额仅206人。由于贿赂的人太多,而录取名额有限,考官需要在行贿的人中仔细考虑录取谁。为了避免漏掉要录取的考生,几个同考官之间会互相查看对方批改的试卷,甚至有人让书童拿着暗号去向每个考官查对。

等录取结果出来后,那些曾向同考官贿赂却没有被录取的考生非常生气,毕竟自己也是花了钱的,怎么就这样白白打了水漂?于是,他们就写了匿名的传单贴在街上各处以揭露那些收钱却不办事的考官,这件事很快就闹得沸沸扬扬,甚至传进了皇帝的耳朵里。顺治帝知晓后立即下令命人严查。

经过审讯后,事情的全部经过都查清楚了。据《清史稿·世祖本纪》记载,许多参与这起事件的官员被判处死刑，有些罪不至死的被判处流放或降级。顺治帝还下令让这些考生立即到北京复试，最终一些文理不通的考生被淘汰，其他182名考生的举人身份得到了认可。

顺治帝本以为处理完这件事就可以安心了，没想到这起案件判决后，南方的考场也传来了舞弊的消息。南方的科举考试中同样存在贪腐，而南方才子众多，于是有人专门作诗讽刺这种现象。这些声音很快传到皇帝耳中，顺治命人调查这些案件。最终，南方的正、副考官和其他同考官都被处死，一些行贿的考生被流放到黑龙江。其他中举的考生的日子也不好过，他们要在寒冬腊月到北京复试。在冰天雪地中，每位考生身旁都有两个士兵持刀监督，限时交卷。许多徒有虚名的举人未能按时交卷，而有些确有真才实学的考生，或因被冻僵，或因被旁边的士兵吓坏，也无法正常地完成试卷。这些人同样被视为向考官行贿，受到了严厉的惩罚。

这两起科举舞弊案波及的官员和考生众多，顺治帝希望借此来巩固自己的政权。这两起案件中的受害者大多是向考官行贿的富家子弟，而那些家境贫寒的读书人看到朝廷的所作所为，势必会拍手叫好，对清朝忠心耿耿。而且，这两起案件中少数幸存的考生经过皇帝亲自复试后，必会更感激新王朝。

一起科举考试案，改变了两个文豪的人生轨迹

康熙三十八年（1699年），发生了顺天己卯科场案。案件的两个主角是李蟠和姜宸英，他们都是远近闻名的大文豪，以康熙三十六年丁丑科的状元和探花的身份担任案发时科举考试的主考官。这次科举考试后，一场飞来横祸降临在他们头上，两人的人生轨迹由此发生了转折。

那次科举考试的录取结果公布时，大家惊讶地发现，中举的多是官员子弟，而寒门子弟大多落榜，这马上引起了轩然大波。那些落榜的寒门子弟虽然考试成绩不理想，但文化水平挺高，他们立刻编写歌谣讽刺两个考官，有的人甚至直接说考官们收了中举考生的贿赂，还有的人为此事写文章，文笔犀利，煽动性极强，一时间这件事变得沸沸扬扬。

这件事很快就惊动了朝廷，有些大臣提议撤销考官李蟠和姜宸英的职务。但康熙帝认为目前的情况还不能完全证明两位考官有徇私舞弊的行为，他想办一场复试验证一下。复试结果出来后，结果让大家特别惊讶，一开始中举的人全部通过了考试。

事发时，两位主考官李蟠、姜宸英被刑部隔离看管。复试后，康熙皇帝和相关部门讨论如何处置李蟠、姜宸英。目前看来，这起事件中两人并没有做错什么，可闹出了那么大的乱子，还有传言说李蟠受贿白银万两，虽纯属子虚乌有，但很多百姓对两人徇私舞弊的传言深信不疑，不处分无法服众。但若真要大开杀戒，康熙也下不去手。

最终，为了平息此案，康熙只能将李蟠流放沈阳尚阳堡三年。至于姜宸英，有传言说他徇私将浙江宁波的老乡姚观录取为第一名，康熙便特地在乾清门召姚观面试，看到姚观才思敏捷、出类拔萃、表现不俗，更知姜宸英是被冤枉的，于是下旨释放了他。遗憾的是，这位德高望重的大文豪受诬后气愤不过，已经含恨服毒自尽了。就这样，喧嚣一时、震动全国的顺天乡试舞弊案，终于落下了帷幕。

现在看来，与其说这是一场科举舞弊案，倒不如说是一场诽谤案。

那位特地写文章讽刺考官的读书人用笔辛辣，言之凿凿，在社会上造成了很大的影响。然而仔细琢磨，文章中所列的许多事情都是道听途说、无中生有，而且不少地方都是作者的主观臆测，危言耸听，并无证据支撑。比如，这篇文章里说两个考官收取贿赂，却没有说清楚时间、地点、谁提供贿赂的、贿赂了多少钱以及作者是如何知道的。

舆论发酵后，两位主考官都遭到了御史的弹劾。现在看来，那些弹劾可能是盲目跟风，或者出于个人目的。而复试结果与第一次考试的结果并无二致，证明了两位考官在整个审阅过程中没有舞弊。在古代，官宦子弟受教育的程度通常比穷苦百姓更高，科举考试中中举的富家子弟比例更高，这并不奇怪。后来，康熙皇帝打算为两人平反，朝中众臣也认为二人无罪。但在事件刚爆发时，康熙皇帝为了平息众怒，向民众保证一定会从严处理。虽然最后查清两人是清白的，但这份公道来得太晚了。

试卷上全是错别字却也能中举

咸丰八年（1858年）的顺天乡试一共有上千名考生，最后录取了300名。然而，有人看榜时发现了端倪，有一个优伶竟然中了第七名。清朝规定，一些比较低贱的职业是不能参加科举考试的，优伶就是其中之一。咸丰皇帝得知后，立刻派人核实，发现这个考生并不是优伶，只不过是平时比较喜欢曲艺而已，纯属兴趣爱好，他还是有资格参加科举考试的。

然而，正是这样一则谣言，让审查官发现了更大的猫腻。原来，这个人的朱卷和墨卷并不一致。在古代，为了防止考官辨认出考生的身份，从而徇私舞弊，考生的试卷会让人用红笔抄一份，这就是"朱卷"，而考生亲笔写的试卷则是"墨卷"，朱卷和墨卷必须完全一致。审查官发现这位考生的墨卷中有很多错别字，在朱卷上都被改了过来。正当他们打算开展调查的时候，那位考生被革去身份抓进监狱，很快就不明不白地死了。

考官被讯问时，称当时以为是抄写人员不小心写了错别字，所以他就把错别字改了过来。这样的回答显然不能蒙混过关。很快，朝廷就公布了处理结果：那位考生本应受到处罚，但鉴于他已经去世不再追究，涉案考官被革职罚俸。

这起事件发生后，咸丰皇帝担心其他考生也有相似的情况，就派人仔细审查，结果发现几十份试卷都有错别字被涂改的痕迹。而且，审查官还发现了其中一些考官收受贿赂、徇私舞弊的罪行。在大臣肃顺的建议下，咸丰皇帝打算严惩此事。最终，四位官员因此事被处斩，90多名官员被惩处，使官场贪腐之风得到改观。值得一提的是，肃顺后来在辛酉政变中被诛杀，很快就有大臣建议慈禧太后为这起科举案中被杀的几个考官平反昭雪,但遭到了慈禧太后的拒绝。

鲁迅的爷爷也曾参与行贿案

鲁迅是中国著名的文学家,他的爷爷周福清在清朝末年考中进士,入翰林院任庶吉士,先后在地方、朝廷任职。然而,一场飞来横祸让这个家庭几乎遭受了灭顶之灾。当时,鲁迅的父亲周用吉获得秀才身份后,准备考举人。当时清朝的科举考试已经非常腐败,作弊是家常便饭。于是,周福清想花钱买通官员,帮助他的儿子考取举人。

这一年的主考官叫殷如璋,而周福清常年在北京做官,与他的关系较好,便让下人写了一封信并带上银票去贿赂他。当周家下人赶到主考官家中时,正好碰上了苏州的地方官。这位下人比较愚钝,当着地方官的面就将信和银票交给了主考官。

由于外人在场,主考官收到信后,就再未回复。这位下人也不懂事,以为主考官白拿钱不干事,当即大骂,主考官勃然大怒。那位地方官立即将周家下人拿下,然后带着那封信和银票回衙门查办。

这起事件很快传到朝堂上,光绪皇帝大怒,判周福清"斩监候"——在清朝,对于危害性不大或有可疑之处的罪行,审判官会判以"斩监候"或"绞监候",暂缓处决,延至秋天由九卿会审后再作决定。周家迅速联系了一些故交和同事,经过一番努力才保住了周福清的性命,但周家也因此遭受了致命的打击。鲁迅的爷爷被关进监狱,八年之后去世。而鲁迅的父亲周用吉被取消了秀才身份,贬为平民。那位主考官也受到了处分,被降级。《清代档案史料丛编·第九辑》记录了此案始末。

清朝处于中国封建社会末期,当时的科举制度也日渐衰落。政治上的腐朽和社会矛盾的日益激化导致科举舞弊案屡禁不止,由此发生了许多荒唐的事情。

第八章 | 清朝：封建社会末期，法制逐渐崩裂

天津教案——晚清百姓和传教士冲突的爆发

清朝也发生了一起"回纥使者案"

前面我们讲过，在唐朝末期，回纥人胡作非为，官府和朝廷却无法用法律来约束他们。在唐朝如此，在清朝同样如此。自己国力弱，即使本国人有理，也只能任外人宰割。同治九年（1870年）发生的天津教案和唐朝的回纥使者案就非常相似。

自明清以来，经常有西方传教士来华传教。有些传教士是真心诚意地想将西方教义中的文化带到中国，而有些则别有用心，以致传教士与老百姓之间经常发生冲突。鸦片战争爆发后，清朝陆续遭受西方列强的侵略，签订了大量的不平等条约，让中国百姓对洋人产生了强烈的反感。加之西方的教义与中国的传统文化较难融合，因此一些思想传统的人就更加憎恨这些传教士了。

同治九年，天津发生了一场大旱，许多老百姓去祭祀龙王爷祈雨，这种行为当然不会起效。传教士来向老百姓解释，说天上下不下雨与科学有关，祭祀龙王爷没有用，而且他们声称世界上只有上帝，没有龙王爷。有些话洋人说得对，烧香拜佛不能解决问题。但是当时庄稼颗粒无收，许多老百姓挣扎在死亡线上，他们认为洋人没安好心，便更憎恨洋人了。天津百姓与洋人教会的矛盾本就尖锐，这样一来，没过几天整个天津城流言四起，都在传洋人做了丧尽天良的坏事。此

时，中国老百姓和传教士已势同水火，偏偏在这个时候，一个人贩子的栽赃瞬间就引爆了火药桶。

这个人贩子拐卖儿童，被老百姓抓住暴揍一顿后送往衙门。衙门立即对人贩子进行审讯，人贩子说是教堂派他来拐卖儿童的。知县刘杰和知府张光藻立刻派人去教堂调查，发现教堂内的情形和人贩子说的截然不同，他就是犯事后栽赃给洋人。于是，官府立刻结了案，称此案与教堂无关。但老百姓并不了解真相，他们非常激动，和教堂里的洋人打了起来。

法国领事馆得知情况后，立刻派人带着枪来镇压。官府无计可施，命令现场的中国人赶快让出一条路，让洋人离开。也许洋人是觉得中国人不敢真和他们叫板，就变得狂妄起来。他们在回去的路上看到知县刘杰和他的家人，立刻开枪射击。但是，这是在中国的地盘，这些洋人的行为立刻激怒了周围的老百姓。大家一拥而上，把这几个洋人给活活打死了。这下，事情就变得更严重了。这些老百姓又跑到其他有外国人居住的地方闹事，最后，一共有20名外国人在这起事件中被打死。这就是震惊全国的天津教案。

天津教案发生后，7个国家向清朝提出抗议。清政府了解情况后大为惊恐，如果这件事得不到妥善的解决，可能会引发一场新的战争。而此时的清朝刚刚经历了第二次鸦片战争和太平天国运动，如果再次爆发战争，必定会给清朝带来灭顶之灾。最后，慈禧太后想到了曾国藩，就派他去与法国人交涉。

曾国藩与法国人交涉一番后，表示愿意一命抵一命，将打死外国人的中国百姓处死。然而，法国政府的态度十分强硬，要求清政府立即处死知县刘杰和知府张光藻。法国人的要求显然不合理，因为这件事的根源是法国人自己贸然向中国官员开枪，激怒了中国百姓。清政府放低姿态，表示愿意处决打死外国人的中国百姓，这已经是一种退让。在这起案件中，知县刘杰和知府张光藻并没有犯错，刘杰自己还被法国人枪击受了伤，他的家人也被打死。法国人却要求处死他们，这种要求简直不可理喻。这让中国官员左右为难，如果他们听洋人的，处死自己的官员，势必会严重损害清政府的形象；但如果他们不听洋人的，又没有能力与

第八章 │ 清朝：封建社会末期，法制逐渐崩裂

法国人对抗，一旦法国人开战，清政府肯定无力迎战。

最终，经过多轮谈判，双方达成了共识。16人被判死刑，4人被判缓刑，25人被流放，知县刘杰和知府张光藻被革职充军。此外，清政府还向外国人赔偿了49万两白银。朝野上下许多人对这一结果不满，将矛头指向了曾国藩。这起事件让曾国藩的人生陷入了低谷，两年后他就因病去世了。

这起案件充分告诉我们一个道理——国力不强，即使自己没有做错，也只能任由别人肆意欺辱。

西方对清朝法制既有认可，又有批判

外国人认可中国的审判制度、死刑制度以及监察制度

世界自文艺复兴和开辟新航路以来逐渐成为一个整体，东西方相对隔离的历史一去不复返了。从乾隆时期英国使者马戛尔尼带着英国使团来到中国，到鸦片战争后西方列强用洋枪洋炮强行打开中国的大门，外国人得以近距离地了解中国的司法。在外国殖民势力渗入中国的过程中，外国人对中国司法的认识经历了从模糊到清晰的过程。

不少西方文献对清朝的司法体系赞赏有加，尤其是在审级制度、审判程序和免费诉讼制度等方面。在民事诉讼领域，18世纪的西方人普遍对清朝的审判程序持有积极看法。马戛尔尼使团随行成员安德逊称，民事诉讼案件由若干名法官指派低级官员进行裁决，而地方首席长官有权审批这些判决，并可依据个人判断决定是否接受或驳回。至于刑事案件，18世纪的西方人虽然承认其审理过程和程序相比民事案件更为复杂，但大体上持赞赏态度。中国的司法部门相互依存，有权对整个案件进行复审，收集有关原告或证人的信息，以及被告的罪行。

外国人对清朝的死刑审级制度和程序制度给予了高度关注，他们深入了解后基本认可了这一制度。他们了解到，清朝的死刑判决需要经过一系列严格的程序，包括审查、裁决和皇帝的最终判决等。这些程序确保了死刑案件的公正性和

第八章 | 清朝：封建社会末期，法制逐渐崩裂

准确性。下级官吏负责将审判结果和记录向上级司法部门呈送，同时注明法律依据。对于最高级别的司法机构——刑部来说，下级司法部门需要向刑部汇报死刑案件的详细案情和审判结果，并经过刑部的严格审核。如果刑部认为事实不清或证据不足，就会奏报皇帝，请求进一步了解案情。在做出最终判决之前，刑部必须对案件进行反复审核和复审，并向皇帝呈送三次卷宗，这一过程体现出清朝对死刑判决的极度审慎。

掌握最终判决权的皇帝也得到了外国人的认可。他们认为皇帝的仁慈之心使他不想让臣民因为小过失或在证据不足的情况下丧命。他们观察到，皇帝有时会批准死刑，有时则会展现仁慈的一面，减轻处罚。在犹豫不决时，皇帝还会退回卷宗，并要求刑部进一步斟酌后再呈报。总的来说，外国人赞叹清朝的整个裁决过程非常小心谨慎，显示了对生命的尊重和人道的关怀。这种高度审慎的态度确保了死刑判决的公正性和准确性，从而维护了社会的公正和稳定。

此外，外国人对清朝的监察制度赞誉有加。他们细致观察到民事案件中，上级长官对下级官吏的督导作用，而且尤为钦佩刑事案件中，特别是死刑案件的司法监督制度的严谨。例如，马戛尔尼使团随行成员安德逊发现，在18世纪清王朝的统治下，地方长官对案件的判决要受到该省按察使的监督。同时，马戛尔尼使团的副使斯当东考察大沽法庭时，也注意到了清朝审判的监督制度。他称，大沽法庭开庭时，"席上有六名官员，其中五人可能是陪审员，借以制约法官一人专断，侍从和旁听人员很多"。此外，18世纪的西方人敏锐地洞察到了御史衙门在司法监督中的重要角色。斯当东对其评价道："御史衙门肩负重任，监督法律之执行，审视其他衙门、王公大臣乃至皇帝的行为。"同时，这一时期西方人也观察到中国通过立法手段强化司法监督的实践。

同时，西方人对清朝司法体制内的回避制度也有较高的评价。斯当东称："为保证判决公正，本省人不得担任本省法官。"法国思想家魁奈也称："法律禁止指派出生于此地的人担任这个地方的官。"18世纪法国耶稣会教士、汉学家杜赫德的看法与之类似，他说："法律规定任何人不得在自己家庭所在城市当

253

官。"同时，西方人还了解到，清王朝为防止法官在某地长期任职而可能在当地拉帮结派滋生腐败现象，经常采取调职的做法。魁奈称："中国不允许一个人在某一职位做很长时间，因为害怕他会在当地拉帮结派。"他认为，由于调来的新官员并不熟悉该省的大多数官员，这样一来，新官员也就很少有理由去袒护他们。杜赫德也持类似的观点，认为不让某个法官在一个地方为官多年，可以防止他与此地人结成特殊的关系，而使判案有失公平。对于新调任的法官而言，那些同事都是陌生的，这样很难有机会让他待人有亲疏之分。

的确，在中国封建社会早期，一些地方官员由于长期在该地任职，和当地豪强关系密切，有的甚至还结成了秦晋之好，从而形成了庞大的地方关系网。而从隋朝开始，地方官任期有限制而且不得连任，从而杜绝了这一现象，这一规定一直持续到了清朝，并且被西方人所熟知。

西方人对清朝司法的认可还体现在狱政管理上。他们不仅认可清朝监狱内的环境，还认为清朝监狱管理的秩序也很好。西班牙奥古斯丁会修士儒安·贡萨列斯·德·门多萨在《大中华帝国史》中这样写道："全国各省省会均设有13座监狱，不仅有看守和狱吏的住所，还有鱼塘、花园和庭院。那些罪行较轻的犯人，可以在这里整天散步、娱乐。这里还有食品店和商店，出售犯人为维持生活而制作的各类物品，让他们的生活得到保障。"关于西方人对清朝狱政的赞扬，这并不是唯一的例子，杜赫德也持类似观点，他在《中华帝国全志》中写道："中国的监狱环境宽敞舒适，与欧洲的监狱截然不同，少了那份令人畏惧和厌恶的感觉。尤其在北京的最高法院里，牢房设施完备，为犯人提供了良好的生活环境。这里不仅有各种商贩和手艺人，如裁缝、屠户、米贩、药贩等，他们可以自由地与犯人进行交易，更有甚者，还有厨师现场为犯人烹制美食。"这些描述是否符合实情，就不得而知了。

西方人不仅赞叹清朝监狱相对宽松的环境，还称赞其管理秩序。例如，杜赫德曾写道："有专门的官员定期巡查监狱，以确保对狱中状况的全面了解。一旦监室内出现喧哗声或灯光全部熄灭等混乱状况，值夜班的狱卒会迅速采取措施，

第八章 | 清朝：封建社会末期，法制逐渐崩裂

及时处理。"

清朝司法的弊端也被外国人看在眼里

西方人来到中国后，不仅看到了清朝司法积极的一面，也看到了消极的一面。

当时，清朝滥用刑罚的现象非常严重。马戛尔尼使团的一名成员称："来到中国，我每日都目睹到官员们挥鞭打人的情景，这似乎已成为他们日常工作的一部分。鞭刑的实施似乎无须事先征询或斟酌其适用与否，瞬间便可下令施以皮肉之苦。"而此前来华的传教士们也对这种滥刑发表了很多看法。比如，耶稣会传教士殷弘绪神父称："在中国，无论是谁敲鼓，除非涉及众人皆知的冤情，都免不了挨一顿板子。"让18世纪的西方人看不下去的是，清朝官府经常通过严刑逼供的方式迫使涉案人员承认犯罪。杜赫德说："为了迫使罪犯坦白罪行，中国官员常常采用残忍的刑罚。其中一种尤为痛苦的酷刑，是对罪犯双手双脚的残忍折磨。在实施这种酷刑时，罪犯的脚被强行塞进特制的刑具中，并通过外力挤压，导致踝骨被残忍地压碎和变形。这种痛苦难以忍受，让人不寒而栗。"斯当东也提到："为了逼问口供和同谋，法庭上经常施刑拷打。"他认为，实施此一策略极度不明智，因为无辜者可能会仅仅因为被怀疑或指控而遭受折磨，难以保证他们不会遭遇比死亡更可怕的厄运。清朝官府之所以采取这种方式，只是为了使罪名成立。

西方人对清朝的司法体制进行了深入观察，并对其中的严刑逼供和酷刑制度表达了关切。他们指出，即使犯人在严刑拷打下承认了罪行，这并不意味着他们能够逃脱之后的迫害。一旦被判定有罪，犯人将面临极大的羞辱和惩罚。具体来说，犯人可能会遭受公开的鞭打，这一惩罚不仅是对犯人的身体折磨，更是对其人格的极度羞辱。为了增加犯人的痛苦，执法者使用浸过水的竹板进行抽打，这种工具在打击时更能引发强烈的痛感。在执行这种鞭打之刑时，犯人的手被反绑

在背后，脸朝地下趴着，由两名行刑手执行。这种姿势使犯人的身体完全暴露在鞭打之下，无处可躲。由于这种刑罚过于残酷，犯人在遭受六下鞭打后便无法再站立，通常情况下挨到50下后，犯人就会死亡。基于这些观察，西方人士估计在清朝时期的中国，每年有数千人因这种酷刑而死亡。这样的数字表明，酷刑在当时的司法体系中是一个普遍存在的现象。

此外，西方人在赞叹清朝监狱相对宽松的环境和管理秩序的同时，也看到了清朝监狱黑暗的一面。首先，他们批评清朝监狱内狱卒的贪赃受贿。杜赫德称："这些人白天严格限制犯人外出活动和交流，然而，只要犯人愿意付出一些金钱来贿赂狱卒，即使是面临重罪的囚犯，也能享受到几个小时的短暂自由。即使是微薄的小钱，只要运用得当，也能打动狱卒的心，让他们变得宽容慈悲。"

其次，他们批评监狱的狱吏让犯人遭受折磨。西班牙奥古斯丁会修士儒安·贡萨列斯·德·门多萨称："犯人被戴上足镣手铐，关在牢房里，狱吏令他们脸朝下，躺在木地板上。这种惩罚是如此地痛苦，以至于许多人因受不了这种折磨而自杀。"他还说："罪犯们深恶痛绝重返牢笼，因为他们宁愿立刻辞世，也不愿再度遭受监狱里的残酷待遇。由于监狱生活的极度恶劣，许多被判死刑的囚犯在受刑前已在狱中丧命。"

此外，西方人还发现了清朝的司法体系中存在受贿和花钱替罪的现象。针对司法官员的受贿问题，斯当东做了深刻的批判，他指出："为了保证公正的判断，本省人不应担任本省法官。这种限制虽然有助于减少审判官在判案时受到人事关系的影响，但不能完全保证他们不受贿赂的影响。在清朝和其他东方国家，下级向上级、当事人向法官送礼的风气盛行，原告和被告双方都可能通过送礼来影响法官的判断。在清朝，打官司是一件非常昂贵的事情，这可能让富有的人更容易压制其他人。更糟糕的是，清朝的这种送礼行为并不是明文规定的，据说在清朝的法庭上，最终决定裁判结果的还是金钱。这样一来，富人当然有更多的机会胜诉。"在这种广泛存在的司法受贿之风下，他们认为清朝还存在犯人花钱找人替罪的情况。

第八章 | 清朝：封建社会末期，法制逐渐崩裂

对于司法审判中的连坐制度，外国人也进行了批判，他们大多不认可这项制度。例如，对于"子罪坐父"这一点，法国思想家孟德斯鸠认为它源于专政主义思想。他称："人们认为中国之所以实行'子罪坐父'，是因为人们不曾使用由大自然建立、被法律再度提升的父权。然而这种观点并没有多少实际意义。子罪坐父这一事实表明，'荣誉'在清朝几乎不存在。"德国哲学家黑格尔也提出了批判，他称："无论什么人，凡是和犯人有任何联系的，尤其是涉及犯上作乱、危害皇帝的大罪，应当和犯人同受刑狱，他的近亲全体都要被拷问打死。"

连坐制度导致的社会影响，也让西方人感到荒诞无比。他们称："许多中国城市的执政者深感必须限制井口的大小，以遏止投井自杀的现象。在他们看来，任何形式的自杀都需要在法律层面上进行详尽的调查，探究死者自杀的真正原因。一旦发现死者的自杀与他人的仇恨有关，涉案的相关人员将被逮捕并接受严厉审讯。若事实证明自杀是由某人的侮辱行为所引发，那么这个人及其全家都将面临死刑的惩罚。"在这个基础上，西方人对清朝司法中的连带责任做出结论："负责任和不负责任的情形是如此地可怕，每一桩行动上，它主观的自由和道德的关系是一概不顾的。"

此外，西方人还批评了清朝司法审判中民刑不分、蓄意犯罪与过失犯罪不分的现象。对于民刑不分，斯当东称："在中国，每一个省城只有一位审判官，主要审理刑事案件，而所有的民事诉讼案都由地方官审理，不另设单独的审判官。"对于蓄意犯罪与过失犯罪不分，西方人也提出了异议。黑格尔称："在处理责任问题时，中国人的观念中并无蓄意行为与无心之失的明显区分。对于偶然事件与蓄意活动，他们均视为同等严重。若因无意而误杀他人，此人必将受到死刑的制裁。"黑格尔认为，这种"漠视无意和有意的分别"是造成中英之间大多数冲突的原因。

另外，外国人常常对清朝司法制度的僵化保守提出批评。他们认为，中国人的身体与思想上的懒惰是相互关联的，这种思想上的惰性使得中国人在体制、习惯上更倾向于守旧。孟德斯鸠曾这么批评过清朝司法的僵化，他称："身体的惰

性束缚了思想的活跃，导致他们无法在行动、努力和争论中展现出任何创新。因此，他们的法律、风俗和习惯，甚至那些微不足道的习惯，比如服饰的款式，都与一千年前如出一辙，没有丝毫的变化。"

随着西方大航海时代的到来，我们可以从西方著作中了解到更客观的关于当时中国刑法制度的描写和评价。与古人的刑法制度相比，西方的刑法制度既有优点，也有缺点。不过，中国古代的刑法制度大多是为了维护统治，随着新的时代到来，这些旧的制度不可避免地将被取缔。

第八章 | 清朝：封建社会末期，法制逐渐崩裂

晚清大案背后的政治斗争

张汶祥刺马案

  和明末发生了三大案一样，清朝末年也出现了四大案，其中的太原奇案的案情过于离奇巧合，被很多人认为是小说家杜撰的，历史上并未发生，因此这里就只介绍其他三个案件。明末三大案都是发生在宫廷内，并且都和皇帝有直接关系，而晚清三案多发生在民间，而且都与皇帝没有关系。相同之处在于，这些案件都反映了当时朝廷内部激烈的政治斗争，也为王朝最后的覆灭埋下了伏笔。

  马新贻是清朝末年的一个进士，步入仕途不久就赶上了太平天国运动。他不仅在平定太平天国的过程中战功卓著，在治理民生上也取得了很大的成绩。之后，他一路青云直上，升任两江总督，就在他前途无量的时候，横祸降临了。同治九年（1870年）七月二十六日，在他回官署的路上，忽然冲出一个人，似乎是要向马新贻告状。但当此人接近马新贻时，突然拔出刀刺向他。马新贻身受重伤，一天后就去世了。刺客逃跑不及，被当场擒获。

  朝廷在处理马新贻的后事时，也在紧急审问犯人。这个犯人名叫张汶祥，他的供词总是前后不一致。于是，朝廷进行了会审，得出的结果是：张汶祥原是太平天国的人，后来成了海盗。之前，马新贻曾大力打击过海盗，张汶祥的许多弟兄都因马新贻被杀害了。张汶祥的老婆被抢了，他曾向马新贻提起诉讼，但无济

于事。因此，他心怀怨恨地进行了报复。这个案子后来交由曾国藩复审，他采用了张汶祥的供词，最终张汶祥被判处凌迟。

  案件就这样了结了，但很多人认为案件背后另有隐情。太平天国如日中天时，清政府无力对抗，只能鼓励地方武装采取行动，曾国藩的湘军就此崛起。后来，太平天国覆灭，曾国藩功高震主，湘军的处境非常尴尬。很多人传言曾国藩有野心，他的部下也有不少人怂恿他称帝。但曾国藩是个聪明人，他清楚当时的局势远远不足以称帝，如果贸然称帝，恐怕会落得袁术那样身败名裂的下场。

  不过，清廷势必会防范曾国藩，并且想方设法地裁撤湘军。于是，朝廷就派马新贻担任两江总督，逐渐对湘军进行裁军。但强龙难压地头蛇，士兵们被裁后生活得不到保障，不少人走上了烧杀抢掠的邪路，有的士兵甚至加入了黑帮。而马新贻自然成了他们的眼中钉，恨不得早日除掉他。于是，有人推测，这起刺杀事件的幕后黑手是湘军。而且，曾国藩在复审时很快就采纳了犯人的口供，并迅速结案，很有可能是他也意识到幕后黑手是自己人，这个案子不能再继续查下去了。

  无论张汶祥的刺杀行动出于哪种目的，无论幕后黑手究竟是不是湘军，我们都能看到这起案件的背景是慈禧太后和曾国藩的政治博弈。对于曾国藩来说，他刚刚因为天津教案成为众矢之的，而这起刺杀案正好给了他回湘军的机会。而且，马新贻是慈禧太后派来削弱湘军势力的一颗棋子，现在这个用来制衡自己的棋子消失了，湘军就有了更多的发展空间。所以，在这起案件中，曾国藩是最大的赢家。而对于慈禧太后来说，这起事件看起来她败给了曾国藩，但从长远来看，清政府还是有收获的。曾国藩在短短两年后就因病去世，这起案件很快就被改编为各种戏文，在民间风靡一时，幕后黑手是湘军的猜测也被广大群众所接受。于是，湘军在人们心中英勇正义的形象就一落千丈，为后来的解散埋下了伏笔。马新贻是这起案件中唯一的受害者，而破案的过程却是一场政治斗争，大清王朝也将在这一系列的政治斗争中走向末日。

第八章 | 清朝：封建社会末期，法制逐渐崩裂

杨乃武与小白菜案

与张汶祥刺马案不同，本案故事的主人公杨乃武和小白菜都是平民百姓。但这起案件背后同样有慈禧和湘军的博弈，最终慈禧占了上风。

在浙江省余杭县的余杭镇，有一个名叫毕秀姑的女子，她平时喜欢穿绿衣服和白裙子，便有了一个绰号——"小白菜"。她嫁给了一个卖豆腐的商贩，丈夫叫葛品连。为了生计，夫妻俩租了一间房做豆腐生意。房主叫杨乃武，是个举人。葛品连白天不在家，小白菜闲得无聊就经常去杨乃武的书房找他聊天，杨乃武热心地教小白菜识字。这样一来，难免会引起流言蜚语，坊间就传出了"羊吃白菜"的流言。葛品连得知后非常生气，就搬出了杨家。令所有人意想不到的是，两个月后葛品连突然离世了，尸身色变，嘴和鼻子有血水流出。

案件发生后，死者的母亲向衙门报告，希望把这件事查清楚。巧合的是，当地的知县和杨乃武的关系并不好，这下他终于有机会置杨乃武于死地了。他一面派遣验尸官前去验尸，一面又把杨乃武和小白菜抓回衙门，日夜不停地刑讯逼供。杨乃武和小白菜承受不住残酷的刑罚，最终屈打成招。在审理过程中，杨乃武与小白菜都不承认被指控的罪行，于是审判官在审讯中多次使用重刑，甚至超出了法律规定的范围。1874年12月10日，《申报》在一版头条上的报道揭露了本案刑讯的残酷。报道称对杨乃武的刑讯为"极加五刑，使之七次昏绝"，对小白菜则是"烧红铁丝刺乳，锡龙滚水浇背"。1875年4月10日，《申报》又报道了当时刑讯的情况，称"然闻问官得该妇人口供后，忽又加以重刑，似深恶其翻供。曾经昏绝二次，均以冷水泼醒，而妇人仍供如前"。但是，杨乃武的姐姐和妻子不接受这样的结果，于是去京城告状。

这起案件审了三年仍无结果，最终引起了慈禧太后的注意。在慈禧的干涉下，几个部门进行了会审，很快就得出了结果。原来，小白菜的丈夫只是意外暴病身亡，杨乃武和小白菜并没有像潘金莲和西门庆那样合谋下毒。仵作沈祥错误的尸检结论是导致杨乃武、小白菜蒙冤的主要原因。沈祥检验葛品连的尸体时，

发现"尸体仰面呈淡青色,口、鼻内有淡血水流出,身上有十余个水泡"。这与《洗冤集录》记载的服砒毒而死的特征——"牙根青黑、七窍迸血、嘴唇翻裂、遍身起小泡"不同,但他用银针刺探喉部呈青黑色,擦之不去,看似中了砒毒。沈祥无法作出判断,仅向知县报告死者中毒身亡,但未说明是由何种毒药致死。根据规定,试毒的银针必须用皂角水反复擦洗后才能进行检验。但由于沈祥的工作疏忽,忘记擦洗银针就进行检验,他得到的结论原本不应被采纳。但因该结论符合官员的猜测,就未再进行检查。

杨乃武和小白菜虽然最后得以昭雪,但此案给二人造成了无法弥补的创伤。杨乃武在此之后以植桑养蚕为生,而小白菜则出家做了尼姑。两人都亲眼见证了清朝的灭亡,小白菜甚至活到了1930年,享年74岁。

虽然剧情非常曲折,但毕竟杨乃武和小白菜只是平民百姓,事情的真相也只是死者是病死的,为什么此案会成为一个震惊中外的大案呢?原来,此案过后不久,大大小小三百多名官员受到了惩罚,有的被革职,有的被判处流刑,这究竟是怎么回事呢?

原来,在这起案件的发生地浙江,很多官员来自湘军。之前湘军就已出现尾大不掉之势,朝廷一直没有机会大刀阔斧地剪除他们。而这起案件正好给了慈禧太后打击湘军的大好机会,最后事情的发展果然如慈禧太后所预料的一样,湘军遭到了致命打击,无法再对朝廷形成威胁。而且,在之前的刺马案中,湘军的形象一落千丈,这起案件是朝廷为无辜的受害者平反昭雪,更是让朝廷得到了人心。曾国藩也知道自己已经无力和朝廷抗衡,便主动向朝廷申请裁军归乡,从而保全了自己。

在这两起案件中,我们可以看到慈禧太后作为一个统治者十分老辣。一百多年来,人们对于慈禧太后褒贬不一,有人认为是慈禧太后让清朝走向了灭亡,有人则认为是有了慈禧太后清朝才得以续命几十年。不可否认的是,慈禧太后在权谋上是非常有手段的。

这起案件之所以能真相大白,其实是多方合力的结果。案件能平反的主要原因是《申报》对此案的连续报道形成的舆论监督。《申报》一直有专人采访此案，对案情据实报道，揭露与抨击官府使用酷刑取供、草菅人命，对官府形成了社会舆论压力，为平反此案发挥了促进作用。当时，《申报》是江浙一带著名的报纸，读者众多。在近代外商创办的报纸中，《申报》是创刊较早、出版时间最长、影响最大的一份报纸。

还有一个原因是：杨乃武身为举人，学识不凡，平时经常替人代写诉讼词状，其妻四处申诉的词状正是他自己写的。如果杨乃武不识字或者写不了词状，他蒙受的冤屈就无法传到朝廷，无法为自己辩白。而且，清朝的申诉需要遵循一定的程序，如果越级上诉，不仅冤案无法到达朝廷，申诉人还会遭到处罚。而杨乃武对当时法律的规定十分了解，最终逐级上告成功。

而且，杨家也有经济实力支持上诉。当时，法律中设了有关告御状的规定，这是慎刑原理的体现，旨在纠正可能出现的司法不公和冤假错案。在很大程度上，这成为皇帝监控地方官吏的强有力手段，同时也能让当事人受到损害的权利得到一定救济。但事实上，告御状是需要成本的。外地人去京城不仅路途遥远，而且到了京城四处打点关系也需要大量的钱财。那个年代交通并不发达，没有一定的经济条件，告御状就是一个不可能完成的任务。在本案中，即使是小康之家的杨家，且杨妻在诉讼中曾得到过富商胡雪岩资助，告到最后，杨家仍然倾家荡产，家徒四壁。

此外，杨乃武在告御状的过程中，并非仅凭"有理走遍天下"，他还动用了许多人脉。据杨氏后人所述，两次赴京期间，杨乃武的家人为了平反冤案，找遍了亲朋好友。他们直接找到的人虽然地位不是特别显赫，但通过层层关系，进一步去联系其他有声望的人，一直影响到高层，最后使此案得到了朝廷的重视。

本案能被再审的另一个重要原因是十八名浙籍京官向都察院递交的联名上书，他们恳请将此案提交到刑部审理。这些官员之所以支持杨乃武，是为了避免整个浙江知识界都随之蒙羞、声望受损。因此，他们不仅仅是为杨乃武洗刷耻辱，还是为了整个浙江知识界。正如兵部右侍郎夏同善在上奏中所说："此案如不究明实情，浙江将无一人读书上进。"这十八位浙籍京官不惜代价为杨乃武平反，是为了维护浙江读书人的声誉。

名伶杨月楼冤案

清朝末年，有一个京剧名角叫杨月楼，他不仅戏唱得特别好，而且相貌出众，高大魁梧，吸引了不少戏迷。一位名叫韦阿宝的富家女陪母亲去剧院解闷，刚好赶上杨月楼表演。一曲唱毕，韦阿宝深深折服于杨月楼的魅力。从此，她在家中茶不思饭不想，写了一封书信给杨月楼，表示自己愿意以身相许。

不过，杨月楼是一个人气很高的演员，估计这种书信没少收，他收到韦阿宝的信后也没有过多在意。由于一直没有回音，这可急坏了韦阿宝。不久，韦阿宝的母亲发现了女儿的心思，她也很喜欢杨月楼，于是就安排人撮合。幸运的是，杨月楼的母亲这几天刚刚从北京赶来，两家人见了面，韦阿宝和杨月楼见面后互相倾心。杨月楼名扬四海，韦阿宝家境富有，双方都同意这门亲事。

故事发生到这里，如果没有意外发生，这将是一个美好的爱情故事。然而这时候有人站出来反对这门亲事，封建社会中男婚女嫁都要有长辈同意，这个反对的人正是韦小姐的叔叔。在现代社会，大明星非常受人追捧。然而在古代，杨月楼这种唱京剧的伶人，即使名气再大，社会地位也是非常低的。韦阿宝的叔叔觉得自己的侄女嫁给一个戏子会遭人耻笑。而韦阿宝的母亲长期住在上海，清朝末年这里有很多洋人居住，她深受西方思想熏陶，非常鼓励自己的女儿嫁给杨月楼。于是，她就安排两人结婚。最后，两人到法国人的租界里举行了婚礼。

韦阿宝的叔叔得知后暴跳如雷，立刻把这件事上报给衙门，衙门便派人去捉拿杨月楼和韦阿宝。那一天，韦阿宝为了结婚打扮得非常漂亮，而杨月楼本身就是名角，在二人被押送回去的路上，老百姓纷纷围观，很快这件事就家喻户晓了。

韦阿宝是广东人，当时的上海知县也是广东人。他认为韦阿宝下嫁给一个戏子，丢了广东人的脸，他非常生气，严厉地斥责了韦阿宝。韦阿宝立即反驳道，嫁鸡随鸡，嫁狗随狗，她是真心爱杨月楼的。在现代的价值观看来，县衙门和他叔叔的做法非常荒唐。但是他们是封建思想忠实的践行者，是不容许这种违背传统的事情发生的。知县立刻下令，分别将韦阿宝和媒人杖打150下和200下。但从法律上讲，当初韦阿宝的叔叔告杨月楼的罪名是拐骗盗窃，即使以此来定罪，韦阿宝和媒人也是没有任何过失的。然而这个知县仗势欺人，那个站在道德制高点的叔父对侄女的遭遇置若罔闻，可见是有多么荒唐。

韦阿宝的父母非常想救出自己的女儿，而且对于女儿出嫁一事，韦阿宝父亲的话语权一定排在叔叔的前面。有了韦阿宝父亲的表态，韦阿宝得以暂时出狱，而杨月楼暂时需要候审，俩人得到了一线生机。这个时候社会大众也对这件事发表了看法，持先进思想的人们认为两人两情相悦，结婚是合法的；而持封建传统思想的人则认为两人伤风败俗。过了一段时间，韦阿宝的母亲在心力交瘁下含恨去世。

然而，韦阿宝的父亲最终站在了叔叔这一边，这下杨月楼可就倒大霉了。最终，杨月楼被判去黑龙江充军，而韦阿宝则被逐出家门。事情走到这一步还没有到山穷水尽的地步，当时的法律规定，这种情况是要复审的，但复审的官员目无法纪，不再调查此案，选择维持原判。

不过，塞翁失马，焉知非福。不久，慈禧为了庆祝六十大寿，赦免了不少犯人，杨月楼便在其中。他出狱后继续演艺生涯，还发展得十分顺利。但韦阿宝的命运就非常悲惨了，她被逐出家门，这起案子让她的人生彻底跌入谷底。有一种说法是她最后嫁给了一个七十多岁的老头。由此可见，古代社会的封建观念是多么害人，从民间故事里的梁山伯与祝英台，再到杨月楼与韦阿宝，多少有情人被封建思想束缚，没能终成眷属。

杨月楼案与清末四大案中的其他案件不同，因为这起案件并不是凶案，那为何能被归入清末四大案呢？事实上在此以前，清朝违律为婚的案件很少，而在此案发生后的上海,这种案件发生的频率一下高了很多。

  当时,上海是全中国西化最厉害的地区,西方文化中人人平等和个人主义的思潮与中国传统文化中的宗法思想和封建等级制度产生了冲突。因此,杨月楼明知自己的身份卑微,即便违背良贱禁婚的律令,也要与韦阿宝结婚。韦阿宝明知杨月楼社会地位低,却毅然决然地嫁给他。韦阿宝母亲在没有取得丈夫的同意的情况下,就敢于为其二人主婚。杨月楼和韦阿宝敢毫不避讳地请媒结婚,还非常隆重地举行婚礼。所有当事人都知道这桩婚姻不合礼法,但依然走了下去。所以在当时,杨月楼案是一个令人惊奇的案件。

  此外,官府对于杨月楼案的判定也不同以往。官府明知杨月楼成婚的事实,但仍然顶着社会的压力,以"诱拐"之名轻罪重判。这反过来表明在当时的中国法律系统中良贱之别已经缩小、良贱禁婚的制度已经松动,杨月楼案件事实上已经威胁到封建等级制度的根本。因此,官府才会冒天下之大不韪将轻罪重判。

  总之,杨月楼案作为一桩引起全国关注和讨论的奇案,只会发生在清末的上海。此前也有类似的案件,但没有引起这么大的轰动,这是因为当时封建等级制度根深蒂固,人们坚定不移地支持严惩良贱为婚。而杨月楼案发生在中西方文化冲突最为激烈的时间和地点,所以才从一个普通案件上升为举国皆知的"奇案"。可以说,杨月楼案是封建等级制度衰亡的一个标志性案件。

第八章 | 清朝：封建社会末期，法制逐渐崩裂

清朝冤假错案特别多，问题出在哪里？

官员为了保住自己的乌纱帽，不惜歪曲真相

清朝的冤假错案特别多，尤其是在晚清出现了四大奇案，究竟是什么原因？要回答这个问题，先来看几个案例。

嘉庆年间，山东的治安非常糟糕，经常有强盗出没。在山东泰安，有一个人叫徐文诰，他家财万贯。像他这样的有钱人，在当时一定会成为强盗的目标。为了保护财产和生命，他为府里的家丁配备了大量的枪支。而他怎么也不会想到，他这个做法即将为他带来大麻烦。嘉庆、道光年间著名的幕府师爷、书法家包世臣所撰《书三案始末》将徐文诰案列为嘉庆年间三件震动朝野的大案之一。

嘉庆二十年（1815年）五月的一天晚上，一伙蒙面强盗拿着枪到徐府抢劫，府里的家丁立即拿起枪反击。经过一番激烈战斗，强盗们被击退了。事后徐文诰在清理现场时发现，府内的家丁柏永柱被枪打死，族人徐士朋被打伤。府里遭到抢劫，还发生了伤亡，徐文诰清楚此事非常严重，便连夜派人前往官府报案。

泰安知县汪汝弼听到治所发生了盗匪抢劫的人命案，感到非常苦恼。前不久，为了扭转山东社会治安较差、盗匪层出不穷的局面，山东巡抚发文要求各级地方官吏要严防死守，杜绝出现盗匪问题，以保社会大局稳定。凡是管辖地界内

267

出现强盗作案的，该地方官将被视为渎职，若不能及时破案，一把手还会被追究办案不力的责任，轻则降职，重则罢官。

现在出了这么大的事，而且抓捕盗贼也像大海捞针一样希望渺茫，汪汝弼的官职很有可能就不保了。为了保住自己的乌纱帽，汪汝弼带着衙役假装去徐文诰的府里调查，实际上是为了威胁他。汪汝弼告诉他，经过现场勘查，根本不像有强盗抢劫，更像是普通的小偷入室行窃，而柏永柱很可能是被徐文诰杀的，然后他谎报是强盗所杀。徐文诰听后非常害怕，原本想报官破案追凶，没想到自己反而被诬为杀人犯。

徐文诰害怕的样子让汪汝弼觉得有机会解决问题，于是他对徐文诰说："你不必害怕，只要在府里找一个人当替罪羊，就说是在抓贼时误杀了柏永柱，你就没事了。而且，顶罪者也不会被判死刑，只会被流放而已。"

徐文诰本来不愿意做这种违心事，但此时事情的发展已经由不得他了。为了保护自己，他只能遵命去办。他在府里找到一个叫霍大友的下人，向他保证，只要承担下这个罪名，承认误杀了柏永柱，徐文浩就会给他一百亩良田和数千两银子作为回报，而且霍大友不会有生命危险。这么多的良田和银子，穷苦百姓辛苦奋斗几辈子都不一定能得来。面对这么丰厚的条件，家庭困难的霍大友答应了。他主动到县衙投案自首，汪汝弼象征性地对他进行了审讯，然后以误杀罪判处其流放。

如果事情全按汪汝弼设想的发展，这件事或许也不会引起轩然大波。谁承想，案件宣判不久，柏永柱的妻子便前往山东按察使司状告知县汪汝弼。她认为，既然霍大友是杀害她丈夫的凶手，就应该被判处死刑，但最后霍大友仅被判处流放，汪汝弼的判决明显不公。按察使程国仁接到柏永柱妻子的诉状后，便指派山东历城知县郭志青复审此案。郭志青抵达泰安后，汪汝弼十分周到地招待他，甚至赠送了他不少银两，希望他对这起案件睁一只眼闭一只眼。因此，郭志青向程国仁汇报的复审结果为汪汝弼量刑适当，没有不公。

就在这时，又有一人来到山东按察使司提出诉讼，她是霍大友的妻子。她对

第八章 | 清朝：封建社会末期，法制逐渐崩裂

程国仁哭诉，她的丈夫承认误杀了柏永柱，全是受徐文诰的指使，为此徐文诰答应给霍大友田地和钱。在她心中，丈夫比良田和钱更重要。眼见丈夫要被流放，从此夫妇二人就要天各一方，也许再无见面之日，她心中甚为难过，不想再让丈夫去顶罪。为了能还丈夫清白，她决定把事情的真相说出来。

程国仁听了后，意识到这件案子不寻常。为了将案件查清楚，程国仁命人将霍大友押到济南亲自审问。结果霍大友对误杀柏永柱的时间、地点都不能交代清楚，而且言辞含糊。程国仁认定里面有猫腻，就让人对霍大友用刑，最终霍大友如实招认，说是受徐文诰的指使。听到霍大友和妻子所说一致，程国仁认识到所有的疑点都集中在徐文诰身上。

程国仁马上命人逮捕徐文诰，并严厉审问，最终徐文诰承认是他让霍大友顶罪，但坚决否认杀害柏永柱，说是盗贼所为。看到徐文诰一口咬定自己未杀害柏永柱，且缺乏有力证据直接证明他杀人，程国仁只得将徐文诰关进监牢，等待进一步的处理。

过了一段时间，历城县逮捕了一个叫杨进忠的盗匪，在交代罪行的过程中，他招认曾伙同十余名强盗抢劫徐文诰家，并开枪杀人。狱中的徐文诰偶然得知这件事后，便上诉请求程国仁审问杨进忠以还自己的清白。

程国仁审问杨进忠时，杨进忠推翻了自己原来的口供，说是历城县的捕头逼自己那样说的。当历城候补知县周承宽找来捕头与杨进忠对质时，捕头坚决不承认，周承宽就想对捕头用大刑。历城知县郭志青与周承宽是同乡，他对周承宽说："这件事情的事实已经很清楚了，如果你要用严刑逼问捕头，将把我置于何地？"这几句话暗含之意是既然杨进忠不承认原先所述，那么徐文诰家就没有出现过盗匪，没有盗匪，那柏永柱的死就和徐文诰有莫大的关系，应该把精力放到徐文诰身上而不是捕头身上。其实，郭志青这么说的原因无非怕在酷刑下，捕头胡乱招认对他这个知县不利，毕竟自己是历城县衙门的总负责人，手下人贪赃枉法自己也脱不了干系。

于是，周承宽同意只审问徐文诰。他是一个重口供而轻证据的人，为了确定

徐文诰与柏永柱被杀之间的关系,他对徐文诰用了各种刑罚。饱受折磨的徐文诰不得不说自己在追击小偷的过程中误杀了柏永柱。有了口供,周承宽就判处徐文诰流放,并将此案报告给程国仁。程国仁又将案件报告给刑部审核,结果被刑部驳回,因为徐文诰用枪射击人相当于故意杀人,为什么只判了流放,判决太轻,刑部要求重审。

看到刑部不依不饶,程国仁又让候补知县李冈重审此案。尽管在审讯中徐文诰大呼冤枉,但李冈依然判处了徐文诰死刑,以满足刑部的要求。得知自己即将被杀头,满腹委屈的徐文诰嘱托家人一定要为自己申冤。于是,徐文诰的母亲张氏前往北京都察院为徐文诰鸣冤。

都察院向嘉庆帝汇报了此事,嘉庆帝听后大怒道:"地方官员吃着国家的俸禄本应抓捕盗贼,维护一方的稳定,但由于山东地方官员的疏忽,盗贼肆虐,这已经是一种失职。此案中徐文诰府的家丁柏永柱明明是被盗贼杀害,官员们不仅不惩罚盗贼,反而对徐文诰使用刑罚,要求他承认杀人并判处死刑,这简直是在胡闹。这些官员的行为,比那些盗贼更可恨,就像唐朝的酷吏来俊臣一样。山东地方官员如此胆大妄为,难怪盗贼如此猖獗。"

最后,嘉庆帝下令要求山东巡抚和舜武调查徐文诰一案,勿要偏袒任何一方。此时,山东按察使程国仁已转任浙江巡抚,原直隶总督温承惠则降职担任了山东按察使,负责处理徐文诰一案。温承惠是汪汝弼的同门故旧,上任后,汪汝弼找到了他,郑重其事地表示当初对徐文诰一案的判决没有错误。温承惠相信了汪汝弼的话,没有取证探查就按照汪汝弼原来的判决向和舜武上报,推翻了徐文诰的死刑判决,坚持认为柏永柱的死属于霍大友误杀。

这让其他参与审理徐文诰一案的山东地方官员非常不满,他们认为温承惠这是在打山东官员的脸。原济南府知府胡祖福,此时已经升任登莱道,在拜见巡抚和舜武时,指出温承惠主持审讯徐案后,仍采用霍大友是凶手的说法,但其实是徐文浩用钱买通他当替罪羊。当和舜武带着怀疑质问温承惠时,温承惠却坚决否认。

不久，山东巡抚和舜武因病辞世，而熟知山东事务的程国仁则从浙江巡抚的职位转任至山东担任巡抚。作为徐文诰案件的亲历者，程国仁上任后的首要任务便是重新审理此案，因其疑点重重，真相难辨。在众多候选人中，他选择了精明能干的童槐来主导此案。程国仁深知温承惠对此案持有异议，故设法将其调离。考虑到山东东昌府正在进行修河工程，他提议让温承惠前往监督，不料遭到了断然拒绝，温承惠认为这并非其职责所在。面对温承惠的固执，程国仁无奈之下向嘉庆帝上书，称："温承惠因曾为直隶总督而傲慢无礼，对我的调度不以为然，令我不知所措。"嘉庆帝阅后，未加思索便革除了温承惠的职务。

温承惠被革职后，程国仁顺势推荐童槐当了山东按察使，审理徐文诰一案。通过细致地了解案情，童槐清楚地认识到，要让案子水落石出，就必须要抓住盗匪杨进忠的同伙王大壮、王三壮等人，然后看他们的口供是否与徐文诰说的对得上。于是，童槐就让人四处搜捕王大壮、王三壮，最终将这两个盗匪抓获。在审讯中，这两人承认确实在徐府的激战中开枪打了府里的家丁，这下，徐文诰案终于真相大白。为了确保案件的审理不出差错，嘉庆帝又派了两个钦差复审案件，得到的结果呢与童槐的审理结果完全一致。最后，参与审理徐文诰案的汪汝弼、周承宽等官员因为错判，全部被革职查办。

这本是一起简单的盗贼抢劫人命案，官员只需捕盗抓贼绳之以法即可。然而，汪汝弼为了保护政治前途，威胁徐文诰作伪，将原本清晰的案件搅成乱麻，让坏人嚣张，好人受过。即使该案经过了多次重审，也因官员们只重口供不重事实，为草草结案视人命如草芥，不顾司法正义，导致徐文诰这个受害者变成了加害者。这种颠倒黑白的做法充分暴露了清朝官场的腐败。

一起凶杀案和被凭空捏造出的凶手

《清稗类钞·狱讼类》记载，咸丰年间，四川合州城东的七涧桥发生了一起凶杀案，死者是一对姓鞠的父子。知府接到这起案件后就委托给知州荣雨田，而这位知州是个花花公子，他是花了钱才当上这个官的。现在知府限他一个月内抓到犯人，死者的家属也哭着要求尽快捉拿凶手。荣雨田感到很为难，因为他没有什么真才实学，根本不知道怎么办案。眼看一月之期就快到了，案件还是没有什么进展，荣雨田又去向知府求情，知府又给了他两个月时间。这时，有人向他举荐了刑房书吏陈老伦，荣雨田便去找陈老伦商量查案，陈老伦收钱后保证一定在两个月内把案子查清。

陈老伦前往鞠家调查案情，鞠氏的妻子向氏和儿媳周氏都出来接受他的盘问。陈老伦一看到周氏就被她的美貌吸引，此时他已年过三十还未娶妻，正好周氏刚刚丧夫，他迫不及待地想娶她为妻，便找了一个媒婆去游说。周氏还年轻，而且嫁出去后可以减轻家里的负担，向氏便同意让周氏嫁给陈老伦。然而，向氏怎么也想不到，正是她同意的这门亲事，让她几天后就遭受了灭顶之灾。陈老伦娶了周氏后欺骗她，称自己已经找到这起案件的凶手，正是她的婆婆向氏。

两天后，陈老伦诬陷向氏与奸夫合谋，杀死了自己的丈夫和儿子。这原本就是无中生有的事，但陈老伦将此事设计得天衣无缝。他随便找了一位彪形大汉，让他在公堂上承认自己和向氏合谋杀人。向氏的儿媳周氏也被陈老伦安排得明明白白，在公堂上帮他作伪证。在这种情况下，向氏无论如何也无法辩解，只能被迫承认了这些从来没发生过的事情。

然而，向氏的命运很快出现了转机。几天后，四川新上任了一名总督，他决心惩治一些当地的贪官污吏，重整社会风气。得知此案后，他认为其中必有蹊跷，立即安排幕僚李阳谷去侦查此案。李阳谷是个聪明人，为了深入了解民意，决定微服私访。通过与当地人接触，他很快就听到了大家对向氏遭遇的不满。人们告诉他，陈老伦曾让媒婆说媒，想让周氏成为他的妻子，在大家眼里，向氏一直是坚贞无瑕的人，而陈老伦则是一个心狠手辣、投机取巧的人。李阳谷还从监狱的衙役口中得知，在向氏被定罪前，陈老伦曾多次到监狱里审讯一个死囚，后来这个死囚就在法庭上承认自己是向氏的奸夫。最终，李阳谷成功抓住了真正的杀人犯，从而彻底为向氏平反昭雪。

几天后，总督亲自审理这个命案，向氏当场推翻了自己的供词，那个死囚也主动交代了一切，揭穿了陈老伦指使他冒充奸夫，在朝堂上作伪证的阴谋。此时已经是铁证如山了，陈老伦无奈之下只能主动坦白，自己是因为沉醉于周氏的美色，又渴望高官厚禄，才设计了这起冤案。最后，陈老伦和周氏因狼狈为奸被判处死刑，而知州荣雨田因昏庸无能被判监禁候审，知府被免职和充军，向氏被释放并获得50两银子用于看病。

清朝冤案如此多，原因有很多

首先，清朝的司法案例中有一个奇特的现象——很多时候，地方官遇到强盗抢劫之类的恶性案件，往往都会抱着多一事不如少一事的原则，不立案上报，而是做当事人的工作，撤销报案，就当案件没发生；如果当事人不从，地方官就想尽办法诬陷当事人，改变案件的性质。这样一来，就造成了很多冤案。

这些现象皆源于清朝的官员绩效考核制度。根据当时的律例，一旦地方上发生强盗案件，文武官员若未能按时破案，将被视为"疏防"（即疏于防备），并受到相应的惩罚。而惩罚的程度则会根据案件的严重性、官员的职责大小以及破案的时限来决定。到了道光年间，由于盗案频发，相关的条例也变得愈加严格。通常在发生盗案后，即便未能立即抓获罪犯，督抚也会先行摘去县官的官帽，并限期破案。

在当时的刑侦技术条件下，捉拿盗贼极具挑战。对于那些想保住自己乌纱帽的官员，将案件压下来，不让百姓知晓，似乎成了他们的最优选择。然而，对于影响极大的案件，终究是难以掩盖的。一些品行败坏的官员，为了保全自己的地位，竟不惜陷害无辜。由此可见，畸形的绩效考核制度，正是导致"讳盗诬良"现象的根源。

古代统治者设立绩效考核标准，旨在激励官员尽职尽责，与现代企业老板对员工的考核有着异曲同工之妙。合理的绩效考核规则能够激发下属的积极性，促使他们更加认真地工作。然而，不合理的绩效考核规则却可能产生相反的效果，过高的考核标准甚至会导致弄虚作假。

古代官场关系错综复杂，人事纠葛难解，平反冤假错案更是难上加难。在古代，地方官员既要处理军事民政事务，也要主管司法事务，破案与审判一肩挑。案件侦破、审理的成败直接关系到官员的仕途命运。因此，原本简单的案件一旦涉及官员利益，便变得扑朔迷离。官员们因命运相连，常常互相掩护，明知冤案也要维护，形成了一种无奈的局面。即便是皇帝，对此也束手无策。

再者，清朝末年，死刑复核权操之于地方官，此举不免引发众多冤假错案。而刑事审判的合理性，无疑是政权稳定的重要标志。对于重大案件，过去清廷尤为慎重，实施了严格的审转复核制度。案件需经过县、府、司、抚、刑部五级审核，涉及处决者还需皇帝御批。不过，这种情况从太平天国运动开始发生了改变。人们谈到清朝司法的反面案例，通常会提及"晚清四大奇案"，这些案件都发生在太平天国运动之后，并非偶然。张之洞曾说："近年来，在处理军务后，地方官员们往往草率行事，动辄使用武力。"他所说的"处理军务"指的是在镇压太平天国运动期间，由于要处死的盗匪太多，朝廷和刑部无法像以前一样层层审批、仔细复核，于是将死刑复核权下放到地方，允许地方官"就地处决"。

放权容易收权难。太平天国运动之后，一大批镇压太平军、捻军有功的将领被专任为地方官。正所谓一将功成万骨枯，他们都是从战场上的死人堆里走出来的，习惯了战场的杀戮，在这种作风下，地方上频繁发生冤案。正如张之洞批评的，"封疆牧令心粗手滑，动辄用兵"。

晚清政府意识到死刑复核权下放的弊病，想将这项权力收回刑部。然而，当时的政治权力都已经下移，更不用说刑事审判权了。地方大员拥权自重，在八国联军侵华期间，东南各省甚至可以"东南互保"，不理会中央，这种局面一直持续到清朝灭亡。

第八章 | 清朝：封建社会末期，法制逐渐崩裂

总而言之，清朝的司法制度有很大的缺陷，这些都是封建制度末期政治腐朽、社会矛盾日益激化的结果。随着西方势力的渗入，清朝不可避免地迎来了自己的末日，中国的封建制度也终将土崩瓦解。

刑案里的中国史

从明朝到清朝，逐渐完善的会审制度

承上启下的明朝会审制度

会审制度，简而言之就是多个部门共同审查一个案件的制度。明清时期，会审制度逐渐成为主要的司法审判制度。

明朝在继承唐宋会审制度的基础上进一步发展，使得会审更加制度化，并成为明朝重大案件司法审判的主要形式。概括起来，明朝的会审制度除了三司会审（刑部、大理寺、都察院会同审理）这一主要环节外，还包括九卿圆审、审录、五年大审、朝审。这些会审制度被清朝延续，并对清朝的司法审判制度产生了深刻的影响。

三司会审是明朝最重要的会审制度，在继承前朝的基础上有了新的发展。锦衣卫作为侦缉衙门参加三司会审，可以提出拟罪意见，从而成为实际的司法审判机关。在以明朝为背景的影视剧中，经常会出现锦衣卫审案，这是很符合当时的规定的。因此，明朝的"三法司制度"实际上几乎可称为"四法司制度"。此外，三法司直接受皇帝统领，即皇帝拥有最高的司法审判权。

九卿圆审是明朝独特的司法程序，汇集了三法司与吏、户、礼、兵、刑、工六部尚书，共同复核重大疑案。此制度专门针对重大死刑案件，尤其是针对经过二次审讯后，犯人仍坚持异议、拒不认罪的案件。所有判决结果均需呈报皇帝审批，方可执行。

审录最初由朱元璋提出，希望三法司清理刑狱，依时决遣，对象是刑部审理的各类人犯。明朝的审录制度有三种形式：朝审——三法司就京师死罪人犯之会审；三法司会审——三法司会同锦衣卫就京师情节重大案件之会审；热审或寒审——三法司每年夏季或冬季就京师各类人犯之会审。

五年大审是基于明初的审录制度发展而来的，每五年举行一次，主要针对京师未定案的各类犯人。

朝审源于明朝的"秋审"，因专门审理京城案件，故称"朝审"。每年霜降后，三法司会同其他官员，对京城关押的死刑犯进行审录，以待秋后处决。朝审时，三法司堂上官、五府、九卿衙门和锦衣卫均须在场，共同审理。朝审过程严谨而迅速，通常仅需一天时间。

明朝的会审制度既有继承前朝的，也有明朝创制的。继承前朝的部分并不是全盘接受，而是进行了适当的调整和改进；创制的部分则成了明朝会审制度的特点。这些特点又被清朝继承，深刻地影响了清朝的会审制度。

清朝的会审制度有了新的发展

清朝在审判制度上，继承了明朝的控诉、证据、拷讯、回避等诉讼制度。在会审组织和会审制度方面，清朝则在明朝的基础上，发展出更完善的会审体制。明朝有热审和朝审，清朝也有，并创设了与朝审并行的"秋审"。具体来说，清朝会审制度的发展体现在以下几个方面：

1. 九卿会审

"九卿会审"是在明朝"九卿圆审"的基础上，进一步发展的会审组织。它囊括了六部尚书、大理寺卿、都察院左都御史、通政司通政使等9位重要的官员。对于全国性的重大案件，特别是每年需判决的斩监候、绞监候案件，需由这九卿组成最高级别的会审机构，共同审理，以示慎重。

2. 秋审

秋审是指复审各省地方判处斩监候、绞监候死刑案件的制度。因在每年秋季进行，故名"秋审"。清朝将明朝的朝审发展为朝审和秋审两大类。清沿明制，凡严重危害封建统治的犯罪，如谋反、谋大逆等，应立即处决的判以"斩立决"或"绞立决"；如危害性不大或有可疑之处的，则判以"斩监候"或"绞监候"，暂缓处决，延至秋天，由九卿会审再作决定。前面提到的鲁迅的爷爷就是被判处"斩监候"，正是有了这宝贵的暂缓时间，他的家人才能到处争取从而免除了死罪。可见，秋审主要是复审地方上报的斩监候和绞监候案件。

秋审制度始于清顺治十五年（1658年），当时规定每年秋审前，各省的督抚先将省内所有的监候案件，会同布政使、按察使复审，提出初步意见，呈送刑部，由刑部各司分类编印成册，分送九卿，供秋审备阅和参考。至八月，九卿在天安门外的金水桥西会同审理。

清朝经秋审的案件，一般分为情实、缓决、可矜、留养承嗣等四种处理方式。"情实"是指案情属实，适用法律并无不当，这种情况当然是维持原判，下令执行死刑。"缓决"是指案情尚有疑问，暂时将人犯再行监禁，留待下一年秋审或朝市再行审理。"可矜"是指案情虽属实，但仍有可以宽恕的情节，这类犯人大多可以免于处死，改判其他刑罚。"留养承嗣"是指在符合"孀妇独子"等留养条件的情形下，刑部提出留养申请，获得皇帝首肯后，犯人免于死刑，在施以一定处罚后准其留养。

3. 朝审

朝审是朝廷指派官员共同审理死囚案件的制度，通常在每年霜降之后，由三法司联合公、侯、伯等贵胄一同审理那些被判为"斩监候"或"绞监候"的囚犯。经过慎重审理后，会根据不同情况做出相应的处理。清朝的朝审与秋审并行，先朝审，后秋审。朝审乃由刑部主导，于每年八月，特邀王公大臣齐聚金水桥朝房，慎重审理京师地区的监候死囚。朝审时，三法司、九卿等人入座，当堂命吏对犯人朗读罪状和审判意见，朝审之后的处理方式与上文提到的秋审相同。

4. 热审

热审也是清朝的一种复审形式，每年小满后十日至立秋前一日，大理寺左右二寺官员与各道御史及刑部承办司官员共同审理京城内发生的笞杖刑案件。通常，笞杖刑案件经审讯后即可释放，而徒、流以下刑罚则按等级递减后发落。此举旨在加速笞杖刑案件的审理与判决，确保监狱畅通，以减轻狱中暑热之苦。

总体而言，古人发明会审制度，目的是防止错杀滥杀，体现"恤民"和"仁政"。明清统治者的"恤民"和"仁政"理念，通过会审得以扩大。普通的死刑案件需要上报中央，由三法司会同审核并出具审理意见，再由皇帝最终裁决。秋审、朝审、指审、五年大审等会审制度，使一些罪行不太严重的犯人可能得到皇帝的法外施恩，有了一线生机，也使冤假错案有机会得到平反。这些会审制度尽可能地减少了国家刑法与人情的正面冲突，用缓和、颇具人情味的方式把阶级冲突控制在秩序的范围内，强化了法与情的亲和力，促使人们自觉遵守法律。这既有助于树立统治者"爱民如子"的形象，体现人文关怀，又可以使犯人悔过自新，有效预防犯罪，维持社会稳定。